TU CUERPO SABE TU HISTORIA

LORENA CUENDIAS

TU CUERPO SABE TU HISTORIA

Aprende el lenguaje de tu cuerpo y a regular tu sistema nervioso para sanar tus heridas

BRUGUERA

Papel certificado por el Forest Stewardship Council®

Primera edición: octubre de 2025
Primera reimpresión: octubre de 2025

Travessera de Gràcia, 47-49. 08021 Barcelona
Imágenes de interior: iStock y Shutterstock

Printed in Spain – Impreso en España

ISBN: 978-84-02-42879-0
Depósito legal: B-14.426-2025

Compuesto por Carolina Borràs
Impreso en Huertas Industrias Gráficas, S. A.
Fuenlabrada (Madrid)

BG 28790

ÍNDICE

NOTA PRELIMINAR

Sobre los relatos y ejemplos de caso

En este libro recojo experiencias que he vivido en primera persona, así como relatos ficticios basados en hechos reales de algunas de las personas que acompaño o he acompañado como terapeuta psicosomática durante estos años. Estas historias están sustancialmente modificadas y han sido ficcionalizadas con la intención de salvaguardar y respetar su privacidad e intimidad. Del mismo modo, los nombres que he usado en dichos relatos son ficticios, por lo que cualquier parecido con la realidad es mera coincidencia.

Sobre la gramática

En la escritura de este libro he empleado el femenino. La mayoría de las personas a las que acompaño y he acompañado en mi carrera profesional son mujeres, pero quiero que sepas que el contenido de estas páginas está dirigido a un público amplio, sin importar su género u orientación sexual, con el fin de que pueda servir como herramienta y apoyo para cualquiera que llegue a él.

INTRODUCCIÓN

Bienvenida a este refugio. Estoy aquí contigo, y verás, a medida que vayas leyendo, que no somos tan distintas y las dos hemos pasado por mucho. Pero estamos aquí. Antes de seguir, regálate unos instantes y respira. Siente el peso de tu cuerpo sobre la silla, la cama o el lugar en el que te encuentres. Mira a tu alrededor. **Estás aquí. En este momento. Ahora.**

A partir de este instante, puedes permitirte soltar, dejar caer las defensas. Afloja tus hombros, tu mandíbula, tu tripita. **Aquí no tienes que ser perfecta, ni tener todas las respuestas, ni demostrar nada.** Solo tienes que estar.

Si llegas cansada, confundida, con preguntas, con heridas abiertas o cerradas, aquí todo eso tiene su espacio. Aquí todo es bienvenido. No sobra nada de lo que eres.

Tal vez llevas mucho tiempo buscando respuestas. Tal vez has probado mil caminos, terapias y técnicas diferentes, y sigues sintiendo que hay algo en ti que nadie termina de comprender. Quizá, a veces, hasta tú misma has dejado de comprenderte.

Quiero que sepas que no estás sola.

Me gustaría acompañarte en este camino. Y que, mientras lees, sientas que estoy al otro lado y que vamos juntas.

Antes de empezar, déjame contarte un poquito sobre mí, por si es la primera vez que llegas a mi mundo. Me llamo Lorena, y soy bióloga y terapeuta psicocorporal. Acompaño procesos de transformación desde el cuerpo, con un enfoque somático centrado en la biología del trauma y la regulación del sistema nervioso. Desde hace más de veinte años, estudio la conexión entre el cuerpo, las emociones, la energía, la conciencia y ese algo más grande que nos habita. Pero, más allá de los títulos y de mi trayectoria profesional, soy una mujer que se perdió muchas veces, que pasó años viviendo con la sensación de estar rota, vacía, desconectada, sin dirección y sin propósito.

Este libro nace de mi propio viaje sagrado de regreso a mí; de la distancia inmensa que me alejó de mí; de las veces en que me perdí, y del largo, imperfecto y en ocasiones caótico regreso a casa, a mí. Hoy pongo al servicio todo lo que he aprendido —mi formación, mi experiencia, mi historia y mi propia alquimia— para acompañar a otras personas a volver a su esencia, a su diseño original, a aquello que quedó enterrado bajo capas de condicionamiento, exigencia y desconexión, para que puedan escuchar lo que su cuerpo lleva años intentando decirles... y recordar quiénes son, más allá de todo lo que aprendieron a ser.

No importa cómo hayas llegado hasta aquí. No importa si lo haces desde la desesperación, la curiosidad, la esperanza o la necesidad de encontrar consuelo. Lo importante es que has llegado y eres bienvenida tal como estás, con todo lo que traes, con lo que entiendes y con todo lo que aún no sabes nombrar.

Si en alguna ocasión has sentido que no encajas, que eres «demasiado», que tus emociones son un misterio o una carga; si a veces te miras y no reconoces a la mujer que ves; si sientes cansancio de tanto buscar y no encontrar... Entonces, este espacio es para ti.

Aquí, tu historia es sagrada y tiene un sentido que irás descubriendo.

Y esta es la mía: la historia de cuánto me alejé de mí... y de cómo, poco a poco, fui encontrando el camino de regreso.

No fue hasta que empecé a abordar mi sistema nervioso y a reconectar profundamente con mi cuerpo cuando comencé a experimentar una transformación auténtica, duradera y hasta las raíces. Hasta ese momento, había probado todo lo que te puedas imaginar. De verdad, cuando te digo que lo intenté todo, lo digo literalmente: cientos de horas de terapia hablada, sesiones de sanación energética, ayurveda, acupuntura..., recitaba mantras, usaba cuarzos, asistía a retiros de todos los tipos, cuanto más intensos y catárticos, mejor. Me sumergí en la espiritualidad con la esperanza de encontrar respuestas. Me fui a la selva a tomar plantas sagradas, buscando la pieza del puzle que me ayudaría a entenderlo todo por fin, por qué todo me abrumaba y se me hacía demasiado, por qué me sentía tan sola incluso rodeada de gente, por qué me costaba disfrutar de lo sencillo, por qué me sentía tan reactiva o agotada. Por qué a veces me invadía una tristeza y una nostalgia profundas y pesadas, sin nombre ni motivo, o un enfado sin sentido. Por qué, aun teniéndolo todo para estar bien, seguía sintiéndome vacía, desconectada y perdida.

Si estás aquí, es muy probable que vengas de transitar un camino parecido, que lo hayas probado todo y que continúes sintiendo esa sensación de que algo dentro de ti sigue luchando, en conflicto, que no encaja, que hay algo mal en ti, que estás rota, que tu cuerpo, tu mente o tu vida nunca estarán completamente bien.

Pues quiero decirte algo, y quiero que lo escuches bien: no estás rota.
No necesitas arreglarte.

Lo que sientes, todo eso que te pesa y te desespera, no es un fallo ni una prueba de que hay algo defectuoso en ti. **Son mensajes, intentos de tu cuerpo y de tu sistema nervioso para decirte que hay algo dentro de ti que necesita ser atendido**, algo que tal vez has ignorado sin querer durante mucho tiempo, incluso cuando tú no tenías idea de que algo estaba ocurriendo en tu interior.

Toda mi vida confundí esas señales. Cada síntoma de ansiedad, cada oleada de malestar, cada pensamiento intrusivo me hacía pensar que algo estaba irremediablemente mal en mí. Lo que fui descubriendo es que estos síntomas no eran más que la voz de mi sistema nervioso desregulado, que había estado intentando mantenerme a salvo. Mi cuerpo me estaba diciendo «Necesitas parar y escucharte», pero yo no sabía cómo.

Este libro es la guía que me habría gustado tener cuando me sentí tan perdida, sola y desconectada. **Un mapa somático que te ayudará a reconectar con tu cuerpo, a entender lo que de verdad está sucediendo en tu sistema nervioso y a empezar a hacer algo con ello, poco a poco, con curiosidad y ternura.**

A lo largo de estas páginas, descubrirás **herramientas prácticas** que te enseñarán a escuchar las señales de tu cuerpo desde un lugar nuevo, diferente, más suave, más compasivo y amable, y que te permitirán empezar a transformar las respuestas automáticas que te han mantenido atrapada en ciclos de sufrimiento, hiperactivación, congelación o desconexión.

Este libro es un espacio seguro para aprender a salir del piloto automático y volver a casa, paso a paso, contigo.

¿Qué vas a encontrar en este libro?

Este no es un libro más de autoayuda ni una colección de teorías que te dicen que deberías sentirte bien solo por pensarlo o quererlo. No funciona así, y más adelante entenderás por qué. No voy a pedirte que te repitas frases vacías ni a exigirte que sueltes y te relajes mientras tu cuerpo sigue en alerta. **Sé muy bien lo doloroso y solitario que es que te digan que todo depende de tu actitud**, de pensar en positivo, subir tu vibración o enfocarte en el lado bueno de las cosas, cuando lo que te impide todo esto es que tu sistema nervioso no puede relajarse, por mucho que lo intentes.

He visto a demasiadas personas sentirse aún más culpables o incomprendidas porque, a pesar de sus esfuerzos, los viejos síntomas vuelven, el cuerpo parece no responder, y nadie parece entender lo que eso significa.

Este libro es otra cosa. Es una invitación honesta y práctica a recorrer el camino de la regulación, a reconectar con tu esencia a través del cuerpo, y a descubrir cómo funciona tu sistema, de verdad, por dentro.

Aquí vas a aprender a sentir seguridad desde tu interior, a desarrollar una relación más compasiva contigo y a encontrar nuevas formas de habitarte, no desde la exigencia, la dureza o la fuerza, sino

desde la comprensión real de lo que te ocurre y de lo que tu cuerpo necesita, es decir, desde una mirada somática.

A lo largo de estas páginas, te iré compartiendo lo que he aprendido después de años de trabajar en mi propio proceso de sanación y de formarme durante muchos años en biología del trauma, somática y regulación del sistema nervioso. Este camino me llevó a desarrollar mi método, que he bautizado con el nombre **INS: integración neurosomática para la seguridad interna.**

Es un método que he creado tras más de veinte años de investigación y exploración interna, estudio científico y práctica somática profunda. Es un enfoque que combina neurociencia, psicoterapia corporal y trabajo energético, además de herramientas inspiradas en principios similares a los que encontramos en el enfoque psicobiológico de la experiencia somática, el análisis bioenergético (una forma de psicoterapia que trabaja con el cuerpo para liberar bloqueos emocionales anclados en la musculatura), la terapia de sistemas familiares internos (*Internal Family System* o IFS por sus siglas en inglés, un modelo terapéutico desarrollado por Richard C. Schwartz que se basa en la idea de que la psique está compuesta por diferentes partes internas, cada una con su propia función, emociones y creencias, y que nos permite dialogar con ellas) o la biología del trauma (la comprensión de cómo el trauma no es solo algo que nos pasó, sino una experiencia biológica que activa respuestas de supervivencia en el cuerpo y que, al no poder resolverse, queda grabada en el sistema nervioso y en los tejidos, generando síntomas físicos, emocionales y patrones psicológicos persistentes), entre otros.

Se trata de un mapa práctico para ayudarte a crear seguridad dentro de ti, desde una perspectiva integrativa y práctica, combinando la regulación del sistema nervioso, la conexión con el cuerpo y la resignificación de patrones emocionales. **Es un proceso**

que no solo trabaja con la mente, sino que involucra el cuerpo como eje central de transformación. La verdadera transformación ocurre ahí, donde tu sistema nervioso puede sentir, soltar y reescribir su historia.

> Conocer cómo se expresa tu estado interno a través del cuerpo es el primer paso para desarrollar una relación más consciente contigo misma.

La mayoría de las veces, nos movemos por la vida sin detenernos a notar qué está ocurriendo en nuestro interior y, en consecuencia, reaccionamos en piloto automático. **El método INS te ayudará a identificar las señales que tu cuerpo te da en distintos momentos y será un recurso clave que irás descubriendo a medida que avances en las páginas.** Te ayudará a navegar los desafíos que puedas estar enfrentando ahora mismo, ya sea estrés, ansiedad o el sentimiento de estar atrapada en ciclos que se repiten una y otra vez y parecen no tener fin.

Y, gracias a su enfoque práctico, repleto de ejercicios somáticos y recursos de autorreflexión, podrás integrar las herramientas que recojas por el camino en tu día a día, incluso si sientes que no tienes tiempo o energía para grandes cambios. **Este proceso está diseñado para ser una guía viva que te acompañe en tu propio viaje sagrado de regreso a ti**, mostrándote que la verdadera transformación no ocurre solo en la mente, sino a través del cuerpo.

A lo largo del libro, recorreremos diferentes etapas que reflejan las grandes estaciones de todo proceso de transformación real: desde reconocer tu desconexión, comprender cómo el trauma vive en tu sistema nervioso, aprender a escuchar las señales de tu cuerpo, empezar a regular tu energía vital y, finalmente, reescribir desde ahí una nueva narrativa emocional y tu forma de habitarte. Cada parte está diseñada para ayudarte a recordar, paso a paso, que tu cuerpo no está contra ti, está esperando que lo escuches.

Cuando hablo de *prácticas somáticas* me refiero a ejercicios, herramientas y exploraciones que utilizan el cuerpo como vía de transformación. No se trata solo de moverse o respirar diferente, sino de entrar en contacto con lo que sientes, cómo lo sientes y qué partes de ti necesitan seguridad, espacio o expresión. A lo largo de estas páginas encontrarás prácticas inspiradas en los distintos enfoques mencionados anteriormente. Herramientas accesibles, sentidas, que no requieren que «te entiendas» primero, sino que te experimentes.

Aquí no hemos venido a teorizar, sino a experimentar. Mi objetivo es que, a medida que avances, puedas integrar lo que vas aprendiendo, sintiendo pequeños cambios que, con el tiempo, espero que se traduzcan en una transformación real y duradera para ti.

Una nueva forma de entender el trauma

A través de los diferentes capítulos, irás descubriendo cómo el trauma no es solo un suceso que aconteció en el pasado. Lo que he aprendido en mi propio camino es que el trauma no es solo lo que nos pasó, sino cómo nuestro cuerpo y nuestro sistema nervioso aprendieron a sobrevivir a aquello que nos pasó; una manera en que tu cuerpo ha aprendido a adaptarse hoy para sobrevivir a través de máscaras e identidades que no son tú. Y esas respuestas, adaptaciones y modos de actuar o reaccionar siguen vivos en nosotras hoy, en forma de síntomas físicos, desconexión, emociones difíciles o reacciones y patrones que no entendemos.

Lo que aprenderás aquí te permitirá comenzar a vivir en lugar de solo sobrevivir. A medida que avances, vas a encontrar respuestas a preguntas que quizá nunca te habías hecho, como «¿Por qué reacciono de esta manera ante ciertas situaciones?», «¿Qué me está diciendo mi cuerpo cuando siento ansiedad o cuando me bloqueo, me congelo o procrastino?», «¿Cómo puedo empezar a cambiar estos patrones que me mantienen atrapada en el ciclo de la repetición?».

Con todo lo que te voy a contar aquí, no busco darte respuestas desde un lugar externo, sino que **te invitaré una y otra vez a descubrir tus propias respuestas, las que ya están dentro de ti**. Porque tu cuerpo es sabio; tu cuerpo sabe tu historia. Ha estado intentando comunicarse contigo todo este tiempo, incluso cuando no sabías cómo escucharlo. Mi deseo es que estas páginas te ayuden a abrir un espacio nuevo de escucha y presencia contigo misma, donde tu cuerpo pueda, por fin, sentirse visto y comprendido.

Aquí no te voy a pedir que revivas tu pasado ni que te quedes atrapada en lo que te hizo daño. No es necesario, está todo registrado en tu cuerpo, él sabe. Tampoco vamos a negar lo que ocurrió. Mi invitación, en cambio, es otra: entender el trauma como un portal de transformación, como el punto de partida de un viaje hacia dentro, para descubrir quién eres realmente debajo de todas esas capas de protección, para ir desmantelando todo eso que no eres, lo que aprendiste por necesidad y supervivencia, pero que ya no te sirve, y volver con honestidad y ternura a tu verdad más profunda.

Verás que, cuando empiezas a regular tu sistema nervioso y a escuchar el lenguaje de tu cuerpo, las respuestas automáticas que antes te tenían secuestrada comienzan a perder fuerza. El modo supervivencia dejará de ser tu modo de funcionamiento por defecto, y empezará a aparecer una sensación de más espacio y calma donde antes solo había alerta.

Vas a descubrir que la seguridad no depende de lo que viviste, ni de que todo esté perfecto fuera, o de cuánto puedes controlar o vigilarlo todo, **sino de lo que vas construyendo cada día, dentro de ti, con presencia, con paciencia**, y, sobre todo, con mucha compasión y curiosidad. Y es entonces cuando empiezas a dejar de vivir desde lo que pasó, y comienzas a hacerlo desde lo que eliges hoy.

Todo comienza en tu cuerpo

Como ves, en este viaje vamos a poner el foco en el cuerpo. En él viven las sensaciones que tantas veces te visitaron, las de sentirte sola, incomprendida, demasiado o no suficiente. Juntas vamos a probar un camino distinto, un camino de regreso a ti, sin prisas, sin exigencias, sin juicios.

Donde cada parte de ti es bienvenida.

Donde todo lo que sientes tiene y ha tenido siempre un profundo sentido. Si alguna vez pensaste que estabas rota, que había algo en ti que no encajaba, quiero que sepas que tus heridas no son un fallo. Tu sensibilidad no es un problema, tu agotamiento no es pereza, sino la señal de que has sostenido demasiado durante demasiado tiempo; tu intensidad es parte de tu verdad; tu ansiedad es el eco de todo lo que has tenido que atravesar para llegar hasta aquí; tu necesidad de protección no es inmadurez, sino la sabiduría que tu cuerpo aprendió para sobrevivir.

Si te cuesta confiar, si te cierras o te apagas, si tu cuerpo a veces dice «No puedo más», solo estás intentando cuidarte como has sabido.

Tus lágrimas no son exageradas, son una petición de alivio que merece ser escuchada.

Y tu deseo profundo de descansar, soltar la armadura de la autosuficiencia y bajar la guardia no son falta de voluntad; es la voz de una parte tuya que pide, al fin, ser abrazada, cuidada y sostenida.

Todo lo que tu cuerpo ha hecho para sobrevivir merece respeto y ternura. Ninguna parte de ti sobra.

Quiero que aquí encuentres refugio. Un recordatorio de que mereces descansar, sentirte vista, escuchada y comprendida.

Este viaje, sin embargo, no tiene un destino final. Se trata de un regreso lento y amable a ti, paso a paso, a tu ritmo, descubriendo nuevas formas de habitarte y de mirar tu historia, siendo consciente de que eres un ser en constante cambio y de que la transformación es un proceso vivo, humano y posible.

No se trata de seguir perfeccionándote. Se trata de volver a ti, recordar tu verdad y honrar tu historia y tu cuerpo.

Lo que has estado buscando siempre estuvo más cerca de lo que creías.

Todo empieza aquí, contigo.

Vamos juntas,

LORENA

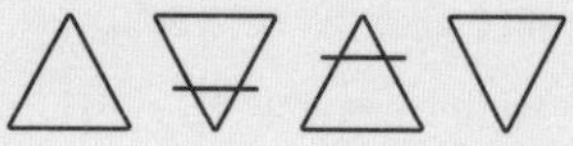

Un momento contigo: punto de partida somático

Antes de continuar con el libro, te propongo algo:

Haz una pausa. Si puedes, siéntate o recuéstate en un lugar donde tu cuerpo pueda descansar un instante. Lleva una mano al centro de tu pecho y otra a tu abdomen. Respira profundo y deja que el aire entre sin forzar nada. Alarga la exhalación, soltando.

Este es un pequeño ritual de entrada. No es para buscar respuestas correctas, sino para abrir un espacio de escucha y presencia contigo misma.

Respóndelo desde lo que sientes ahora, sin juicio, sin expectativa y sin querer cambiar nada:

1. ¿Desde dónde llegas a estas páginas?

- ☐ Me siento perdida, como si no supiera quién soy.
- ☐ Me siento agotada emocional o físicamente.
- ☐ He probado muchas cosas pero sigo sin encontrar alivio profundo.
- ☐ Estoy buscando entender por qué reacciono como reacciono.
- ☐ Estoy en un momento de despertar, de volver a mí.
- ☐ Otra (puedes escribirlo aquí): ____________________

2. ¿Cómo se siente tu cuerpo hoy?

- ☐ Contracción/tensión/peso.
- ☐ Agotamiento/adormecimiento.
- ☐ Ansiedad/aceleración.

- ☐ Sensación de no estar presente/desconexión.
- ☐ Una mezcla de todo.
- ☐ Otro: ______________________________

(Si puedes, nombra alguna parte del cuerpo donde lo sientes con más intensidad).

3. ¿Qué esperas encontrar en estas páginas?

- ☐ Alivio.
- ☐ Explicaciones.
- ☐ Herramientas.
- ☐ Un lugar donde sentirme comprendida.
- ☐ Inspiración para empezar un nuevo camino.
- ☐ Aún no lo sé, pero siento que tenía que estar aquí.

4. ¿Qué es lo que más anhelas hoy?

Escribe una palabra, una frase, una imagen..., lo que te venga.

____

5. Si tu cuerpo pudiera hablar ahora mismo, ¿qué crees que te diría?

____

6. ¿Hay algo que quieras ofrecerte mientras haces este viaje?

- ☐ Paciencia.
- ☐ Compasión.
- ☐ Cuidado.

☐ Escucha.

☐ Verme con nuevos ojos.

☐ Otro: ______________________________

Último paso antes de seguir:

coloca tus manos en el corazón, respira profundo una vez más y repite en voz baja:

Estoy aquí. Y eso es suficiente para empezar.

1

EL MAPA REVELADO

«Pero si viajas lo suficientemente lejos,
un día te reconocerás a ti misma, viniendo a tu encuentro
por el camino. Y dirás sí».

Marion Woodman

Toda mi vida me he estado buscando

Como quien intuye que le falta algo esencial, pero no sabe qué. Con la sensación de saber que la vida era mucho más que mi frustración y mi perpetua insatisfacción, pero sin poder ponerle nombre. Hubo un momento en el que dejé de reconocerme, que ya no sabía más quién era, qué quería, qué necesitaba, hacia dónde iba. Sentía que me movía por la vida como si estuviera siguiendo el guion que otro había escrito para mí. Caminando en círculos dentro de una historia que no entendía.

Me sentía perdida, rota, incompleta, defectuosa. Vacía. «Hay algo que no está bien en mí» era un pensamiento recurrente. Una creencia enraizada en mi cuerpo. Una sensación física que me acompañaba desde muy pequeña.

Me buscaba en los lugares equivocados. En las expectativas de los demás, en las etiquetas que me habían puesto. En los logros, en el cuerpo perfecto, en la validación, en las relaciones, en la perfección, en el control. **Me buscaba en el hacer constante, en exigirme más, en mantenerme ocupada para no sentir el vacío.**

Y, como no tenía un sentido de identidad —no una identidad construida desde la presencia, sino desde la supervivencia—, absorbía las proyecciones de los demás, lo que los demás veían en mí, como si fueran verdades absolutas.

Era como si la percepción que tenía de mí misma estuviera hecha de fragmentos de miradas ajenas, contaminadas por la distorsión de sus propias heridas. Lo que el otro veía, opinaba, juzgaba o idealizaba de mí lo tomaba como real. No porque fuera ingenua, sino porque no había construido mi propia mirada interna, capaz de discernir y sostenerme desde quien era yo.

Me sentía como un *collage* hecho con las piezas de las miradas de otros.

Y, cuanto más trataba de encajar en esas versiones impuestas, más me alejaba de mí misma, más desconectada me sentía y más grande se hacía el vacío.

Cuando estamos desconectadas de nosotras, de nuestro centro, de nuestra voz, de nuestro cuerpo, lo de fuera se hace demasiado poderoso. Buscamos referencias externas que nos digan quiénes somos. Nos convertimos en un reflejo de lo que el entorno necesita, espera o teme, y dejamos que sus expectativas, sus miedos, sus carencias, dibujen los contornos de nuestra identidad. Y cada proyección que aceptamos sin cuestionar nos aleja más y más de quienes realmente somos.

Me buscaba fuera. Y no podía encontrarme, porque yo no estaba ahí fuera. No fue una elección consciente. Fue una adaptación. Una estrategia de supervivencia que aprendí muy pronto. Si este libro ha llegado a tus manos, no es casualidad. Tal vez tú también te sientas cansada de buscar. Tal vez estás anhelando una forma de volver a ti. De recordar quién eres debajo de todas esas capas que no elegiste, pero que un día te sirvieron para sobrevivir.

Cuando éramos niñas, muchas de nosotras tuvimos que hacer una elección. Invisible, silenciosa, pero determinante. Tuvimos que elegir entre ser nosotras mismas, con todo lo que eso implicaba, o ser lo que otros querían que fuéramos para no perder su amor. Un amor que, en realidad, era condicional. No es que fuéramos débiles. Es que éramos pequeñas. Y, para una niña, el vínculo con las figuras de apego no es opcional: es supervivencia. Nuestro sistema nervioso necesitaba sentir seguridad, pertenencia, mirada. Para garantizar esa conexión, muchas veces tuvimos que alejarnos de nosotras mismas. Adaptarnos. Callarnos. Encajar.

Y este pacto no se firmó con palabras.
Se firmó con nuestro cuerpo.

Con el gesto que reprimimos. Con el llanto que escondimos. Con la risa que bajamos de volumen. Con las emociones que aprendimos a tragarnos.

Pero este pacto tuvo un precio. Un precio altísimo: el de la pérdida de nuestra autenticidad. Cada vez que alguien, a lo largo de nuestra historia, nos ha juzgado, criticado o rechazado, cada vez que nos han retirado el amor porque no cumplíamos con sus expectativas o sus ideas preconcebidas de quienes debíamos ser, hemos ido creando una narrativa interna. Un mantra que se instala como un veneno silencioso: «Hay algo mal en mí». Y, como no sabíamos cómo defender nuestra verdad, como no teníamos los recursos internos para cuestionar esa narrativa, empezamos a protegernos. A construir una especie de búnker interno. Un refugio invisible donde esconder todas esas partes de nosotras que fueron señaladas como «demasiado» o «no suficientes», «inadecuadas», «molestas», «incorrectas» o simplemente no dignas de amor.

Y, así, lo que una vez fue visible, estuvo presente, era brillante y estaba lleno de vida se fue ocultando. Por instinto. Porque, para una niña, ser rechazada, no pertenecer, equivale a no sobrevivir.

Así es como empezamos a olvidarnos de quienes somos.

A desconectarnos de nuestra esencia, de lo que un día fue visible y natural en nosotras. Terminamos internalizando esas miradas, esos rechazos, esas palabras. Las hacemos nuestras. Y, sin darnos cuenta, empezamos a vernos con la misma mirada de desprecio. Y todas esas partes de nosotras luminosas, preciosas, amorosas, sensibles, creativas, divergentes, apasionadas, intensas, vivas… empiezan a ocultarse dentro, profundo, donde nadie pueda verlas. Donde nadie pueda dañarlas. Hasta perder el acceso consciente a ellas.

A su alrededor, en cambio, empezamos a construir máscaras. Personajes que las protegen, y que no dejarán que nadie se acerque demasiado. Versiones de nosotras que aprenden a encajar, a gustar, a funcionar. Pero esas máscaras, por más útiles que parezcan, también nos aíslan.

Lo que un día nos protegió, con el tiempo, se vuelve prisión.

Y, así, nadie puede vernos de verdad, ni siquiera nosotras mismas. Nadie puede conocernos por quienes verdaderamente somos y, por tanto, nadie puede amarnos desde la autenticidad, porque quienes se acerquen no estarán entrando en contacto con nuestra esencia, sino con los personajes que creamos para sobrevivir y protegernos, no con quienes verdaderamente somos.

Con el tiempo, esto perpetúa una profunda soledad. La sensación sutil, pero constante, de no sentirnos vistas realmente. De estar acompañadas, pero no sentidas. Queridas, pero no reconocidas. Como si viéramos la vida detrás de un cristal. Y, aunque anhelamos el amor, la intimidad y la conexión, al mismo tiempo tememos mostrarnos por completo, por si eso implica, una vez más, sentir que no somos suficientes. O que somos demasiado.

Y comenzamos a buscar esos fragmentos perdidos fuera. Nos empezamos a reconocer, sin saberlo, en los gestos y voces de otras personas. En las personas que admiramos. En quienes brillan con una fuerza que nos resulta familiar, pero lejana. En quienes, por alguna razón, nos tocan algo profundo, como si despertaran algo dormido en nosotras. Muchas veces, lo que admiramos fuera no es más que el eco de lo que fuimos antes de tener que escondernos.

Lo que tanto nos conmueve en otras a menudo es una parte nuestra llamando desde su exilio.

Nuestro fuego.
Nuestra expresión.
Nuestro deseo de habitarnos sin miedo.

Y, cada vez que sentimos esa mezcla de admiración, anhelo y nostalgia, algo en nosotras recuerda: **«Eso también soy yo»**.

Pero esas partes siguen ahí. Están esperando. Esperando que podamos sostenerlas, darles espacio, traerlas de vuelta.

Todas esas partes de ti maravillosas están solas, en la oscuridad, perdiéndose la vida, y a la vez, y seguro que lo sientes a cada momento, gritando por salir de su escondite. Pulsando por poder expresarse, ser, brillar, volar, amar, compartir, vivir. Llevan mucho tiempo haciéndolo, tratando de recordarte quién eres, y lo han hecho comunicándose a través de tu cuerpo.

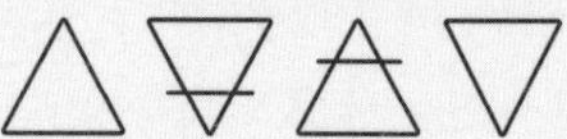

Las partes de mí que aprendí a esconder

(Un acto de recuerdo y bienvenida)

Haz una pausa.

Lleva tu atención al cuerpo. Observa cómo estás. ¿Hay tensión? ¿Hay movimiento? ¿Algún peso o vacío? ¿Algún nudo?

Vamos a abrir una puerta para mirar hacia dentro con honestidad y ternura.

Respira. Y, cuando te sientas lista, comienza.

1. **¿Qué partes de ti crees que has tenido que esconder o silenciar para sentirte querida, aceptada o segura?**
   (Pueden ser cualidades, emociones, deseos, formas de expresión, necesidades...).

   ____

   ____

2. **¿Qué te decían (o transmitían) cuando eras pequeña sobre esas partes?**
   (Ejemplo: «No seas tan intensa», «Con ese carácter que tienes nadie te va a querer», «Eso no se dice», «Eso no está bien», «Cambia esa cara»...).

   ____

   ____

3. **¿Qué sentías cuando tenías que ocultarlas?**
   (Ejemplo: vergüenza, miedo, soledad, confusión...).

   ____

   ____

4. **¿Qué impacto crees que ha tenido esconder esas partes en tu forma de estar en la vida, en tus relaciones, en tu cuerpo?**

   ____

   ____

5. **Si alguna de esas partes pudiera hablarte ahora mismo, ¿qué crees que te diría?**
   (Escucha con el cuerpo, no solo con la mente).

   ____

   ____

6. **¿Cuál de esas partes está lista para empezar a mirar con un poco más de presencia y compasión? ¿Cómo podrías empezar a darle espacio?**

   ____

   ____

   ____

Las emociones que no tuvieron lugar

Muchas veces, las partes de nosotras que aprendimos a esconder venían acompañadas de emociones intensas que tampoco supimos cómo sostener. Emociones que fueron etiquetadas como incorrectas, exageradas o peligrosas. Pero, en realidad, solo eran mensajes del cuerpo buscando comprensión.

Te propongo ahora que te tomes un momento para sentir...

7. ¿Qué emociones has aprendido a contener, esconder o anestesiar a lo largo de tu vida?

- ☐ Tristeza
- ☐ Miedo
- ☐ Rabia/ira
- ☐ Vergüenza
- ☐ Enfado silencioso
- ☐ Alegría expansiva
- ☐ Amor incondicional
- ☐ Confusión
- ☐ Otra: ____________________

(Puedes marcar más de una).

8. ¿Qué te enseñaron sobre esas emociones?

(Ejemplo: «Tienes que ser fuerte», «Las niñas buenas no se enfadan», «No llores», «No hagas tanto escándalo», «No seas tan intensa»...).

____

9. ¿Qué hace tu cuerpo cuando esas emociones intentan aparecer?

- ☐ Se tensa.
- ☐ Se congela.
- ☐ Se acelera.
- ☐ Se desconecta.
- ☐ Las deja actuar sin control.
- ☐ Otra: ____________________

10. ¿Qué pasaría si hoy pudieras empezar a sentir una de esas emociones con un poco más de seguridad? ¿Cuál elegirías? ¿Y qué necesitarías para poder hacerlo?

____

Y, ahora, solo un momento de presencia:

- Cierra los ojos.
- Coloca una mano en el corazón.
- Y repite internamente, aunque no lo sientas del todo todavía:

Hay partes de mí que han estado esperando
mucho tiempo para volver.
Y yo estoy dispuesta a recibirlas, poquito a poco.
Con curiosidad, con respeto, con amor.

Así fue como mi cuerpo empezó a revelarme quién era

Hubo un día en que mi cuerpo, que había sido el archivo vivo de todo lo que no pude nombrar, empezó a hablar. Fue él quien sostuvo el grito ahogado de todas esas partes de mí que habían sido silenciadas, pero que nunca dejaron de buscarme, esperando el momento en que pudiera regresar a rescatarlas. Seguían susurrándome desde mis profundidades, solo que yo estaba tan desconectada, me había ido tan lejos a buscarme, que no podía escuchar. Sus voces eran susurros tenues, ecos antiguos del cuerpo que aprendí a ignorar. Hasta que un día, ya no pudieron esperar más.

Cada síntoma, cada tensión, contracción, dolor, ansiedad... era una señal, una coordenada en el mapa de regreso a mí. Si este libro tiene un mapa, ese mapa es el cuerpo. **Mi cuerpo fue la brújula que me llevó de vuelta a casa**, a las partes de mí que había escondido para sobrevivir y que ahora pedían ser vistas, sentidas, encarnadas.

Ese fue el comienzo del mapa revelado.

La primera vez que lo escuché gritar con fuerza tenía diecisiete años. Había empezado la universidad y vivía en un estado de confusión permanente. No sabía quién era, qué quería hacer con mi vida, qué estudiar, hacia dónde ir en la vida. Comencé la carrera de Psicología, buscando quizá entenderme, encontrar respuestas, pero lo hice más por inercia que por certeza. Sonaba bien. Parecía una decisión correcta. Pero yo no estaba allí, y lo que buscaba, tampoco. Me sentía atrapada en una vida que no sentía mía. Abrumada, desconectada, asustada por un futuro que no sabía cómo habitar.

Una noche, me desperté agonizando: no podía respirar. Inhalaba y sentía que mis pulmones tenían dos agujeros enormes por los que se escapaba el oxígeno, como si fueran dos globos pinchados. Cuanto más respiraba, más me faltaba el aire. Como pude, llegué a la habitación de mis padres mientras escuchaba un pitido en los oídos; sabía que iba a desplomarme en cualquier momento. Escuchaba los latidos de mi corazón, y pensaba: «No va a aguantar. No puede seguir así durante mucho tiempo. Me voy a morir. Me va a dar un infarto».

Mis padres se asustaron mucho, no entendían qué me pasaba y yo no podía hablar porque, si hablaba, no podía respirar. Mi padre me metió en el coche y me llevó a toda prisa a urgencias. Lo primero que me preguntaron en el hospital fue si me había drogado. Nadie me abrazó, nadie me miró a los ojos ni me preguntó qué me preocupaba, qué me quitaba el sueño, por qué estaba tan asustada, qué necesitaba o cómo podían ayudarme.

Nadie me explicó lo que me estaba pasando y que ese estado en el que estaba sumida por el momento vital que atravesaba realmente podía regularse con herramientas sencillas. Aquel fue el primer aviso. Lo que estaba viviendo era una manifestación de mi sistema nervioso, atrapado en un ciclo de hiperactivación. Mi cuerpo me gritaba a pleno pulmón: «No puedo más con esta farsa, ya he tenido suficiente».

En aquel momento, la amenaza era yo misma para mí misma.

Todos los pensamientos catastróficos que estaba teniendo ponían a mi cuerpo en modo supervivencia. Era como si todo en mí estuviera preparado para una amenaza constante. Y eso, una y otra vez, me dejaba atrapada en un bucle de ansiedad, tensión y estrés, hasta que mi cuerpo no pudo sostenerlo más.

Había creado una historia acerca de mí. Cuanto más la repetía, más verdadero se volvía ese relato para mi cerebro, y más escenarios catastróficos me mostraba como posibilidades, que llevaban a mi sistema a un nivel superior de activación, lo que a su vez alimentaba la historia, lo que a su vez hacía crecer la ansiedad, hasta que el motor empezó a calentarse. Aquel fue solo el primer aviso, pero habría más. Después, llegaron los ataques de pánico, la depresión, los problemas hormonales, la inflamación crónica, el SIBO...

Y no solo fue el cuerpo el que empezó a colapsar. También mi capacidad para estar en el mundo, para vincularme, para confiar. Miedo al abandono, a la intimidad, a mostrarme. Hipervigilancia constante. Confusión entre amor y dependencia. Me costaba sostener límites, identificar mis necesidades, elegir lo que realmente quería.

Vivía desconectada de mi deseo, de mi creatividad, de mi poder. Me perdía en dinámicas de complacencia o control. Y, debajo de todo esto, una tristeza que no sabía de dónde venía. Un cansancio profundo, que no era solo físico. Era el agotamiento de sostener una *performance* constante. **El cansancio de ser quien**

no era, de representar papeles que me alejaban de mí, de sostener el peso invisible de sujetar y suprimir a todas mis partes internas: las que dolían, las que gritaban, las que anhelaban ser vistas.

Y, aunque por fuera funcionaba, por dentro me estaba desmoronando. Todo eso también era mi cuerpo pidiéndome que volviera. Que dejara de huir de mí misma. Que escuchara.

La pérdida de la autenticidad se cobra un precio altísimo en el cuerpo: una separación profunda entre lo que somos y lo que mostramos, entre lo que sentimos y lo que nos permitimos sentir.

Muchos años después, cuando me formé en terapia somática y trauma, entendí que mi cuerpo no estaba traicionándome; de hecho, con aquella reacción me estaba protegiendo. Era su manera de decirme que algo necesitaba ser atendido. Mi mente y mi cuerpo estaban desconectados, y la historia que me contaba a mí misma sobre todo eso que estaba mal en mí y mis miedos solo reforzaba esa desconexión, que era la forma en que mi sistema había aprendido a sobrevivir. **El síntoma no era el problema: era el lenguaje del trauma.**

Empezaba a vislumbrar que lo que estaba experimentando no era solo ansiedad o estrés, sino una desconexión más esencial, la huella somática de una fractura en mi relación conmigo misma, con mi verdadera esencia.

Resignificando lo que me dijeron y lo que yo elijo decirme hoy

De nuevo, haz una pequeña pausa. Respira hondo.

Lleva una mano a tu pecho, otra a tu abdomen.

Y pregúntate:

- **«¿Qué palabras se quedaron grabadas en mí?».**
- «¿Cuáles sigo repitiéndome sin darme cuenta?».
- «¿Qué frases o etiquetas he arrastrado como si fueran verdades?».

Este ejercicio es una invitación a traerlas a la luz, para devolver lo que no es tuyo y recuperar lo que sí.

1. **Escribe aquí algunas de las frases o etiquetas que te han marcado a lo largo de tu vida.**
   (Puedes escribir las que recuerdes, incluso si ya no te las dicen, pero siguen resonando dentro de ti. No las modifiques. Escríbelas tal como las escuchaste. Pueden venir de tu familia, de la escuela, de relaciones, de la sociedad...).

   Algunas que escuché o que muchas hemos escuchado:
   – «Eres demasiado sensible».
   – «Siempre estás llorando por todo».
   – «Tienes que ser fuerte».
   – «Estás exagerando».
   – «Eres una egoísta».
   – «Con esa actitud nadie te va a querer».
   – «Estás gorda/demasiado delgada/eres rara».
   – «No seas tan intensa».
   – «Calladita estás más guapa».
   – «Siempre tienes que llevar la contraria».

   Escribe aquí las tuyas:

2. **¿Cómo se sintió tu cuerpo cuando escuchaste esas palabras por primera vez?**
   □ Se encogió.
   □ Se congeló.
   □ Se tensó.
   □ Se apagó.
   □ Otra: ______
   Describe brevemente la sensación: ______

3. **¿Hay alguna parte de ti que creyó que esas palabras eran verdad?**
   ¿Qué consecuencias tuvo eso en tu forma de verte, de amar, de vivir?

4. **Elige ahora una de esas frases y respóndela. Pero, esta vez, respóndela tú.**
   Desde tu parte más sabia, más amorosa, más honesta.
   No desde la herida, sino desde tu verdad.
   Ejemplo:
   «Eres demasiado sensible». → «Mi sensibilidad es mi fuerza, es la forma que tiene mi cuerpo de percibir lo que otros no pueden ver».
   Frase: ______
   Nueva verdad: ______

5. **Repite el gesto de llevar las manos al corazón.**
   Y susúrrate estas palabras, si te nacen:

Devuelvo lo que no es mío.
Honro lo que sí.
Y, hoy, empiezo a contarme una historia diferente.

El trauma: una desconexión de nuestra esencia

El trauma, nuestras heridas, entendí más tarde, no es lo que nos pasa, sino lo que ocurre dentro de nosotras como consecuencia de lo que nos pasó. Es, ante todo, una desconexión de nosotras mismas, de nuestra esencia. De lo que sentimos, de lo que necesitamos, de quienes somos. Es un corte profundo en el vínculo con nuestra verdad. **Y por eso es tan profundamente doloroso.**

Nos protege de lo que creemos que no podemos manejar, pero ese mismo mecanismo de defensa nos desconecta de nuestra autenticidad, y nos deja vacías y perdidas. Al no poder sentir nuestras emociones, nos alejamos también de quienes somos en realidad.

> El problema es que esa desconexión, que fue adaptativa en su momento, se convierte con los años en una cárcel invisible que nos aísla de la vida.

Creamos personajes, máscaras, mecanismos que nos permitieron funcionar, pero que ahora nos impiden sentirnos. Esos personajes hacen posible que gestionemos el estrés y el dolor, pero, con el tiempo, se vuelven obstáculos para nuestra sanación. Nos impiden enfrentar el verdadero origen de nuestra desconexión, perpetuando un ciclo de autoabandono.

Y, mientras seguimos adelante con nuestras vidas, algo dentro de nosotras sigue congelado. Como esperando el momento en que por fin podamos regresar. A ese lugar interno donde fuimos dejando partes esenciales de nuestro ser.

Por eso, cuando mi cuerpo gritó por primera vez, no lo entendí. Pero ese grito no era el enemigo. **Era la señal que marcaba**

el inicio del camino. La señal de que había algo que necesitaba ser escuchado, abrazado y transformado.

Este fue el comienzo de mi viaje de regreso. El momento en que el mapa se reveló y empecé a entender que el cuerpo no era el problema, sino el portal. El acceso a todo lo que había quedado pendiente de ser sentido, mirado, reconocido, sostenido y alquemizado.

Fue entonces cuando intuí que mis síntomas, mis bloqueos, mis emociones… no eran aleatorios. Que no estaba rota ni loca, sino desconectada de algo esencial.

Esa comprensión bastó para empezar a mirar mi historia desde otro lugar. No con juicio, sino con curiosidad. No desde la mente, sino desde el cuerpo.

Comprender qué es el trauma fue el primer paso para empezar a traducir el lenguaje que mi cuerpo llevaba tanto tiempo intentando mostrarme. Lo que no imaginaba es que, para encontrar la verdad de lo que me habitaba, primero tendría que romperme por completo.

2

ROMPERSE PARA QUE ENTRE LA LUZ

«La herida es el lugar por donde entra la luz».

RUMI

Nuestra historia no desaparece.
Vive en nuestro cuerpo.
Late en silencio, profunda, invisible
a los ojos externos, tejida en nuestras células.
Nuestras heridas, en su interior, guardan algo sagrado:
la posibilidad de abrirnos.
De revelarnos.
De ser tocadas por la luz que llevamos
evitando toda una vida.
No lo entendí entonces,
pero en aquel momento me rompí,
y la luz me alcanzó.

17 de julio de 2010: congelación

Estaba tumbada en el sofá después de comer, tratando de dormir un poco, cuando, de repente, sonó el teléfono. En aquel momento no lo sabía, pero aquella llamada me cambiaría la vida.

Un querido amigo y colega acababa de fallecer en un accidente. Recuerdo la sensación de frío recorriendo mi cuerpo, el impacto de la noticia y la congelación. **Sobre todo, la sensación de estar congelada.** Habíamos compartido muchos momentos difíciles y también de aventura, alegría, aprendizaje. Era una de las personas más inteligentes y generosas que había conocido en mi vida y lo admiraba enormemente. Y, aunque atravesábamos un momento difícil porque la empresa en la que trabajábamos, como muchas, se enfrentaba a una crisis económica global y nosotros no podíamos hacer más que ver cómo se acercaba esta amenaza cada vez más hacia nosotros, nunca imaginé aquel desenlace.

En aquel momento no tenía ni idea de cómo funcionaba el sistema nervioso, no sabía nada de terapia somática, ni de trauma, ni de que aquella sensación de estar congelada **quería decir que mi**

cuerpo estaba fijado en una respuesta traumática, que no tenía capacidad para responder.

Cuando recibí la noticia, sentí que la parte inferior de mi cuerpo se disolvía, que el suelo desaparecía por debajo de mí. Nada me sostenía. Después, lo único que quedaba era una marea de preguntas sin respuesta y un silencio denso que lo envolvía todo.

¿Qué iba a pasar ahora?

Acababa de comprarme mi casa y de firmar una hipoteca por la que pagaba un dineral al mes que solo de pensarlo me asfixiaba, yo sola, pero, tras lo ocurrido, por diversas razones, mi trabajo y mi estabilidad económica parecían haberse disuelto en el éter igual que mis pies y piernas, y todo mi cuerpo. Ni imaginaba todo lo que estaba por venir.

Entretanto, además, me encontraba tratando de terminar una relación totalmente disfuncional, una relación que había detonado los pobres cimientos sobre los que mi amor propio se sostenía. En su tierra, había tratado de hacer crecer unas flores con la poca confianza y seguridad que me había dejado mi relación anterior, pero nada brotaba. Con cada día que pasaba, seguía marchitándome y alejándome cada vez más de mi ser. Abandonándome y traicionándome como me habían hecho a mí. Sentía tanta vergüenza y autocompasión... Me sentía tan rota, tan incapaz, tan frágil, tan confundida, tan perdida... Mi cuerpo estaba totalmente alterado, apenas dormía, no tenía hambre y había perdido mucho peso.

No sé de dónde saqué las fuerzas para terminar con la relación, pero lo hice mientras miraba hacia abajo, hacia un abismo oscuro que se tragaba mi vida tal como la conocía hasta ese momento y que se lo estaba llevando todo.

Necesitaba apoyo, necesitaba seguridad, pero, mirara donde mirase, no encontraba nada. Estaba sola.

Y en busca de esa seguridad y apoyo, me encontraba sola. Por si fuera poco, mi familia también enfrentaba su propia crisis en un contexto financiero que azotó a la sociedad española muy fuerte. Lo perdieron todo, y yo perdí mi hogar familiar en el peor momento de mi vida. Mi refugio. Cuando más los necesitaba, ellos estaban cayendo en su propio abismo. Otro agujero gigante que se estaba tragando su vida... y también la mía, aunque aún no pudiera verlo.

12 de diciembre de 2010: colapso

Se acercaba la Navidad y ni todas las luces que brillaban en las calles juntas podían dar luz a la oscuridad tan profunda que sentía dentro de mí. Me pesaba el alma. El corazón me dolía. Estaba muy cansada, muy rota y apenas podía pensar. Ese día, mi madre me contó que había llegado la carta del banco donde les notificaban la fecha de desahucio. El banco se quedaba con nuestra casa familiar. No tenía nada donde agarrarme. No sabía qué iba a hacer. Me sentía muy asustada. Sentía como si empezara a ahogarme en medio de un gran oleaje, estaba demasiado agotada para seguir moviendo los pies y las piernas. Solo quería descansar, dejar de luchar, rendirme y caer al fondo.

Aquella sería la última Navidad que pasaríamos en el que había sido mi hogar. Recuerdo el miedo en los ojos de mi madre, la desesperación en los de mi padre y la mirada ausente de mi hermano. La tristeza era tan pesada que ocupaba más espacio que el oxígeno en el salón. Yo estaba destrozada, pero supongo que no se me notaba. Había aprendido hacía mucho tiempo a hacerme la fuerte, negar y desconectarme de la realidad, pero esa estrategia estaba a punto de sucumbir.

Unos días después, empecé a encontrarme realmente mal. Empezó como síntomas de gripe y dolor en todo el cuerpo. Me pesaba tanto que no podía ni levantarme de la cama. No encontraba ningún motivo para hacerlo. Sentía un agotamiento no solo físico ni mental. Era algo más profundo. Existencial. Solo quería cerrar los ojos y no volver a abrirlos. Y así lo hice. Cerré los ojos y me quedé durante varias semanas en un estado latente: **mi cuerpo colapsó**.

Recuerdo que me despertaba por la mañana sintiendo un frío interno que dolía y pensando por qué me había despertado. Estaba enfadada con Dios, con la vida y con el mundo. Me sentía tan frágil, tan pequeña... No quería despertar. No quería estar viva. Me daba igual todo. Todo era gris. Sentía que la vida se había olvidado de mí. Ya no me recorría. Había tirado la toalla.

En aquel momento no entendía lo que le estaba pasando a mi sistema y por qué la vida se me hacía tan insoportable. Siempre había sido una luchadora, competente, autosuficiente, capaz. Me comía el mundo. Nada me daba miedo, y, si me lo daba, allí que iba. Pero, en aquel momento, ya no me reconocía. Había perdido el control sobre mí misma, y sobre mi cuerpo.

Dejé de comer, de asearme. No me quedaba ni una gota de energía. Mi cuerpo había activado un estado de conservación extrema, suspendiendo casi todos sus sistemas. Como cuando el ordenador se pone en suspensión. Así estaba yo: apagada por dentro.

Mis padres tuvieron que llevarme con ellos y hacerse cargo de mí. En medio de todo el tsunami, yo solo quería dormir. Y dormir. Y llorar. Y desaparecer. Sabía que mi familia estaba muy preocupada, y, hoy día, no sé aún qué inteligencia emocional los habitó en aquel momento, pero, de alguna manera, acompañaron mi proceso. Durante días y días, en los que yo era apenas un cuerpo hueco e inhabitado, ellos estuvieron allí, al otro lado. Dejando que el tiempo y algo más hicieran lo suyo.

Unas semanas después, algo en mi interior parecía despertar, sentí que tenía la fuerza suficiente para salir de la cama y, por primera vez, tenía un poco de claridad sobre lo que tenía que hacer. Lo primero fue ir al médico. Sin demasiadas preguntas, me diagnosticaron depresión y me recetaron antidepresivos.

Mientras escribo estas líneas, aún siento un nudo en el estómago cuando recuerdo aquel momento de mi vida, y mi respiración se vuelve pesada y entrecortada. Hoy, después de años de terapia, trabajo personal y estudio, puedo comprender que aquel episodio —todo ese dolor, la sensación de estar completamente perdida, confundida y desconectada— no era solo el eco de los últimos meses: la muerte de mi amigo, la pérdida de mi trabajo, la relación rota, la quiebra familiar... Era mucho más antiguo. Era el peso acumulado de años y años de estrés, disfunción, trauma emocional sin procesar y de energía de supervivencia en mi sistema desde el primer día que llegué al mundo.

Pero todo estaba a punto de cambiar.

Cuando el dolor y la confusión se vuelven camino

Aún no lo sabía, pero estaba empezando a recibir una nueva clase de orientación que no venía de mi cabeza ni de las expectativas ajenas, sino de mi cuerpo.

Del vacío. De la rendición. Del fondo del agujero.

Cuando todo se derrumba, también puede revelarse de ese fondo sagrado una nueva verdad: la tuya.

Mi comprensión sobre el trauma no es meramente intelectual **ni se sostiene solo desde una perspectiva biológica o psicológica. Es vivida. Es experiencial. Corporal.** Ha sido, en mi caso, reconocerlo, comprenderlo, investigarlo y, sobre todo, atravesarlo, mi viaje iniciático de sanación. Y, también, el camino hacia mi propósito.

Comprender qué es el trauma, y cómo mi sistema nervioso había sido moldeado por todas las experiencias que no pudieron ser procesadas ni resueltas, me dio una claridad y comprensión completamente nuevas.

Pude mirar con compasión mi historia, mi dolor, mis bloqueos, mis dificultades, la dependencia emocional, la ansiedad, el agotamiento. Mi forma de estar en el mundo, de percibir la vida, de relacionarme, de reaccionar. Pude ver cómo cada episodio de esta gran obra que era mi vida tenía un sentido profundo. Esto me trajo paz y compasión hacia mí misma y hacia todos los que, de algún modo, habían contribuido en mi historia.

Y, por primera vez, todo empezaba a cobrar sentido. Como si algo invisible hubiera estado guiándome a cada paso del camino, desde el centro mismo del laberinto. Y empecé a ver con claridad algo: el hilo de Ariadna. Ese hilo simbólico que, según la leyenda, permitió a Teseo encontrar la salida del laberinto tras enfrentarse al Minotauro. El laberinto es nuestra historia. El Minotauro, nuestras partes exiliadas: el miedo, la vergüenza, la desconexión, el dolor de no haber sido vistas por quienes éramos…

El hilo siempre está. Es una guía invisible que nos devuelve a nosotras. Y, aunque el camino hacia fuera exige atravesar sombras, multitud de espejismos y pruebas iniciáticas, lo hacemos llevando ese hilo entre las manos, recordando que dentro del laberinto no estamos perdidas, estamos volviendo.

Este no es un viaje cualquiera. Es el viaje de regreso a la autenticidad. El viaje de vuelta a casa.

El trauma me había lanzado dentro de ese laberinto sin mapa ni salida aparente, pero, al mirar con amor lo que más temía de mí, empecé a recordar el camino de regreso.

Bajé al inframundo para volver con un regalo: **mi propia verdad**.

Cuando el trauma se ilumina y se revela, ya no es trauma, sino que se convierte en un mapa de ruta, una brújula en el viaje sagrado de regreso a nosotros, un camino de autoconocimiento, propósito, reconexión, soberanía y regreso a nuestra autenticidad.

Pero ¿qué es el trauma realmente?

El trauma es una parte inherente a estar vivo y caminar por esta Tierra. Es parte de la experiencia de ser humano. Todos compartimos una historia común de dolor, desconexión y autoabandono. Pero también compartimos el poder, la fortaleza y la posibilidad de transformarla; la experiencia de la herida y el poder de transmutarla en sabiduría.

Tú y yo no somos tan diferentes. Estamos unidas por una historia de confusión, miedo, dolor, y, aunque aún no lo sientas del todo, también de superación. Ambas hemos experimentado mucho desde que llegamos a este mundo.

Yo crecí en una familia donde el abandono emocional, la falta de sintonía y de seguridad cablearon mi sistema nervioso hacia un estado de supervivencia: autoprotección, hipervigilancia, control y toda una variedad de adaptaciones, como la congelación, la disociación, el perfeccionismo o la actitud defensiva, que terminé creyendo que eran «yo».

¿Y tú? ¿Has confundido alguna vez una respuesta adaptativa con tu forma de ser? ¿Has pensado que eras fría, complicada, demasiado intensa, insegura… cuando en realidad estabas sobreviviendo?

Yo también lo pensé. Durante mucho tiempo creí que mi forma de ser era el problema. Hasta que empecé a mirar más atrás. A entender de dónde venía todo. A ver con otros ojos la historia que me había traído hasta allí. No somos una isla. Venimos de otras historias, otros cuerpos, otros dolores.

Sé que mis padres siempre me quisieron, como supieron, como pudieron, y también sé que los sistemas familiares reflejan su propio trance de trauma intergeneracional y colectivo.

Mi madre, por ejemplo, no tuvo un vínculo materno. Con apenas siete meses, su propia madre —mi abuela— la entregó a una hermana que vivía lejos, en otra ciudad, y que no tenía hijos. ¿Cómo una niña que no fue sostenida por su madre podría saber, años después, cómo sostener a otra criatura? ¿Qué entendía ella del vínculo, de la sintonía emocional que necesita un bebé?: muy poco.

Su historia era una réplica de otra anterior. Su madre —mi abuela— había perdido a la suya cuando tenía ocho años. ¿Cómo no iba a repetir el abandono? ¿Cómo no iba a haber silencio, carencia de contacto, desconexión emocional? ¿Cómo no iba a experimentar abandono emocional una y otra vez en mi vida si ese fue el sustrato en el que se configuró mi sistema nervioso?

Entonces empecé a preguntarme: ¿a cuántas generaciones atrás se remonta esta narrativa de abandono? ¿Cómo ha influido en mi manera de vincularme? ¿Cómo ha condicionado mis decisiones, mis relaciones, mi percepción de mí y del mundo?

Ahora sé que heredamos el sistema nervioso de nuestra madre y posteriormente es moldeado por el de nuestro sistema familiar.

Conocer la historia de trauma infantil de mi madre me ayudó a conocerme a mí. Me permitió ver mis propios patrones desde otro lugar. No solo estamos influidas por lo que nuestra madre vivió mientras nos gestaba. Estamos literalmente programadas en el útero por los patrones que ella misma desarrolló de niña. Su sistema nervioso programa el nuestro con una precisión asombrosa. Nos prepara para el mundo... según el mundo que ella conoció. Y esa es nuestra primera huella energética y biológica.

Nuestro cuerpo es el altar de nuestros ancestros. Y en él también habitan sus estrategias de afrontamiento, sus dolores, sus batallas, sus victorias. Todo lo que enfrentaron y superaron. No importa que comprendamos nuestro origen o que intelectualicemos lo que nos pasó o no pasó. Nuestros sistemas nerviosos solo entienden de seguridad o inseguridad: ¿esta relación es segura? ¿Este lugar es seguro? ¿Esta familia es segura? ¿Puedo encontrar aquí apoyo emocional?

No importa si lo comprendemos con la mente. Nuestro cuerpo lo registra antes. Y ese registro empieza muy pronto, antes incluso de haber nacido. Durante la gestación, el primer lenguaje entre mamá y bebé no es verbal. Es bioquímico. Hormonal. Energético.

Un diálogo silencioso que traduce cosas como «¿Puedo quedarme aquí?», «¿Soy bienvenida?», «¿Seré rechazada?», «¿Este es un lugar seguro?». Nuestro sistema nervioso se calibra al de nuestra madre. Y, después, al de nuestro sistema familiar. Y ese sistema, a su vez, ha sido moldeado por el trauma de todo el linaje. La forma en que somos tocadas, vistas o ignoradas; cómo se regula el conflicto o se evita; cómo se manifiesta el miedo o el amor... **Todo deja una impronta.**

Y, con el tiempo, esa impronta se convierte en una lente. Un modo de leer e interpretar la vida: como un lugar seguro o amenazante. Como algo que hay que disfrutar... o en el que sobrevivir. Una lente que moldea nuestras narrativas internas y lo que creemos acerca de nosotras.

La promesa

Este fue mi punto de partida. Necesitaba entender qué le estaba pasando a mi cuerpo. Por qué me había llevado hasta allí. Qué me quería decir. Me sumergí en una profunda reevaluación, de mi relación conmigo misma, para empezar. Parece ser que mi alma esperaba mucho más de mí, y la vida se había encargado de proveerme los escenarios perfectos para que me rompiera y entrara la luz.

Mi cuerpo me estaba hablando y me estaba pidiendo un profundo reencuentro y reconocimiento. Me estaba hablando de lo lejos que me había ido de él y de mí misma. Así comenzó mi camino de regreso a mí. Empecé a cuestionármelo todo. No sabía qué era verdad para mí, más allá de lo que se esperaba de mí y de las demandas ajenas.

¿Quién era yo?
¿Qué quería realmente yo?
¿Cuáles eran mis necesidades?
¿Mis límites?
¿Quién era yo más allá de las voces
internalizadas de mi padre,
de mi madre, del sistema?

Todo estaba mezclado. Muy confuso. Como una enorme madeja de hilos de muchos colores, todos enredados. Me había vuelto una pantalla que proyectaba el ambiente en el que había crecido. Había internalizado sus creencias, su sistema de valores, sus prioridades, deseos, ideales, patrones... y, a partir de ahí, estaba escribiendo el guion de mi propia película.

Compartimos un campo unificado de trauma sistémico y de dinámicas familiares inconscientes.

Estamos inmersas en él. Como un pez en el agua que no sabe que está en el agua y cree que no hay nada más. Parte del proceso de sanar el trauma es despertar a esta realidad, empezar a identificar estas creencias heredadas y preguntarnos, honestamente, si son nuestras. Si nos sirven. Si están al servicio de la vida que realmente deseamos crear.

Mi cuerpo dijo: «Basta».

Y con ese «basta» comenzó un camino de transformación radical.

No imaginaba hasta dónde me llevaría. Lo que vino fue un descenso en espiral: capas y más capas de confusión, duelo, dolor, ira, tristeza, tensión, contracción, miedo y profundo agotamiento.

Inicié el tratamiento médico que me recetaron, sí, pero tenía claro que eso no era suficiente. Necesitaba desarrollar recursos internos. Cultivar una resiliencia profunda. Tenía que aprender a escuchar a mi cuerpo. Iba a empezar a escucharme a mí misma a través de él.

> Iba a hacerle una promesa: «Estaré ahí, para ti, para siempre. No volveré a abandonarte. No volveré a abandonarme. Al menos no de forma consciente».

No importaba si no sabía cómo. No importaba cuánto me costara. No importaba cuánto tardara. Ni cuántas veces volviera a caerme. Esa era mi promesa. Y era sagrada. Y era un viaje de no retorno.

Parte de mi viaje fue romper con el trance transgeneracional de autoabandono y negligencia emocional que marcó a mi familia durante generaciones. Empezando conmigo.

Comencé a reorientarme. A salir de las narrativas de victimismo, dolor, sufrimiento, carencia, abandono. A dejar de pensar que había algo inherentemente mal en mí, o que estaba rota o defectuosa, que nunca podría llenar el vacío tan inmenso que sentía, que me estaba negada la posibilidad de ser feliz, de sentirme plena, completa, satisfecha y llena de propósito.

Comencé a confiar en la vida. Y, sobre todo, a aprendí a confiar en mi cuerpo. En su sabiduría. A aprender cómo se siente la verdadera seguridad en el cuerpo.

No imaginé que me llevaría tanto tiempo. Que me perdería tantas veces por el camino. Que probaría todo tipo de abordajes, recursos y terapias... hasta encontrar la clave que te iré revelando a lo largo del libro: **el trabajo somático, la curiosidad, el amor, la compasión hacia el proceso y, sobre todo, mucha curiosidad y paciencia**.

Sanar el trauma a nivel del sistema nervioso no es empujar, forzar o hacer más. Es precisamente todo lo contrario. En este camino, menos es más.

Un sistema nervioso traumatizado tiene una capacidad muy limitada para regular emociones, procesar estímulos o integrar experiencias. Y eso hay que honrarlo.

Recuerdo cómo mi cuerpo oscilaba entre la congelación y la hiperactivación, luego la abrumación para terminar en la desconexión. Su sensibilidad me pedía otra cosa: aceptación, suavidad, cuidado, apoyo. Simplicidad. Un ritmo lento, sostenido y mucha corregulación. Nada heroico o catárquico. Solo presencia repetida y amable. Una y otra vez.

La sanación no es posible desde un estado de supervivencia

Cuando el sistema está desbordado, colapsado o desorganizado, no puede integrar. Primero necesita estabilizarse. Sentir que puede descansar. Encontrar microdosis de seguridad. Solo desde ahí, con los recursos adecuados, puede descargar el exceso de energía atrapada y empezar a regular el dolor emocional.

No se puede sanar desde un sistema nervioso desregulado. No se puede acceder al dolor verdadero sin antes haber creado un suelo seguro. Por eso, sanar el trauma es un proceso complejo, profundo y sagrado.

No se trata de voluntad, sino de crear las condiciones adecuadas.

Condiciones que le permitan al cuerpo abrirse, poco a poco, sin sentirse en peligro. Un sistema nervioso suficientemente estabilizado, que no esté constantemente en lucha, huida o congelación. **Referencias internas de seguridad**, que permitan al cuerpo distinguir entre lo que fue y lo que es. Un ritmo lento y compasivo, donde no se fuerce el proceso ni se sobreestimule el sistema. **Espacios de corregulación**, donde el cuerpo pueda sentir sostén a través de la relación con otro (un terapeuta, una comunidad, una figura presente). **Recursos somáticos** adecuados, que nos ayuden a escuchar al cuerpo, a descargar tensión, integrar, sentir y soltar. Una actitud de curiosidad amorosa más que de juicio o exigencia. Un entorno externo que no siga reproduciendo las dinámicas que generaron el trauma, o al menos que seamos conscientes de ellas para no volver a perdernos ahí.

Sanar no es una cuestión de fuerza de voluntad.
Es una cuestión de seguridad.

De tener el abordaje adecuado para ti. Los recursos que tu cuerpo necesita. El ritmo que puedes sostener. Y la dosis justa de todo eso.

No podemos mentirle al cuerpo.

No podemos fingir seguridad.

No podemos saltar etapas.

No podemos pasar por encima del miedo, la tristeza, la confusión o el abandono. Solo podemos crear un nuevo lenguaje somático. Uno que diga: «Estás a salvo ahora». Es la experiencia vivida, no la teoría, lo que nos transforma.

La experiencia encarnada de seguridad, de sostén, de dignidad.

Eso es lo que abre la puerta. Y sí, lleva tiempo. Requiere confianza. Entrega.

Una rendición profunda y sagrada a algo más grande que nos guía. Ese impulso del alma que nos lleva de vuelta a nuestra verdad. A recordar quiénes somos en esencia.

Y a reclamar la vida que realmente hemos venido a vivir.

Es un trabajo de reclamación.
Es un trabajo de autenticidad.
Es un trabajo de reconexión.
Es un trabajo de soberanía personal.

Sin que quede un rincón de tu cuerpo por revisitar con amor y ternura. Sin que quede una necesidad por validar, honrar y expresar. Sin que quede un límite por reconocer y sostener. **Es volver a ser: radicalmente, auténticamente, genuinamente.** Es volver a abrir donde una vez cerramos. Volver a confiar. Volver a extender nuestras alas… y volar.

Es un camino de vida. Yo aún estoy en el mío. Y lo que

veo es un camino lleno de potencial, propósito y verdad. Un camino para encarnar mi humanidad, mi fuerza de vida, mi esencia más profunda. Créeme cuando te digo que todo lo que has vivido te estaba preparando para esto: para ser más tú.

△🜄🜁▽

Antes de continuar, tómate unos minutos e inhala profundamente... y exhala largo... Y anota a continuación qué emociones o sensaciones empiezas a percibir durante la lectura. Date permiso para ser y estar aquí y ahora.

____

____

____

____

Sé que mis palabras pueden estar resonando profundamente en tu interior. Tal vez empieces a encontrar ecos de tu propia historia en la mía, y a reconocerte entre líneas.

Es importante que sepas que todas hemos experimentado negligencia y abandono emocional en mayor o menor grado, especialmente en etapas muy tempranas, cuando aún éramos muy vulnerables y nuestro sistema nervioso no tenía recursos ni madurez para regularse.

Dependíamos completamente de otros para sentir seguridad. Pero pregúntate... ¿y si esos otros tampoco sabían sostenerse a sí mismos? ¿Y si ellos también estaban desconectados de su cuerpo, de sus emociones, de su sensibilidad? ¿Qué calidad tuvo ese vínculo? ¿Fue suficiente? **Para muchas de nosotras, no lo fue.** Y eso dejó una huella. No por falta de amor. No porque no quisieran.

Sino porque no pudieron. Porque no tenían las herramientas, ni los recursos, ni la capacidad.

Poder ver esto con claridad, permitirnos reconocer esto y aceptar que nunca tuvo nada que ver con nosotras, que no había nada roto, malo o defectuoso en nuestro interior, es devolver la responsabilidad a quien corresponde y parte esencial de este viaje sagrado de regreso.

Lo que estamos atravesando
no es solo personal. Es colectivo. Es ancestral.

Estamos desenredando capas de miedo, de inseguridad relacional, de dinámicas disfuncionales que se han transmitido por generaciones.

Y lo estamos haciendo ahora. Con coraje. Con conciencia. Con compasión. Lo hacemos por nosotras. Y también por quienes vienen detrás. Tanto si vas a ser madre como si no, tanto si crías como si no, al resolver el trauma te conviertes en una onda expansiva de sanación.

Tu sola presencia empieza a transformar lo que te rodea, porque compartimos un campo colectivo de conciencia.

Por eso estamos aquí.
Y te honro.
Por tener el coraje de mirar adentro.

Por atreverte a atravesar lo que otras generaciones silenciaron. Por sostener este viaje que, aunque a veces duela, también te devuelve a ti. Gracias por caminar conmigo este tramo. Gracias por no rendirte. Gracias por abrir espacio para una vida más verdadera.

3

NO ERES TÚ, ES TU SISTEMA NERVIOSO

«Cuando entendemos que nuestras respuestas no son defectos de carácter, sino adaptaciones de un sistema nervioso que trató de protegernos, dejamos de juzgarnos y empezamos a acompañarnos».

LORENA CUENDIAS

El papel del sistema nervioso en la regulación de nuestra experiencia emocional

La primera vez que entendí que lo que me pasaba tenía que ver con mi sistema nervioso, sentí un alivio profundo. Como si alguien me dijera, por fin: «No estás loca. No estás rota. Solo estás en modo supervivencia».

Hasta ese momento, no entendía muchas de mis reacciones, por qué me costaba tanto tomar decisiones, por qué sentía que algo dentro de mí reaccionaba antes de que pudiera pensar sin tener ningún control sobre ello, por qué saltaba a la mínima o me cerraba como si algo me estuviera amenazando, aunque todo pareciera estar «bien».

Cuando empecé a aprender el lenguaje de mi cuerpo, me di cuenta de algo que lo cambió todo: no era yo. No era «mi esencia» la que reaccionaba así. Era un cuerpo en alerta, un sistema desregulado que había aprendido que, para sobrevivir, había que estar lista para lo peor.

Y entender esto fue el primer paso para dejar de pelearme conmigo misma.

Este descubrimiento abrió ante mí un camino que no sabía que existía. Un camino hacia mí.

Porque, si no era yo la que reaccionaba así, ¿quién era yo realmente? **¿Quién era yo cuando no estaba en guerra, ni en tensión, ni huyendo internamente de todo?**

¿Qué quedaba de mí, quién era realmente, si me quitaba las capas de defensas inconscientes y los patrones reactivos? Empecé a pelar capas. Capas de miedo, de dureza, de control. Empecé a observar esas respuestas automáticas, la ansiedad, la crítica interna, la voz de la autoexigencia, y a ver que no eran errores, sino señales. Mensajes de un cuerpo que llevaba años intentando protegerse como podía.

Así comenzó una transformación profunda. Al dejar de pelear con mis síntomas y empezar a escucharlos con curiosidad en lugar de con juicio, pude ver que, debajo de la confusión, el ruido, de la hiperalerta, de la fatiga y el autoabandono, había una parte de mí que solo quería sentirse a salvo. La serenidad, la calma y la libertad que tanto había buscado fuera no dependían del mundo, de otros, ni del pasado, ni de que todo estuviera en orden. Estaban dentro. Latentes. Esperando que yo aprendiera a crear dentro de mí esa sensación de seguridad que nunca había conocido.

Ahí, en ese primer contacto con la calma, **entendí que la respuesta a muchas de las preguntas que me había estado haciendo durante tanto tiempo estaban en mi sistema nervioso**.

Aprende a leer las huellas

La mayoría de nuestras reacciones defensivas —esas maneras automáticas en las que respondemos a la vida— no son decisiones conscientes. No son fallos de carácter ni pruebas de que algo está mal contigo. Son huellas. Mapas corporales que se grabaron cuando aún no sabíamos hablar, ni defendernos, ni entender lo que sentíamos.

Durante mucho tiempo pensé que mis emociones eran demasiado intensas, que yo era «demasiado». Me juzgaba por no poder controlarme, por ser como era, por sentir tanto, por no poder explicarle al mundo por qué a veces necesitaba desaparecer. No sabía que era mi cuerpo activando los mismos mecanismos que un día me ayudaron a sobrevivir, aunque ya no fueran necesarios.

Aprender el lenguaje de mi cuerpo fue como ponerle subtítulos a una película que llevaba toda la vida viendo sin entender.

Me permitió entender de dónde venían mis emociones y síntomas, y me brindó el regalo más importante, me dio algo que antes no tenía: una manera de verme con más compasión. Cuando entiendes que tus respuestas no son un fallo, sino un intento biológico de protegerte, ya no estás peleando contigo. Estás escuchando. Y eso lo cambia todo.

Imagina por un momento que esas respuestas automáticas que percibes —desde la calma hasta la ansiedad, la reactividad o incluso el agotamiento profundo— son manifestaciones de un vasto sistema de defensa que existe en tu interior, uno que está constantemente interpretando el mundo a su alrededor en términos de seguridad o peligro. Pero ¿cómo logra nuestro cuerpo, sin intervención consciente, regular todas estas experiencias? Y, más allá de eso, ¿por qué algunas personas parecen quedar atrapadas en ciertos estados, mientras que otras pueden moverse con facilidad entre ellos?

Vamos a empezar a desentrañar el rol de este sistema nervioso en la creación de nuestras experiencias emocionales. **Descubriremos cómo cada respuesta interna —ya sea el bienestar o la tensión extrema— es en realidad una señal de un sistema que, más allá de nuestra mente, trabaja incansablemente para garantizar nuestra supervivencia.** Esta exploración inicial será la base que nos permita entender, más adelante, cómo el trauma y las experiencias de vida pueden moldear profundamente nuestro «estado base» y nuestra manera de sentir y responder.

El viaje hacia tu sanación y transformación comienza con aprender a hablar el lenguaje de tu cuerpo como si fuera tu lengua nativa. Una vez que entiendas estas señales, tendrás el poder de activar la capacidad innata de tu cuerpo para sanar y transformarse.

Pero, antes de sumergirnos en las herramientas y técnicas, es importante que comprendas cómo funciona tu sistema nervioso.

Tu propio sistema operativo

Tu sistema nervioso es como el sistema operativo de tu cuerpo. Una red increíblemente sofisticada que lo coordina y orquesta todo: desde tus movimientos y funciones internas hasta tu capacidad de sentir, de conectar, de confiar. Es quien traduce lo que sucede fuera (una mirada, un tono de voz, un cambio en la energía del ambiente, un silencio sutil) y en milisegundos analiza si estás segura o en peligro. Si puedes relajarte o si necesitas protegerte.

Analiza, pero lo hace a su manera: rápida, no verbal, basada en patrones y sensaciones más que en razonamientos conscientes. Su análisis es más profundo de lo que pensamos, lo que pasa es que no lo hace con palabras ni pensamientos, sino con percepción, registro sensorial, memoria implícita y respuesta somática.

Y lo hace constantemente.

Nuestro sistema nervioso solo entiende de sentirse seguro o sentirse inseguro.

Es el encargado de recibir estímulos del entorno (*inputs*, desde una conversación hasta un cambio de temperatura, un olor, un ruido de fondo), procesarlos y generar respuestas adecuadas (*outputs*), lo que ha sido crucial para la supervivencia de los organismos a lo largo de la evolución. Su misión es mantenerte a salvo y la pregunta que se hace todo el tiempo por cada *input* de información sensorial que recibe es: «¿Estoy segura o no?».

Los síntomas y las sensaciones que notamos en nuestro cuerpo son expresiones tanto de una cosa como de la otra. Y, si percibe que algo es inseguro, aunque no lo sea en realidad, activará toda una serie de respuestas defensivas de supervivencia, conocidas también como respuestas de estrés, que se han ido cableando biológicamente a lo largo de millones de años de evolución.

Este lenguaje binario sencillo sí/no, esta pregunta, es el filtro a través del cual lo interpreta absolutamente todo. Desde lo que comes hasta cómo alguien te toca o si puedes descansar cuando llega la noche. Esa es la brújula con la que decide qué químicos liberar en tu sangre, a qué personas acercarte, qué pensamientos activar y en qué tono de energía vas a vivir tu día.

Es como un radar interno que no descansa.

Si la respuesta es «sí», entonces puedes digerir, dormir, conectar, sentir placer. Pero, si hay algo, aunque sea mínimo, que activa una alarma (aunque no sepas cuál), el sistema lo ajusta todo para protegerte. A veces de forma sutil. A veces, de forma extrema. Por eso, incluso cuando no te está pasando nada «aparentemente» y tu vida «parece estar bien», puedes sentirte ansiosa, tensa y como que te falta el aire. O entrar en pánico en situaciones donde no hay un peligro real. O elegir, una y otra vez, personas, vínculos o caminos que te hacen daño. No porque no sepas lo que mereces. No porque no hayas hecho suficiente terapia, sino porque tu cuerpo aprendió que eso, eso que hoy te duele, fue seguro alguna vez. O al menos familiar. **Y, para tu sistema nervioso, lo familiar puede ser sinónimo de seguridad, aunque sea disfuncional.**

Durante mucho tiempo, me sentía atraída por personas emocionalmente inaccesibles. No solo potenciales parejas, también amigas y figuras de autoridad. En general, personas distantes y emocionalmente inalcanzables. Me parecía una especie de imán inevitable. Un magnetismo embriagador. Y, por más que entendía que eso me hacía daño, mi cuerpo se sentía «en casa» en ese patrón. No fue hasta que entendí cómo había asociado el amor con la distancia emocional desde muy pequeña cuando empecé a cuestionar no mis elecciones, sino lo que mi cuerpo había aprendido como «seguro».

¿Alguna vez has sentido que estabas
en alerta sin un motivo aparente?
¿Como si estuvieras preparada para responder
a algún tipo de amenaza «invisible»?

Como si algo en ti estuviera en guardia, aunque todo a tu alrededor parezca estar en calma. Esa sensación de no poder bajar la guardia, de estar «esperando» que algo malo vaya a pasar en cualquier momento.

A mí me pasaba constantemente. A veces era al despertar, otras en medio de una conversación. Sentía esa corriente sutil de tensión en el pecho, como si algo estuviera a punto de ocurrir. Pero no ocurría nada. Y, sin embargo, yo estaba lista para todo.

Lo entendí tiempo después: **mi sistema nervioso estaba haciendo su trabajo**. Solo que lo estaba haciendo con un mapa antiguo, grabado por experiencias pasadas.

Desde el punto de vista evolutivo, nuestro sistema nervioso ha sido clave para que estemos aquí hoy. Nos ha permitido adaptarnos, sobrevivir, anticipar amenazas y reaccionar con velocidad. Gracias a él, nuestros antepasados sobrevivieron al frío, al hambre, a los depredadores. Su diseño es brillante: reacciona rápido, registra patrones, prioriza la seguridad por encima de todo.

El problema es que nuestra biología no ha tenido tiempo de adaptarse a la velocidad a la que vivimos hoy. En los últimos cien años hemos dado un salto evolutivo brutal en cuanto a estilo de vida, tecnología, estimulación, ritmo, complejidad..., pero el sistema nervioso sigue funcionando como si viviéramos en la sabana.

Está diseñado para reaccionar ante un león. Pero hoy el «león» son las notificaciones, los correos, las exigencias constantes, el estrés, la mala alimentación, el exceso de decisiones, los vínculos inestables, las pantallas, el *scrolling*... Y nuestro sistema lo interpreta como peligro, aunque no haya nada físicamente amenazante.

Por eso tantas personas viven en alerta crónica, porque estamos desbordadas. El constante bombardeo de tecnología e información, entre otras cosas, ha propiciado la creación de un entorno donde esos mecanismos de supervivencia se activan frente a amenazas que ahora no son tanto físicas, sino psicológicas. Estas amenazas invisibles generan un desequilibrio que muchas veces nuestro sistema no tiene la capacidad de manejar.

Tu sistema nervioso es el encargado de regular prácticamente todas las funciones de tu cuerpo.

Su estructura está diseñada para regular nuestro equilibrio interno y adaptarnos a los desafíos externos. Está compuesto por dos ramas principales:

1. **El sistema nervioso central** (SNC): tu «centro de mando». Formado por el cerebro y la médula espinal, este sistema recibe e interpreta toda la información que llega desde tus sentidos (*inputs*). Luego emite las órdenes necesarias para que respondas, pienses, sientas o te muevas (*outputs*). Aquí se da gran parte del procesamiento, consciente o no, de lo que vives.
2. **El sistema nervioso periférico** (SNP): actúa como un puente entre el cerebro y el resto del cuerpo. Dentro de él hay dos subsistemas fundamentales: el sistema somático, que regula lo voluntario (como moverte o hablar), y el sistema autónomo, que regula lo involuntario: tu respiración, tu digestión, tu ritmo cardiaco, tu respuesta emocional.

Este último, el sistema autónomo, es el gran protagonista de este capítulo. En él viven los mecanismos que determinan cómo respondes al mundo cuando te sientes segura... o amenazada.

Dentro del sistema autónomo vamos a ver las tres ramas que trabajan sin descanso para mantenerte viva y a salvo.

El sistema simpático: lucha, huida... y también vida

Es el que se activa cuando el cuerpo percibe una amenaza, ya sea real, percibida o imaginaria, y produce una respuesta fisiológica orientada a protegerte. Aumenta tu ritmo cardiaco, tensa tus músculos, libera adrenalina. Tu cuerpo entra en modo «acción».

Piensa en esos momentos en los que sientes que te hierve la sangre, que tu cuerpo quiere gritar, correr o defenderse. Puede ser en una discusión, al leer un mensaje que te descoloca, al sentirte ignorada o juzgada. La respuesta del sistema simpático es rápida, automática, involuntaria e inconsciente. Está preparada para que respondamos ante cualquier indicio de peligro.

El sistema simpático no es malo, ni es un error que se active. De hecho, sin él no podrías vivir. Es el que hace que te levantes de la cama por la mañana, que tengas ganas de hacer, de crear, de moverte, de expresar. Es impulso, orientación, deseo de ir hacia el mundo. **La diferencia está en el tono fisiológico de fondo: ¿estás en seguridad o estás en amenaza?**

Cuando tu sistema simpático se activa en un contexto de seguridad, lo que sientes es **vitalidad**. **Energía que fluye. Capacidad de acción. Motivación. Entusiasmo. Presencia en el hacer.** Es el tipo de activación que te lleva a bailar, a empezar un proyecto con ganas, a sentirte creativa, a tomar decisiones con claridad. Tu corazón puede latir más rápido, pero no hay miedo. Hay excitación sana. Estás «encendida», pero conectada contigo.

En cambio, cuando se activa bajo amenaza, el mismo sistema cambia de tono. Ya no hay impulso gozoso, sino reacción defensiva. La energía no va hacia la creación, sino hacia la protección. Ahí aparece la urgencia, la irritabilidad, la hipervigilancia, la ansiedad, la necesidad de hacer sin parar, de controlar, de no parar nunca. Tu cuerpo se moviliza, pero no para expandirse, sino para sobrevivir.

Ambas son activaciones simpáticas. Pero el contexto y la percepción de seguridad lo cambian todo. Reconocer esto es un antes y un después, porque no se trata de apagar tu energía. Se trata de crear las condiciones internas de seguridad para que esa energía pueda expresarse sin volverse autodestructiva.

El sistema parasimpático: descansar y... volver a casa

Si el sistema simpático es el impulso de moverte hacia la vida, **el sistema parasimpático es la capacidad de volver**. De regresar a ti. De soltar, descansar, restaurar.

Es lo que te permite digerir, dormir profundamente, relajarte en brazos de alguien, abrirte al placer, rendirte a lo que es sin necesidad de controlar. Es lo que te hace suspirar después de haber llorado. Lo que relaja tu mandíbula cuando ya no tienes que defenderte. **Lo que permite que el cuerpo baje la guardia, literal y simbólicamente.**

Pero, al igual que con el simpático, no toda activación parasimpática es sinónimo de seguridad. El sistema parasimpático tiene dos ramas, y solo una de ellas está relacionada con la seguridad.

1. *Vago ventral: parasimpático en seguridad*

Cuando el sistema parasimpático se activa desde un lugar de seguridad, lo que emerge es el estado ventral: ese en el que puedes sentirte presente, tranquila, abierta, conectada. Es el estado que permite el contacto social regulado, la intimidad emocional, el descanso verdadero. Aquí, el cuerpo no está apagado, está receptivo. No está en alerta, pero tampoco en colapso. Está disponible.

Es el estado desde el que puedes amar sin fundirte, descansar sin culpa, poner límites sin miedo, recibir placer…

En mí, este estado fue casi desconocido durante años. Al principio, no podía sostener el descanso. Me relajaba y al poco tiempo aparecía la inquietud, como si algo dentro de mí no pudiera tolerar el no hacer. Hoy entiendo que ese «algo» era un sistema nervioso que aún no conocía lo que era sentirse realmente a salvo.

Para muchas personas, este estado es nuevo. Y, cuando llega, a veces incluso da miedo. Porque el sistema se ha acostumbrado tanto a la activación que la calma interna se siente como una amenaza. Pero es ahí cuando podemos quedarnos en el cuerpo sin huir, sin tensar, sin disociar, donde empieza a aparecer la verdadera sensación de estar vivas.

2. *Vago dorsal: parasimpático bajo amenaza*

Cuando el parasimpático se activa en un contexto de amenaza, **lo que aparece no es calma…, sino colapso**.

Aquí entramos en un estado dorsal: el cuerpo se apaga para protegerse del dolor. Es un mecanismo profundo de supervivencia: si no puedes luchar ni huir, tu sistema hace lo único que puede hacer para minimizar el daño: desconectarse.

Esta respuesta puede manifestarse como fatiga extrema, desmotivación, desconexión emocional, sensación de vacío, pesadez en el cuerpo o la sensación de «no estar del todo aquí». Algunas personas lo viven como niebla mental. Otras, como una especie de adormecimiento del alma. Hay quienes lo describen como «ver el mundo desde una pecera» o como si su cuerpo estuviera presente, pero ellas no.

Esta fue una de mis respuestas más frecuentes en momentos de trauma. Me quedaba inmóvil, sin saber qué hacer. Mi mente se iba, mi voz desaparecía, y el mundo se volvía lejano. No era debilidad. Era una inteligencia profunda operando por debajo del umbral de mi voluntad. **Mi sistema decidía apagarme porque pelear o correr no eran opciones posibles.**

Este estado no es un fallo, es un recurso. Pero, cuando se vuelve crónico, puede convertirse en una cárcel. Porque desde ahí no solo dejamos de sentir el dolor..., también dejamos de sentir el deseo, la alegría, el impulso y las ganas de vivir.

Entender estas dos ramas del parasimpático —el vago ventral que nos conecta y el vago dorsal que nos desconecta— es clave para aprender a leer nuestro cuerpo.

El sistema entérico: tu segundo cerebro

A veces, antes de que algo pase, ya lo sientes en la barriga. Una punzada, un nudo, un burbujeo ardiente. Otras veces, cuando algo se rompe en una relación, lo primero que se rompe es el apetito. O el tránsito intestinal. O esa sensación de «me duele la tripa» que no sabes explicar. **Eso no es casualidad.**

Tu sistema digestivo no es solo una serie de órganos que procesan comida. Dentro de tu intestino hay una red de más de cien millones de neuronas que se comunican directamente con tu sistema nervioso central. A esta red se la llama sistema nervioso entérico, y es tan sofisticado que muchos lo consideran nuestro «segundo cerebro».

Este segundo cerebro no necesita palabras para registrar que algo no va bien. Siente, traduce y responde.

El sistema entérico regula funciones como la digestión, la absorción de nutrientes, la producción de enzimas, pero también está íntimamente conectado con tu estado emocional. Por eso, cuando estás nerviosa, puede que se te cierre el estómago. Por eso, cuando te relajas, haces mejor la digestión. Y por eso, cuando has vivido trauma o estrés crónico, es tan común que aparezcan síntomas digestivos como colon irritable, inflamación, SIBO, estreñimiento, diarrea, intolerancias alimentarias... o simplemente esa sensación de no poder «digerir la vida».

A mí me pasó durante años. Podía estar bien «en la cabeza», pero mis tripas me decían otra cosa. Estaba inflamada e hinchada sin razón aparente, con cambios constantes en el tránsito, una sensación de malestar que no se resolvía con comida sana ni suplementos. No entendía que lo que estaba «digiriendo» era mi historia. Las emociones no expresadas, las tensiones no liberadas, los vínculos no cerrados.

Este sistema, además, se comunica en doble dirección con el cerebro a través del nervio vago. Es decir: lo que pasa en tu cabeza afecta a tu intestino, pero también lo que pasa en tu intestino afecta a tu estado emocional, tu claridad mental y tu capacidad para regularte.

El sistema entérico está constantemente registrando cómo te sientes y enviando esa información al resto del cuerpo. Por eso decimos que «el trauma se cocina en las tripas». Porque es ahí donde se acumulan las emociones no digeridas, los vínculos no procesados, los límites no puestos. Es ahí donde muchas veces empieza el malestar. Y también ahí donde puede empezar la sanación.

Aprender a leer tu vientre como un radar emocional es una forma profunda de volver a tu cuerpo. De reconectar con lo que sientes antes de racionalizarlo. De honrar esa parte de ti que sabe antes de que puedas explicarlo.

La teoría polivagal: cómo tu sistema nervioso prioriza tu seguridad

Hasta ahora hemos visto en profundidad cómo el sistema simpático, el parasimpático y el entérico trabajan juntos para sostener tu vida, día a día. **Pero ¿cómo sabe tu cuerpo cuál activar? ¿Cómo decide si moverse, detenerse o desconectarse?**

Aquí es donde entra la teoría polivagal propuesta por el neurocientífico Stephen Porges. Esta teoría nos muestra que el sistema nervioso autónomo responde siguiendo una jerarquía muy precisa. Su objetivo no es que actúes «bien» o que te sientas feliz todo el tiempo.

> Su objetivo es simple y radical: mantenerte viva.

Y, para lograrlo, todo el tiempo está evaluando tu entorno y tu mundo interno con una pregunta silenciosa: ¿estoy a salvo o no? Esa evaluación ocurre de forma automática, más allá de tu pensamiento consciente. Se llama neurocepción (veremos más adelante cómo opera este mecanismo). Y, en función de la respuesta, tu sistema activa distintos circuitos para protegerte o permitirte estar presente. No decide con lógica racional, pero sí con una lógica biológica impecable. Una lógica que responde al nivel de amenaza que percibe y que organiza las respuestas del sistema nervioso como si fueran escalones: desde el más deseable (conexión) hasta los más extremos (desconexión total).

1. Primer nivel: compromiso social (vago ventral)

El primer intento de tu sistema para regularse siempre es la conexión. Cuando tu cuerpo percibe seguridad, se activa la rama ventral del nervio vago, y desde ahí puedes mirar a los ojos, escuchar sin defenderte, hablar con calidez, estar presente en una conversación, compartir, intimar. **Es la base del vínculo seguro.**

Este estado es sutil pero muy poderoso: no hay alerta, ni urgencia, ni hiperactividad. Hay presencia. Hay posibilidad de responder en vez de reaccionar. De abrirte en vez de protegerte. De sentir sin desbordarte.

Cuando estás en vago ventral, puedes expresar límites con firmeza, pero sin agresividad. Puedes llorar y sentirte contenida. Puedes decir «no» sin miedo a perder al otro. Este es el estado fisiológico en el que florece tu capacidad de amar, de escuchar, de crear, de confiar.

Yo no conocía este estado hasta bien entrada en mi vida adulta. Me costaba quedarme en mí. Siempre sentía que algo estaba a punto de pasar. Y, cuando por fin empecé a sentir lo que era estar regulada, al principio me parecía aburrido, hasta incómodo. Me costaba sostener la calma porque no la había vivido como algo familiar. Mi sistema se sentía más cómodo en la alerta que en el descanso.

Esto es importante: para muchas personas, la calma sostenida no se siente segura, porque no hay memoria corporal de haber habitado un estado de calma con seguridad. Por eso el primer paso no es forzarte a estar tranquila, sino enseñarle a tu cuerpo que puede bajar la guardia sin consecuencias.

El compromiso social es siempre la primera vía de respuesta. Pero, si tu sistema percibe que no puedes conectar, que no hay disponibilidad del otro, que hay peligro o amenaza..., pasará al siguiente nivel de protección.

2. Segundo nivel: lucha y huida (activación simpática)

Cuando la conexión no es posible —cuando tu sistema percibe que el otro no te ve, no te escucha, o no puedes relajarte en su presencia—, el cuerpo activa su siguiente recurso: la movilización.

Aquí entra en juego el sistema simpático, pero ya no como impulso vital, sino como energía defensiva. **El cuerpo se prepara para actuar, defenderse o escapar.** No porque tú lo decidas, sino porque algo en ti ha detectado una amenaza. Es una respuesta involuntaria e inconsciente.

El corazón se acelera, los músculos se tensan, la mente empieza a bullir y sientes que algo tiene que pasar. Que tienes que hacer algo. Que no puedes quedarte ahí, así, sin hacer nada. Puede tomar la forma de rabia, de ataque, de hipervigilancia. O puede manifestarse como ansiedad, urgencia por salir, bloqueo mental, sudoración.

Ambas son expresiones de un cuerpo que ya no se siente a salvo y que ha pasado de la conexión a la defensa.

Una vez, en una comida familiar, me sentí profundamente juzgada por una frase en apariencia inofensiva. Nada grave. Nadie gritó. Pero mi sistema lo leyó como una amenaza emocional. Hasta ese momento estaba relajada, compartiendo, hablando tranquila. Pero bastó una mirada, un comentario ambiguo, y mi energía cambió por completo. Sentí una tensión en el pecho, una necesidad de responder, de justificarme, de protegerme. Pasé del ventral a la lucha en segundos.

Y ni siquiera entendí por qué... hasta mucho después.

Este salto ocurre constantemente, y muchas veces lo confundimos con «drama», «sensibilidad excesiva» o «mal carácter». Pero no es eso. Es biología. Es un sistema nervioso que aprendió que hay situaciones donde es peligroso quedarse en calma. Porque la calma, en algún momento de la vida, no fue segura.

Cuando el sistema simpático se activa en respuesta a una amenaza percibida, puede tomar dos caminos:

- **Lucha: energía orientada a confrontar**
  La sensación de tener que defenderte, de corregir, de frenar al otro, de «no dejarte pisar». Aquí se activan la rabia, la irritación, el impulso de marcar territorio. Muchas veces nos juzgamos por estas reacciones, pero en realidad son intentos del cuerpo por restablecer una sensación de control cuando ha perdido la conexión.

- **Huida: energía orientada a escapar**
  Cuando la confrontación no es viable o no se percibe como segura, aparece la urgencia de irte. Puede ser física (salir del lugar) o interna (desconectarte, evitar, no responder mensajes, cambiar de tema). Es una respuesta que muchas personas viven desde la ansiedad, pero que en realidad es una respuesta de supervivencia incompleta.

Lo importante aquí no es reprimir estas respuestas. Es poder verlas, entenderlas y poquito a poco crear las condiciones para que el sistema no tenga que activarlas todo el tiempo.

Cuando nuestro cuerpo siente que ni luchar ni huir es posible..., entonces pasamos al siguiente escalón de la jerarquía.

3. Tercer nivel: congelación y colapso (cuando no queda salida)

Si tu cuerpo intenta vincularse y no puede. Si intenta defenderse o huir y tampoco puede, entonces hace lo único que le queda: desconectarse para sobrevivir.

Este es el último recurso del sistema nervioso: **la inmovilización**. Una forma profunda de autoprotección que no pasa por la voluntad ni por la lógica, sino por una inteligencia biológica que sabe que, cuando no hay salida, lo más seguro es no sentir. **No estar. Apagarse.**

Aquí entramos en los estados de congelación y colapso, que, aunque suelen meterse en el mismo saco, son muy distintos:

- **Congelación: alerta total sin movimiento**
  La congelación ocurre cuando hay una activación simpática elevada (energía de lucha o huida), pero el cuerpo no puede actuar. Es una inmovilidad con el sistema en máxima alerta. Hay tensión muscular, hipervigilancia, ritmo cardiaco elevado, pero el cuerpo no se mueve. Es como que no puede hacer nada con toda esa energía. No puede «actuarla» ni descargarla.

  Es ese momento en el que te sientes atrapada en una discusión pero no puedes hablar. O en una situación incómoda que no deseas, pero no sabes cómo salir o parar. Tu cuerpo se queda inmóvil, pero por dentro todo está activado. Es un «no puedo moverme, pero estoy en llamas por dentro».

Muchas mujeres viven esta respuesta durante situaciones de abuso o presión emocional. Y después se culpan por «no haber hecho nada». ¿Por qué no lo paré? ¿Por qué no dije no? ¿Por qué no hice nada? Pero no fue una elección. Fue una respuesta automática: tu sistema decidió que lo más seguro era no moverte.

- **Colapso: apagarse por completo**

  Si la amenaza es demasiado intensa o prolongada y el sistema no puede escapar ni defenderse, la inmovilidad pasa de la tensión al agotamiento hasta que colapsa. **Es una desconexión profunda, fisiológica y emocional.**

  Baja el ritmo cardiaco, la energía se retira, la sensación es de entumecimiento, pesadez, desvitalización. A veces parece depresión. Otras veces, vacío. No hay tensión como en la congelación. Lo que hay es ausencia. **Aquí el cuerpo no está resistiendo. Está rindiéndose.**

  Este estado es común en personas que han vivido traumas de larga duración o abuso repetido. Se traduce en frases como «Estoy cansada de todo», «No siento nada», «Me desconecto sin querer», «Todo me da igual». Desde fuera pueden parecer funcionales. Pero por dentro hay una desconexión total del placer, del impulso, de la vida. **Esto no es pereza, ni debilidad, ni apatía. Es supervivencia.**

La gran diferencia es que en la congelación el cuerpo está activado y listo para actuar, pero contenido. En el colapso, el cuerpo se apaga. Cae. Se retira.

Ambas son respuestas del sistema parasimpático dorsal. Ambas ocurren cuando no hay salida. Pero una está cargada de energía que no pudo liberarse (congelación) y la otra está en modo conservación total, como si el cuerpo dijera: «Necesito desaparecer para no morir de dolor» (colapso).

Esto último es lo que yo viví, como te conté en el capítulo 2. Un profundo colapso que duró meses y, que como ahora ya entiendes, no tiene que ver con una situación puntual, sino con situaciones de estrés y trauma acumuladas y prolongadas en el tiempo, hasta que el cuerpo no puede más.

No tenía energía, no sentía nada. Me despertaba con una densidad en el pecho que me hacía dudar de si podría sostener el día. Nada me ilusionaba. Todo me costaba. Y lo peor no era la tristeza..., era el vacío y la falta de esperanza. Me diagnosticaron depresión. Me dieron pastillas. Me dijeron que tenía que «salir más», «pensar en positivo», «mantenerme activa».

> Pero mi cuerpo buscaba algo más; mi cuerpo necesitaba seguridad.

Hoy sé que nada de aquello fue un error. Era mi biología protegiéndome con una inteligencia suprema. Era una respuesta de supervivencia activada después de años de alerta, tensión, exigencia, sobreesfuerzo y vínculos que no eran seguros. Mi sistema hizo lo que tenía que hacer: desconectarme para que pudiera seguir viva sin romperme por dentro.

Muchas veces, lo que hoy llamamos popularmente depresión es en realidad un estado de colapso nervioso sostenido, una desconexión crónica del impulso vital porque nunca aprendimos a vivir desde la seguridad. Y no se cura solo con pensamientos positivos.

Se sana volviendo al cuerpo. A sus tiempos. A sus ritmos. A su historia.

Por eso este capítulo no es solo teoría. Es una invitación a mirar tu historia fisiológica desde otro lugar. A dejar de cuestionarte qué está mal en ti y empezar a hacerte las siguientes preguntas.

Tómate unos minutos para reflexionar y date espacio para atravesar tu sentir mediante las palabras.

- «¿Qué está intentando hacer mi cuerpo por mí?».
- «¿Qué ha tenido que callar, congelar o apagar para que yo pudiera sobrevivir?».
- «¿A qué se ha tenido que enfrentar o de qué ha tenido que huir?».
- «¿Cómo me siento al recordarlo?».

Y ahora, aquí, volvemos al corazón de este capítulo. Recuerda: tu cuerpo no reacciona así porque esté roto. Reacciona así porque ha aprendido, muchas veces desde muy temprano, que eso era lo más seguro. Y, una vez que lo entiendes..., ya no vuelves a juzgarte igual.

La neurocepción: cómo tu cuerpo detecta seguridad o amenaza en cada momento

Hasta ahora has visto que tu sistema nervioso responde con distintos niveles de activación —desde la conexión hasta el colapso— dependiendo de cómo percibe tu entorno. Pero ¿cómo hace esa evaluación? ¿Cómo sabe si puede relajarse o si necesita protegerse?

La clave está en el mecanismo que te mencionaba antes: la **neurocepción**. Es una capacidad automática, no consciente, que tu sistema nervioso utiliza para detectar señales de seguridad o amenaza, tanto externas como internas. No pasa por el pensamiento lógico ni necesita que tú entiendas lo que está ocurriendo. Tu cuerpo simplemente lo siente y responde.

¿Alguna vez has estado en un lugar aparentemente seguro, rodeada de personas conocidas, y, aun así, has sentido incomodidad, inquietud o ganas de marcharte sin saber por qué? Eso es tu sistema haciendo una lectura sutil del ambiente. Es la neurocepción activada, evaluando cada mirada, tono de voz, gesto corporal o silencio.

En condiciones óptimas, este radar interno es flexible. Percibe una amenaza, reacciona con una respuesta de protección y, cuando pasa el peligro, vuelve al equilibrio. Pero, cuando has atravesado un trauma o has vivido bajo estrés crónico prolongado, **la neurocepción queda distorsionada y comienzas a leer como peligrosas situaciones que en realidad son neutras o seguras**. Y lo que era una respuesta puntual de protección se vuelve un patrón crónico de hipervigilancia, ansiedad o disociación.

A mí me pasó. Durante años, mi sistema nervioso vivía en alerta incluso cuando todo iba bien. No importaba si estaba de vacaciones, en casa o rodeada de amor. Algo en mí no podía bajar la guardia. Y no era desconfianza. **Era una neurocepción alterada por todo lo que mi cuerpo había atravesado.**

Este estado de distorsión constante podía terminar derivando en síntomas físicos como insomnio, tensión crónica, fatiga, problemas digestivos, y también en síntomas emocionales como ansiedad, tristeza, depresión o una desconexión profunda.

Cuando la neurocepción está sana, podemos movernos con flexibilidad entre los distintos estados del sistema nervioso. Podemos estar activadas y luego volver al descanso. Sentir miedo y luego volver a la seguridad. Pero, cuando esa flexibilidad se pierde, quedamos atrapadas en un modo.

Por eso es tan importante aprender a reconocer estos estados y crear las condiciones que le devuelvan al sistema su capacidad de autorregulación.

El siguiente gráfico visualiza claramente cómo el sistema nervioso, a través de sus diferentes ramas, gestiona nuestra respuesta a las amenazas y cómo pasamos de un estado de amenaza a uno de seguridad. Cada fila representa una rama del nervio vago y cómo influye en nuestras reacciones: desde la desconexión hasta la hiperactivación y, finalmente, la conexión y calma. Este modelo nos ayuda a comprender no solo nuestras reacciones automáticas, sino también lo que podemos hacer para ayudarnos a identificar y saber dónde estamos atrapados para movernos del «no puedo» al «puedo» a través de prácticas concretas que nos ayuden a calmarnos y sentirnos seguras en nuestro cuerpo.

Así es como vamos tomando el control de nuestras emociones y construimos una relación más sólida y segura con nosotras. **Ya no solo reaccionamos al momento, sino que actuamos en busca de una paz interior más estable y duradera.**

NIVEL DE ACTIVACIÓN

VAGO DORSAL	**DESCONEXIÓN**	**CONGELACIÓN**	**HIPOACTIVACIÓN**
	• vergüenza • pasividad • falta de sensaciones • no procesamiento cognitivo • pasividad: no puedo decir «no»	NEUROCEPCIÓN DE AMENAZA A LA SUPERVIVENCIA «NO PUEDO» «ME RINDO» INMOVILIZACIÓN ABRUMACIÓN	• disociación • desconexión con el cuerpo • agotamiento • depresión • pesadez • conservación de energía • dolor crónico • fatiga crónica
SN SIMPÁTICO	**PROTECCIÓN**	**LUCHA-HUIDA**	**HIPERACTIVACIÓN**
	• reactividad emocional • pensamientos intrusivos • tensión • temblor • dificultad para concentrarse	NEUROCEPCIÓN DE PELIGRO «TENGO QUE»	• hipervigilancia • inquietud • ira-agresión • actitud defensiva • insomnio • rumiación • activación • bucle
VAGO VENTRAL	**CONEXIÓN**	**NEUROCEPCIÓN DE SEGURIDAD**	**SEGURIDAD**
	• confianza • conciencia • intuición	«PUEDO»	• conexión • seguridad • calma con vitalidad • curiosidad • enraizamiento • presencia • salud

Más allá de la lucha, huida o congelación: *fawning* e indefensión aprendida

Las respuestas del sistema nervioso no siempre se ven como un ataque, una retirada o una desconexión. **A veces, se camuflan de «buena niña», de complacencia, de no molestar, de no incomodar. Eso también es supervivencia.**

El término *fawning*, acuñado por Pete Walker, describe una respuesta de sumisión y agradabilidad excesiva ante una amenaza, especialmente cuando luchar o huir no son opciones seguras. Es el intento del cuerpo por apaciguar al otro para evitar el conflicto. Muchas personas lo viven en relaciones tóxicas, en la infancia o incluso en dinámicas laborales o sociales donde sienten que solo serán aceptadas si ceden, si complacen, si no incomodan.

Por ejemplo, alguien que dice «sí» a todo, que se anticipa a los deseos del otro, que evita expresar sus necesidades por miedo a una reacción negativa, está probablemente en una respuesta de *fawning*.

Relacionado con esto, está el concepto de ***indefensión aprendida***. Es lo que ocurre cuando, tras intentar muchas veces defenderse o escapar y no haberlo logrado, el sistema nervioso deja de intentarlo. Se apaga. Asume que no hay salida. Y se rinde. No porque quiera, sino porque ha aprendido que nada cambia, haga lo que haga. Este patrón se manifiesta como pasividad, apatía, desconexión, resignación.

Ambas respuestas —*fawning* e indefensión— son adaptaciones. Son intentos de sobrevivir en contextos donde no había libertad para actuar con autenticidad. Y muchas veces quien las vive ni siquiera se da cuenta. Porque han sido tan normalizadas en su entorno que parecen parte de su personalidad. Pero no lo son. **Son respuestas aprendidas. Y, por eso, también pueden transformarse.**

El cuerpo quiere completarse: la importancia de cerrar el ciclo

Cuando una amenaza termina, el cuerpo necesita completar la respuesta de defensa. Lo hace a través de sacudidas, temblores, lágrimas, suspiros, bostezos o movimientos espontáneos. Así como el ciervo que escapa del león y tiembla después para liberar la carga acumulada. Eso es autorregulación biológica.

Pero en los humanos muchas veces este ciclo se interrumpe. Por condicionamiento social, por miedo, por trauma. Entonces la energía queda atrapada en el sistema. Y lo que no se descarga se queda. En el cuerpo. En los órganos. En la postura. En los vínculos.

Por eso, cuando hablamos de sanar, no hablamos solo de entender. Hablamos de permitirle al cuerpo terminar lo que empezó. Esta comprensión no solo nos invita a mirar hacia nuestra fisiología para encontrar respuestas. **Nos invita, también, a releer nuestra historia desde el cuerpo.** A ver nuestras reacciones no como errores, sino como huellas. Como adaptaciones inteligentes que, aunque hoy nos limiten, en su momento nos salvaron.

> No eres solo lo que te pasó. Eres también la forma en que tu cuerpo aprendió a sostener eso que te pasó.

Cuando empiezas a observar esas respuestas automáticas, la tensión, la desconexión, la urgencia por agradar, el silencio, la rabia, con curiosidad en lugar de juicio, algo profundo se ablanda.

Te invito a tomarte un momento ahora. A respirar contigo. Y a preguntarte con honestidad:

- ¿En qué momentos de tu vida sentiste que tu cuerpo reaccionaba sin ti?
- ¿Tendías a pelear, a escapar, a callar o a complacer para no perder la conexión?
- ¿Y qué crees que intentaba proteger en realidad esa parte de ti?

Reconocer estas respuestas puede ser el inicio de algo transformador.

Cuando dejas de pelear con tus mecanismos de defensa, puedes empezar a descifrar su mensaje, de qué te están protegiendo y si hoy es necesario que lo sigan haciendo.

Y desde ahí..., tal vez por primera vez..., puedas empezar a elegir otra forma de estar contigo. Más honesta. Más viva. Más tuya.

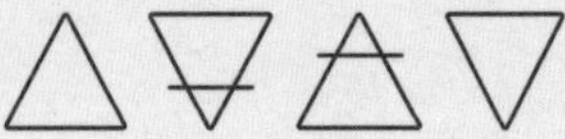

Práctica somática: explorando tu neurocepción de seguridad y estableciendo tu punto de partida

Antes de seguir profundizando en cómo tu cuerpo guarda y expresa tu historia, es importante que sepas desde dónde partes.

Esta práctica no busca cambiar nada ni corregirte. Es una invitación suave a **observar cómo tu sistema nervioso se siente en este momento**. A poner atención no solo a lo que piensas de ti, sino a cómo tu cuerpo evalúa, de forma constante e involuntaria, si estás en un entorno seguro o amenazante.

Vamos a explorar juntas cómo percibes la seguridad en ti y a tu alrededor. Ahí comienza todo: en cómo tu cuerpo interpreta el mundo.

Busca un espacio tranquilo si puedes. Siéntate o recuéstate con algo de apoyo. Respira hondo unas cuantas veces. No hace falta que cambies nada. Solo nota.

A continuación encontrarás una serie de afirmaciones. Léelas despacio, sin prisa.

Después de cada una, detente un momento y escucha la respuesta de tu cuerpo. No la de tu mente, sino la que aparece como una sensación, una imagen, una emoción o incluso un silencio.

Usa una escala del 1 al 5:

1 = «Totalmente en desacuerdo»

5 = «Totalmente de acuerdo»

Y, si algo no lo tienes claro, simplemente obsérvalo. Todo es válido. Esto no es un test. Es un mapa.

Durante las últimas semanas:

1. Me he sentido enraizada y presente en mi cuerpo.
2. He podido relajarme sin sentir que algo malo iba a pasar.
3. Mis hombros, cuello y mandíbula han estado sueltos y sin dolor.
4. Mi cuerpo responde con calma ante cambios inesperados.

5. Me siento cómoda recibiendo contacto físico o estando cerca de otros.
6. Puedo decir «no» sin sentir luego ansiedad, culpa o miedo al rechazo.
7. Siento que estoy en contacto con lo que pasa dentro de mí.
8. No me siento atrapada en la necesidad de huir, pelear o desaparecer ante el estrés.
9. Mi abdomen se siente relajado, libre de nudos o presión.
10. Confío en mis decisiones sin entrar en bucles mentales.
11. Percibo una conexión entre mis emociones y mis sensaciones físicas.
12. Me muevo por la vida con fluidez, sin rigidez ni contención.
13. Mis manos y pies suelen sentirse cálidos, vivos y relajados.
14. Me siento segura expresando emociones intensas frente a otros.
15. Después de momentos difíciles, puedo volver a mí sin tardar demasiado.

Cuando termines, observa lo que se revela y anótalo a continuación. ¿Hay áreas donde sientes apertura? ¿Otras donde sientes distancia, rigidez o evasión? ¿Te ha sorprendido alguna respuesta?

____

____

____

____

____

____

Esta práctica no busca darte respuestas, sino devolverte al cuerpo como un lugar de escucha. Este es tu punto de partida. Desde aquí, poco a poco, podrás empezar a caminar de vuelta a casa.

Entender cómo funciona tu sistema nervioso no es solo aprender biología. Es empezar a mirarte con más claridad y menos culpa. **Es darte cuenta de que muchas de tus reacciones no hablan de quién eres, sino de lo que has vivido. Y que no necesitas arreglarte, solo acompañarte.**

Y todo lo que tu cuerpo ha hecho —gritar, huir, callar, congelarse, apagarse— ha sido un acto de amor. Un amor primitivo, biológico, silencioso y quizá ahora, por primera vez, puedas empezar a amarlo de vuelta, por todo lo que ha sostenido y porque, en el camino, no se rindió.

4

UNA NUEVA COMPRENSIÓN DEL TRAUMA

«El trauma no está en el evento. Está en la huella que el evento dejó en el cuerpo, en lo que no pudimos sentir, decir o hacer... y en lo que no hubo: un otro seguro que pudiera sostenernos y acompañarnos».

LORENA CUENDIAS

Antes de empezar a leer este capítulo, tómate un momento. Respira. Conecta contigo y responde, sin juicio, como si le hablaras a la parte más sabia y compasiva de ti:

¿Alguna vez te has sentido sobrepasada por situaciones que, para otros, parecían fáciles de manejar?

¿Te has sorprendido reaccionando con una intensidad que incluso tú no entendías, como si algo dentro de ti se activara sin permiso?

¿Te ha dolido profundamente algo «pequeño», algo que otros ni siquiera registraron?

____

____

____

____

____

____

Si alguna de estas preguntas te resuena, no estás sola. Lo que estás sintiendo no es raro ni está «mal». Es probable que estés cargando con secuelas de experiencias que tu sistema nervioso no ha podido metabolizar del todo. No se trata de lo que pasó en sí, sino de cómo tu cuerpo aprendió a sobrevivir ante eso que pasó. Y ese aprendizaje sigue vivo en ti.

El trauma no siempre o no solo tiene que ver con eventos dramáticos, extremadamente dolorosos o peligrosos, sino más bien, y sobre todo, con la respuesta de nuestro cuerpo ante esas experiencias, incluso cuando esos sucesos no nos han provocado un daño físico en el momento. A veces, lo traumático no es lo que ocurrió, sino lo que no pudiste hacer con lo que ocurrió. No haber podido huir, gritar, pedir ayuda. No haber sido sostenida, escuchada, creída.

Y otras veces, lo que duele no es tanto lo que te hicieron, sino lo que no recibiste cuando más lo necesitabas.

El trauma puede tomar muchas formas. Pero siempre deja una marca en el cuerpo, en el modo en que reaccionas, en cómo confías (o no), en cómo te vinculas con el mundo.

El trauma es una experiencia que deja una huella profunda en el cuerpo y en la mente.

No se trata simplemente de lo que ocurrió, sino de lo que no pudimos hacer con lo que ocurrió. Es una respuesta fisiológica, emocional y psicosomática que se activa cuando nuestro sistema nervioso se ve sobrepasado y no logra procesar la magnitud de lo vivido. En otras palabras, cualquier experiencia que exceda nuestra capacidad para sentirla, integrarla o responder con recursos adecuados puede convertirse en trauma. No importa si desde fuera parece «pequeña» o «insignificante»; si tu cuerpo no pudo con ello, esa experiencia puede haberse quedado grabada en lo más profundo de tu sistema nervioso, en tu biología, en tu postura.

Es decir, el trauma no está en lo que pasó, sino en lo que no pudimos hacer con lo que pasó.

Algunas personas pueden experimentar eventos que se consideran traumáticos (como un accidente grave o una situación de violencia), pero, si cuentan con los recursos internos y externos necesarios para procesar lo sucedido, es posible que nunca desarrollen una respuesta traumática. Y, por el contrario, algo que desde fuera no parece «para tanto» (como una crítica hiriente de un familiar o una experiencia de rechazo emocional por parte de una persona a la que queremos) puede resultar traumático si la persona no tiene los medios para manejarlo. **El trauma no tiene que ver solo con grandes eventos. A veces, lo más traumático es lo que no pasó. Lo que nadie vio. Lo que callaste. Lo que no te permitiste sentir.**

Dos cuerpos, una experiencia: por qué una misma situación no afecta igual a todos

Imagina a Ana y a Clara, dos niñas de siete años que, el mismo día, cometen un error en clase y la profesora las regaña delante de todos. Las dos se sienten avergonzadas, pero el impacto que ese momento tendrá en cada una será radicalmente diferente.

Ana, al notar que se ha equivocado, baja la cabeza. Siente el calor ardiendo en sus mejillas y un nudo en el estómago, pero al salir de clase su madre la abraza, le dice que equivocarse está bien y que sigue siendo valiosa tal como es. Ana llora un poco en casa, pero su sistema nervioso puede soltar, expresar y regresar a un estado de seguridad gracias a esa presencia cálida y reguladora.

Clara, en cambio, no recibe consuelo. Al llegar a casa y tratar de contar lo sucedido, su padre le dice que «está exagerando», que «tiene que ser más fuerte» y que «no es para tanto». Clara se calla. No hay lugar para su emoción. Su sistema se queda con la tensión del momento atrapada en el cuerpo: el miedo, la vergüenza y la soledad no encuentran salida. Desde ese día, Clara empieza a hablar menos en clase. Se esfuerza por no cometer errores. Su cuerpo entra en una estrategia de protección que, con el tiempo, se convierte en un patrón de retraimiento y autocrítica.

La diferencia no estuvo en el evento, sino en lo que pasó (o no pasó) después. Ana fue sostenida. Clara no. Ana pudo descargar la tensión. Clara la encapsuló.

Este ejemplo nos recuerda que el trauma no depende de lo que ocurre, sino de la falta de recursos para atravesarlo y de la ausencia de un entorno que ayude a integrar la experiencia. No es el error, ni la vergüenza, ni siquiera la humillación puntual lo que hiere, sino el no haber tenido un lugar seguro donde procesarla.

Trauma y apego: la herida de lo no recibido

Este tipo de herida también se conoce como **trauma del desarrollo o trauma complejo**, porque suele surgir en los primeros años de vida, en el contexto de relaciones significativas, y afecta directamente a la manera en que construimos nuestra identidad emocional y nuestra capacidad de sentirnos seguras en el mundo y en nuestro cuerpo.

Hay formas de trauma que dejan cicatrices invisibles, y que moldean silenciosamente la manera en que sentimos, amamos y nos vinculamos. El trauma vinculado al apego nace precisamente de ese vacío: de una presencia que necesitábamos y no llegó. De un consuelo que no estuvo. De una mirada que no nos sostuvo. De un abrazo que no recibimos.

Desde el momento en que llegamos al mundo, nuestros sistemas biológicos dependen de la presencia, la mirada y la regulación de otro. Necesitamos ser vistos, sostenidos y amados para sentirnos seguros. **Esta no es una necesidad emocional «extra». Es biología pura. Nuestro sistema nervioso aprende a regularse en la relación con otro sistema nervioso que ya está regulado.**

Cuando estas necesidades básicas no son cubiertas, cuando no fuimos consoladas en momentos de angustia o cuando nuestras emociones fueron ignoradas o invalidadas, el cuerpo registra esa falta como amenaza, y esa amenaza queda grabada como una impronta de desamparo.

Puede que no lo recordemos, o que pensemos que nuestra infancia fue una infancia «normal» y «feliz», pero sí que lo sentimos, el registro está en el cuerpo: en la dificultad para confiar, en la sensación de que tenemos que hacerlo todo solas, en el hambre constante de ser reconocidas, en la ansiedad que se activa cuando alguien se acerca demasiado… o demasiado poco.

Estas heridas no solo afectan a nuestra capacidad de amar y ser amadas. Afectan también a nuestra fisiología: nuestro sistema nervioso se organiza en torno a la vigilancia, la tensión, el control o la evitación. El cuerpo se vuelve experto en sobrevivir, pero pierde la capacidad de descansar, de entregarse, de abrirse al contacto verdadero.

Esto también es trauma. Un trauma silencioso, pero profundo. No se trata de culpar a nuestros cuidadores, sino de entender que muchas veces hicieron lo que pudieron con los recursos que tenían. Pero, ahora, como adultas, tenemos la oportunidad de reconocer esas carencias y empezar a darnos lo que no recibimos: presencia, validación, ternura, sostén.

Tu cuerpo no olvida lo que necesitó y no tuvo. Pero también recuerda el camino de regreso a casa, cuando empieza a sentirse seguro otra vez.

Práctica somática: volviendo al momento que no fue

Estas preguntas no están pensadas para encontrar una respuesta rápida, sino para abrir un espacio de presencia contigo misma. Te invito a leerlas despacio, sentirlas en el cuerpo y permitir que algo se revele. No necesitas forzar nada. Solo observar, con curiosidad y sin juicio.

1. **Piensa en un momento de tu vida en el que te sentiste emocionalmente sobrepasada o sola.**

   ¿Qué necesitabas en ese instante y no recibiste?

   ¿Quién te habría gustado que estuviera a tu lado?

2. **Recuerda una ocasión en la que tus emociones fueron ignoradas, minimizadas o juzgadas.**

   ¿Qué habrías necesitado para sentirte validada, comprendida y segura?

   ¿Cómo crees que esa experiencia ha influido en tu forma actual de expresarte o protegerte?

3. **Conecta con una sensación recurrente en tus vínculos: ¿evitación, necesidad de control, miedo al abandono?**

   ¿Puedes vincular esa sensación con una experiencia de tu infancia?

   ¿Qué parte de ti sigue buscando seguridad en esa estrategia?

4. **Observa cómo tu cuerpo responde cuando piensas en estas memorias.**

   ¿Dónde lo sientes? ¿Qué sensaciones aparecen?

   Si pudieras volver a ese momento con los recursos que tienes hoy, ¿qué te gustaría ofrecerte?

Estas reflexiones no buscan culpar ni remover por remover. Son un acto de cuidado hacia tu historia, una manera de empezar a darle voz a lo que no fue dicho y de traer presencia a esos fragmentos que siguen esperando ser integrados.

Como hemos visto, el trauma no depende únicamente del evento, sino de cómo nuestro sistema nervioso interpreta y responde a esa amenaza. Si no logramos completar el ciclo de respuesta y liberar la energía atrapada, esta queda almacenada en nuestro cuerpo, creando patrones disfuncionales que impactan en nuestra salud física, emocional y mental.

Por esta razón, para mí, **la habitual distinción entre trauma con «T» mayúscula y «t» minúscula puede resultar poco útil**. Se suele entender el Trauma con «T» mayúscula como eventos impactantes y extremos, como accidentes o desastres, mientras que el trauma con «t» minúscula se asocia a experiencias menos dramáticas, como una palabra hiriente o un rechazo. Sin embargo, el impacto del trauma no se mide por la gravedad percibida del evento, sino por la capacidad del sistema para procesarlo. Cualquier experiencia que sobrepase nuestra capacidad de procesar o liberar la energía resultante puede quedar almacenada en el cuerpo como trauma, independientemente de cómo los demás evalúen la magnitud del suceso.

En mi práctica, he visto cómo experiencias que podrían considerarse «traumas pequeños» pueden tener un impacto devastador en una persona a lo largo de muchos años. Y lo contrario también es cierto: eventos que podrían clasificarse como «grandes traumas» no siempre resultan en una respuesta traumática si la persona tiene los recursos emocionales y el apoyo necesario para procesar esa experiencia en el momento.

La verdad es que, para el cuerpo y la mente, el dolor es dolor, y cualquier experiencia que genere **desregulación** en nuestro sistema nervioso merece ser atendida y acompañada, sin importar la escala externa que queramos darle.

Cuando hablamos de desregulación, nos referimos **a la incapacidad del sistema nervioso para regresar a su estado natural de calma y equilibrio después de un evento estresante o traumático**. En lugar de ello, el sistema permanece atrapado en un estado de hiperactivación (cuando sentimos ansiedad, tensión o hipervigilancia) o hipoactivación (cuando nos sentimos apagadas, desconectadas o en estado de congelación). Esta desregulación afecta tanto a nuestro cuerpo como a nuestra mente, y es una señal clara de que el trauma necesita ser procesado y sanado.

Además, he podido ver que esta distinción entre trauma con «T» y con «t» a veces hace más daño que bien. Muchas personas invalidan su experiencia al compararla con la de otros, pensando que «no fue para tanto» o que no tienen derecho a sentirse heridas. Pero no existe una **jerarquía del dolor**. Y negar lo que sentimos solo hace más profunda nuestra herida.

A veces, lo que más necesita nuestro sistema es precisamente aquello que no recibimos en los momentos de vulnerabilidad. Sin esa contención, nuestra mente y nuestro cuerpo quedan marcados, en silencio, por la falta de ese sostén tan necesario, y la herida permanece abierta, silenciosa, pero muy viva.

Cuando estrés se convierte en trauma

Utilizamos a menudo las palabras «estrés» y «trauma» como si fueran lo mismo. Pero, aunque pueden parecer similares en algunos aspectos, no lo son. Entender la diferencia no solo aclara conceptos; puede ayudarte a dejar de minimizar lo que sientes y a reconocer lo que tu cuerpo lleva tiempo intentando decirte.

El estrés es una respuesta natural y adaptativa del cuerpo ante una situación desafiante o demandante. Puede aparecer cuando tienes que entregar un proyecto importante, resolver un conflicto o tomar una decisión que implica riesgo. En ese momento, tu sistema nervioso activa el modo simpático: el corazón late más rápido, la respiración se acelera, los músculos se tensan. Todo se prepara para que puedas actuar con energía, foco y decisión. Pero, cuando esa situación termina, el cuerpo debería poder volver a un estado de calma.

> Esa es la clave: el sistema puede subir y luego bajar, como una ola que completa su recorrido.

El trauma, en cambio, ocurre cuando esa ola queda congelada. Cuando la energía activada para responder no encuentra salida, porque fue demasiado, muy rápido, o demasiado pronto o muy poco (poco sostén, poca validación) durante mucho tiempo. No pudimos correr, ni gritar, ni pedir ayuda. Entonces, el cuerpo se queda atrapado en esa activación o cae en un estado de colapso. Y ahí empieza la desregulación.

Mientras que el estrés es temporal y recuperable, el trauma deja una huella persistente en el cuerpo y en la percepción del mundo. No es algo que simplemente se «pasa» con descanso o vacaciones. Afecta a cómo sentimos, cómo pensamos, cómo dormimos, cómo reaccionamos y, sobre todo, cómo nos relacionamos con nosotras mismas y con los demás.

Una discusión con tu pareja puede generarte estrés. Pero, si esa discusión activa una herida profunda de abandono, si te quedas días sin poder comer, dormir o pensar con claridad, si tu cuerpo entra en pánico o se desconecta, es probable que se haya tocado una memoria traumática que sigue viva en tu sistema.

La diferencia esencial entre estrés y trauma no es la intensidad de lo que ocurrió, sino si tu sistema nervioso tuvo la posibilidad de completar el ciclo de respuesta y volver a sentirse seguro. **El estrés viene y va. El trauma se queda... hasta que lo sentimos y lo acompañamos a salir.**

En términos simples: el estrés es transitorio, el trauma es persistente. Imagina, por ejemplo, que cada mañana, durante el trayecto al trabajo, el tráfico te pone en un estado de irritabilidad. Aunque en el momento puedas calmarte, te das cuenta de que, cada vez que algo similar ocurre —un atasco, alguien que te adelanta bruscamente—, reaccionas con una explosión de frustración desproporcionada. Pero, en realidad, lo que está ocurriendo es que llevas tiempo sosteniendo una carga emocional que no has liberado. No se trata solo del tráfico, sino de una acumulación de estrés que puede estar vinculada a la sensación de falta de control en otras áreas de tu vida. Este tipo de desregulación crónica puede manifestarse a diario en situaciones en apariencia pequeñas, como un comentario en casa que te molesta más de lo normal o una tarea en el trabajo que te desborda emocionalmente.

> Es la acumulación de un estado de hiperactivación constante que tu sistema nervioso no puede procesar por completo, por lo que queda atrapado en esa respuesta de estrés.

Práctica somática: identificando tus respuestas de estrés

Esta práctica está diseñada para ayudarte a identificar si lo que sientes en ciertas situaciones cotidianas es una respuesta adaptativa al estrés o si tu cuerpo está expresando una memoria más profunda y no resuelta. No hay respuestas correctas. Solo observación, curiosidad y presencia. Te invito a tomarte unos minutos, cerrar los ojos si te ayuda y dejar que el cuerpo guíe.

1. **Recuerda una situación reciente en la que te hayas sentido emocionalmente desbordada.**
   - ¿Qué ocurrió exactamente? ¿Qué disparó esa respuesta tan intensa?

- ¿Cómo respondió tu cuerpo en ese momento? ¿Notaste tensión, taquicardia, nudo en el estómago, bloqueo, sudoración, falta de aire?

2. **Explora si esta reacción fue nueva o si es parte de un patrón que ya conoces.**
   - ¿Has sentido algo similar en otras situaciones?
   - ¿Qué tienen en común esos momentos? ¿Qué parte de ti parece activarse una y otra vez?

3. **Observa si en ese momento sentiste que tenías recursos o contención.**
   - ¿Pudiste calmarte sola o necesitaste apoyo?
   - ¿Te sentiste acompañada o sola? ¿Había un espacio interno de seguridad o fue pura reacción?

4. **Pregunta abierta al cuerpo: ¿qué necesitaba en realidad?**
   - Si pudieras volver atrás con lo que sabes hoy, ¿qué te habría ayudado a sentirte más segura, más contenida, más vista?
   - ¿Puedes darte eso ahora, aunque sea simbólicamente?

Esta práctica busca ayudarte a darles a tu cuerpo y a esa historia del pasado un espacio seguro en el presente. Cuando escuchamos al cuerpo sin juicio, empezamos a liberar la tensión que quedó atrapada. Y, poco a poco, restauramos el vínculo con nosotras mismas.

Por supuesto, debemos hacer un apunte: no todo el estrés se convierte en trauma. Pero, cuando es constante, abrumador o sostenido en el tiempo, sin posibilidad de descarga ni contención, el sistema nervioso puede colapsar.

Tu cuerpo está diseñado para activarse ante una amenaza y luego volver al equilibrio. Pero, si vives en un entorno donde las amenazas no cesan (por violencia, exigencia, abandono emocional o una infancia sin sostén), tu sistema empieza a funcionar como si siempre estuviera en alerta.

Este estado de hiperactivación crónica desgasta profundamente. A veces no es un solo evento, sino la repetición de pequeñas heridas, gestos, miradas, silencios. Una acumulación de situaciones que, con el tiempo, sobrecargan el sistema hasta dejarlo atrapado en modo supervivencia.

Cuando esto ocurre, empiezan a aparecer síntomas como insomnio, ansiedad, fatiga, hipervigilancia, dificultad para concentrarse o para descansar de verdad. Estos síntomas también son comunes en personas que sufren de trastorno de estrés postraumático (TEPT).

> El cuerpo no logra volver a sentirse seguro, y eso impacta tanto en la salud física como en la emocional.

A nivel hormonal, el cortisol (la hormona del estrés) puede mantenerse elevado durante tanto tiempo que empieza a afectar a la memoria, al sistema inmunológico y a tu energía vital. Es el precio de estar siempre en guardia, preparada para la siguiente amenaza.

Cuando el estrés es crónico y el cuerpo no tiene oportunidad de recuperarse y regresar a un estado de calma, el sistema nervioso puede quedar tan desbordado que desarrolla una respuesta traumática.

El estrés es una respuesta normal y adaptativa del cuerpo ante los desafíos, mientras que el trauma es una experiencia que desborda nuestra capacidad para procesar y manejar esos desafíos. Mientras que el estrés puede ser temporal y resolverse una vez que el cuerpo completa su ciclo de respuesta, el trauma deja una huella duradera, y atrapa al cuerpo en un ciclo de desregulación y sufrimiento.

> Recuerda que el trauma no es tu identidad; es una experiencia que tu cuerpo y mente han atravesado.

Es posible sanar y encontrar el camino de regreso a ti misma, a esa versión más libre y auténtica que siempre ha estado ahí. Cada paso que das en este proceso es un acto de amor propio, una decisión de liberarte de lo que un día te hirió. Confía en que tu cuerpo guarda una sabiduría profunda y que, aunque la huella del trauma sea real, también lo es tu capacidad para transformarla en una fuente de fuerza y conexión contigo misma y con el mundo.

5

LA BIOLOGÍA DEL TRAUMA: EL CUERPO COMO ESCENARIO DEL DOLOR NO RESUELTO

«El trauma es un evento fundamentalmente biológico con consecuencias psicológicas. Cuando no entendemos la biología, asumimos que es psicología».

Lorena Cuendias

Este capítulo me toca especialmente, porque es aquí donde todo empieza a tener sentido para muchas personas: cuando dejan de verse como «defectuosas» y empiezan a entender que su cuerpo no está roto, sino que ha hecho lo mejor que ha podido para protegerlas.

Ya hemos visto que el trauma no es solo una experiencia emocional o psicológica. En el fondo, **el trauma es una experiencia biológica que afecta a todo nuestro ser**, incluido el cuerpo. Aunque solemos asociarlo a eventos concretos, como un accidente, una pérdida o una ruptura, la realidad es que el trauma vive en el cuerpo. Tiene un origen psicosomático. Y, cuando comprendemos esto, empezamos a ver por qué no basta con «hablar» del trauma para superarlo. **El cuerpo necesita ser parte del proceso.** Necesita participar activamente en la sanación.

Nuestro sistema nervioso está diseñado para protegernos y mantenernos a salvo. Cuando enfrentamos una amenaza, ya sea real o imaginada, este sistema se activa de modo automático para protegernos, desencadenando lo que conocemos como respuestas de supervivencia: lucha, huida o congelación. Es una reacción grabada en lo más profundo de nuestro cuerpo; no una elección consciente, sino un reflejo biológico profundamente arraigado en nuestra evolución.

Como veíamos en el capítulo anterior, en esos momentos, el SNS libera hormonas, como la adrenalina y el cortisol, que cumplen funciones clave en nuestra respuesta de supervivencia. La adrenalina actúa de inmediato, acelera el corazón, tensa los músculos, agudiza los sentidos; todo para prepararnos para actuar rápidamente. El cortisol, en cambio, tiene un efecto más sostenido. Regula cómo usas la energía y te mantienes en alerta si la amenaza se prolonga. Además, el cortisol regula el uso de glucosa en el cuerpo, asegurando que tengamos suficiente energía disponible para enfrentar la situación. Estas sustancias nos ayudan a sobrevivir, pero, si el cuerpo se queda demasiado tiempo en este estado, si no puede defenderse, huir o resolver la situación, **la energía de protección se queda atrapada dentro**.

En este punto, si la situación es demasiado intensa o prolongada, el cuerpo pasa a la respuesta de congelación. El sistema nervioso parasimpático (SNP), que usualmente está diseñado para restaurar el equilibrio, entra en acción de una manera muy particular. En lugar de traernos de vuelta a la calma, activa una respuesta de «apagado forzado», una forma de inmovilización en la que el cuerpo se bloquea y la energía de protección se queda atrapada dentro.

Y aquí empieza la raíz del trauma:
la incapacidad del sistema nervioso
para completar su ciclo natural de activación
y relajación.

Cuando el sistema nervioso no puede completar su ciclo natural de activación y relajación, **la energía no se libera**. Se queda congelada en el cuerpo. Y, aunque la amenaza ya haya pasado, seguimos viviendo como si estuviéramos en peligro.

La biología del trauma nos enseña que este no es un problema solo de la mente o de la memoria, sino de un sistema nervioso que ha quedado estancado. Entender cómo el cuerpo procesa (o no procesa) estas experiencias es clave para comenzar a liberar la energía atrapada y restaurar el equilibrio.

El precio de la desconexión interna

El trauma se instala en el cuerpo como una huella invisible que lo desorienta todo: cómo sentimos, cómo nos relacionamos, cómo tomamos decisiones, cómo nos percibimos a nosotras mismas, cómo percibimos al otro, lo que creemos que es posible para nosotras...

Cuando esa brújula está bien calibrada, nos orienta con claridad, sin la distorsión que crean nuestras heridas. Podemos identificar qué es seguro y qué no. Sentimos las emociones sin desbordarnos. Conectamos. Nos expresamos.

> Pero, cuando el trauma irrumpe, esa brújula se desajusta. Y lo más importante es que deja de señalarnos el presente.

Una de las consecuencias más profundas del trauma es la **desregulación**, que vamos a abordar con profundidad en este capítulo. Lo que antes era un sistema fluido, adaptable, capaz de moverse entre activación y calma... se queda atascado.

A veces en un estado de hiperactivación —todo es demasiado, todo es alerta, todo es ruido—; otras veces en la congelación —nada se mueve, sensación de bloqueo, procrastinación, nada duele..., pero tampoco se siente.

La ventana de tolerancia: mantenerse en el margen de activación óptima

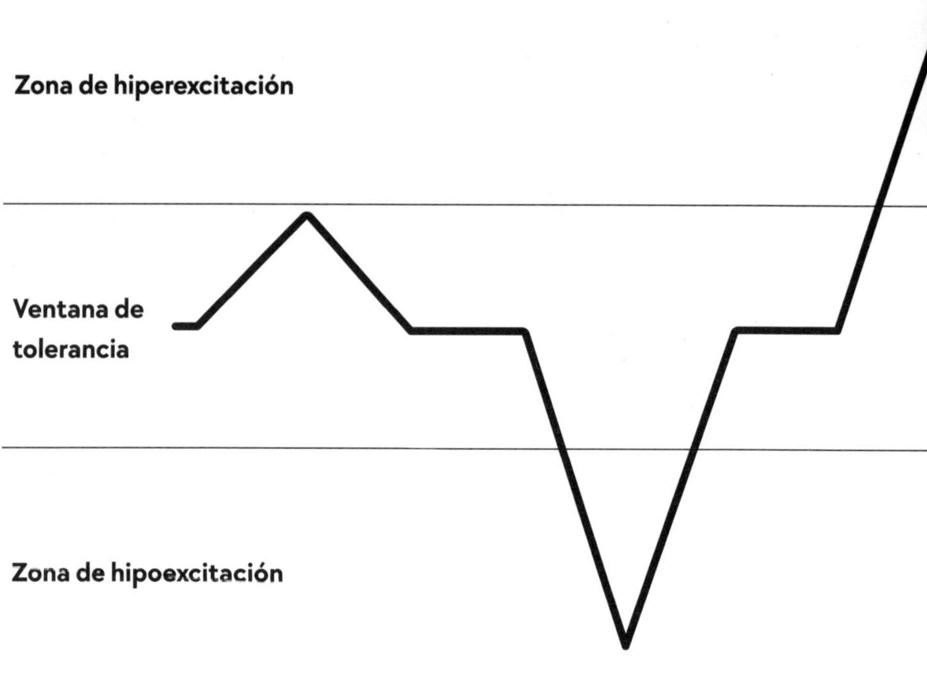

Y esa desregulación cambia nuestra forma de estar en el mundo. Nos desconecta de nosotras mismas, de los demás y del cuerpo como lugar habitable.

He visto una y otra vez cómo esta desconexión se expresa de formas muy distintas. **Algunas personas viven en estado de alerta permanente**: ansiedad, irritabilidad, dificultad para relajarse, necesidad de tenerlo todo bajo control. Confían poco. Se sienten incómodos incluso cuando nada malo está pasando. Siempre hay un «y si…» que nunca se apaga.

Las personas en esta zona pueden experimentar síntomas como aumento de la frecuencia cardiaca, sudoración excesiva, respiración acelerada y tensión muscular. Los patrones de conducta incluyen irritabilidad, reacciones impulsivas, agitación constante, incapacidad para relajarse y dificultades para concentrarse en tareas. Pueden ser propensas a los conflictos y tener reacciones exageradas en situaciones menores.

Aquí, los individuos presentan un equilibrio emocional y fisiológico. Sienten estabilidad y claridad mental, y muestran una capacidad efectiva para procesar estímulos y emociones. Los patrones de conducta son la resiliencia frente al estrés, la capacidad de manejar conflictos sin perder la calma y la habilidad para tomar decisiones consideradas y razonadas. Mantienen una actitud positiva y una energía equilibrada durante el día.

Los síntomas en esta zona incluyen una disminución de la energía física, lentitud en el pensamiento, fatiga extrema y un menor interés en el entorno. Los patrones de conducta son el retiro social, la falta de iniciativa, la dificultad para expresar emociones y una disminución general en la respuesta a las alegrías o desafíos diarios. Pueden parecer apáticos o resignados, y suelen tener problemas para mantener las rutinas o cumplir con los compromisos.

Otras personas, en cambio, se sienten emocionalmente apagadas. No pueden conectar con el placer, ni con el entusiasmo, ni siquiera con el dolor. Es como si vivieran detrás de una pantalla invisible, separadas de sus emociones, observando su vida desde lejos.

Pero el cuerpo habla. Siempre. Lo hace a través del insomnio, la fatiga crónica, problemas digestivos, tensión muscular constante, palpitaciones, la sensación de que algo va mal…, aunque no sepas exactamente qué.

A nivel mental, pueden aparecer pensamientos obsesivos, intrusivos, recurrentes. Escenarios de miedo, de pérdida, de catástrofe o de incertidumbre. Es como si el cuerpo hubiera aprendido a vivir en estado de alerta y vigilancia constante. Como si no pudiera bajar la guardia. Y esto es muy agotador, porque implica muchos recursos internos y energía sostener este estado de alarma. Pero **estos síntomas no son ningún error**. **Son intentos desesperados del cuerpo por recuperar algún sentido de control. Por protegerte.**

Hoy sabemos que mucho de lo que llamamos enfermedades mentales (ansiedad, depresión, trastorno por estrés postraumático) no son simplemente problemas psicológicos. Son expresiones neurobiológicas de un sistema nervioso que no se siente seguro.

Cuando el trauma se hace cuerpo

Este no es solo un hallazgo desde la práctica clínica somática. La ciencia también lo ha demostrado de forma contundente.

Tal vez nunca hayas escuchado hablar de las **ACE**. Son las siglas en inglés de *Adverse Childhood Experiences*, o lo que es lo mismo: experiencias adversas en la infancia. Experiencias adversas no tienen que ser cosas «graves» aparentemente y a ojos del mundo. A veces basta con crecer con un padre emocionalmente ausente, una madre deprimida, gritos constantes en casa o tan solo no haber tenido a nadie que te consolara cuando lo necesitaste.

A finales de los años noventa, los doctores Vincent Felitti y Robert Anda llevaron a cabo un estudio con más de diecisiete mil personas que cambiaría para siempre la comprensión del trauma. El estudio ACE investigó cómo diferentes tipos de estas experiencias adversas tempranas, como abuso, negligencia emocional, violencia familiar, enfermedad mental en el entorno o separación abrupta de las figuras de cuidado, afectaban a la salud a largo plazo.

Los resultados fueron tan claros como estremecedores: cuantas más experiencias adversas acumulaba una persona (cuanto mayor era la puntuación ACE, es decir, cuantas más experiencias adversas había vivido una persona antes de los dieciocho años), mayor era su probabilidad de desarrollar depresión, ansiedad, obesidad, adicciones, enfermedades autoinmunes, trastornos digestivos, problemas cardiovasculares e incluso cáncer de adultos. También se asociaba a mayores tasas de conducta suicida, dificultades para vincularse y alteraciones hormonales y metabólicas.

A continuación te dejo algunos datos que aún hoy, cuando los reviso, me remueven:

- Con 6 o más ACE, el riesgo de morir hasta veinte años antes que alguien sin ACE se dispara dramáticamente.
- Con 4 o más ACE, el riesgo de depresión se multiplica por 4.
- El riesgo de intento de suicidio se multiplica por 12.
- Aumenta la probabilidad de desarrollar enfermedades autoinmunes, cardiovasculares, obesidad, diabetes tipo 2, insomnio, migrañas, dolor crónico...
- El consumo de drogas aumenta hasta por 10.
- A partir de 4 ACE o más, también se incrementa significativamente el riesgo de infarto, en especial si hay ausencia de apoyo emocional durante la infancia.
- Y, en mujeres, los problemas ginecológicos, la fibromialgia o los trastornos digestivos se disparan.

Este estudio también observó una mayor incidencia de adicciones, alteraciones hormonales y metabólicas y dificultades profundas para vincularse de forma segura.

Otros estudios han demostrado que el eje hipotálamo-pituitaria-adrenal (HPA), que regula la liberación de cortisol, se encuentra desregulado en personas con trauma. Esto genera patrones disfuncionales de activación que impiden al cuerpo volver a la calma.

También se ha observado mediante estudios de neuroimagen que el hipocampo (una zona del cerebro clave para contextualizar recuerdos) puede reducirse, y que la amígdala (la región que procesa el miedo) permanece hiperactiva y tiene un tamaño más grande que la de personas que no han experimentado trauma.

El trauma no resuelto no solo se expresa como algo emocional. Se manifiesta en todo el cuerpo, a lo largo del tiempo. Se transforma en una carga fisiológica silenciosa que moldea cómo vives, cómo sientes, cómo eliges... y cómo enfermas.

Y no es solo por lo que ocurrió. Es sobre todo por lo que no ocurrió: la falta de corregulación, la ausencia de un adulto seguro y disponible, el no haber tenido un entorno donde sentirse vista, sostenida, protegida. Esa es la raíz de muchas de las desregulaciones del sistema nervioso que hoy llevamos en el cuerpo.

No es que seas demasiado sensible, o que no sepas gestionar tu vida. Es que tu cuerpo aprendió a sobrevivir en condiciones de amenaza. Y esa huella sigue activa. Lo que se vive en la infancia no queda atrás. Se queda grabado. Se hace cuerpo. Y si no se libera, se expresa. A veces como ansiedad. A veces como inflamación. A veces como agotamiento inexplicable o como una necesidad inconsciente de repetir vínculos inseguros.

Lo que no se sintió con presencia, el cuerpo lo susurra durante años. Hasta que encuentra un espacio donde por fin puede ser escuchado.

No hay fallo. Hay una explicación. Y hay un camino de regreso.

El trauma no está solo en lo que pensamos. Está en lo que sentimos, en cómo respiramos, en cómo nos contraemos. Afecta al cuerpo, a la mente, a nuestro espíritu. Y, por eso, intentar abordarlo exclusivamente desde un enfoque psicológico puede ser insuficiente si no se tienen en cuenta sus raíces fisiológicas.

Para que el sistema nervioso recupere su flexibilidad y vuelva a confiar, necesitamos trabajar con ambas dimensiones: cuerpo y mente. Es ahí donde empieza el verdadero camino de regreso.

Nuestras líneas de defensa y la ventana de tolerancia

Antes de que el cuerpo reaccione con un «me largo», «me enfrento» o «me apago», intenta otra cosa para sostenerse como puede. Estrategias más sutiles. Algunas que incluso hemos llegado a perfeccionar con los años. Estrategias mentales, emocionales, inconscientes... que buscan mantenernos a salvo sin que nadie lo note. A veces, ni siquiera nosotras.

Quizá te suenen:

- **Proyección:** ver en el otro lo que no podemos ver en nosotras.
- **Negación:** hacer como si no pasara nada. Aunque por dentro esté todo temblando.
- **Represión:** echarle tierra encima a lo que dolió, hasta convencernos de que nunca estuvo ahí.
- **Evitación:** distraernos, congelarnos, huir..., aunque sea solo en la cabeza.

Durante mucho tiempo, yo también viví así. Me distraía con el trabajo, con relaciones, con metas. Mantenía el control. Era eficiente. Resistente. Pero había un precio: me estaba alejando de mí.

Estas estrategias no son malas. Fueron una solución. La mejor que tuvimos en su momento. Pero, cuando la vida nos sacude con algo demasiado intenso, estas defensas no son suficientes. Y entonces... el cuerpo entra, y ahí ya no hay filtro mental que aguante y el sistema nervioso activa respuestas más profundas de supervivencia.

Pero eso que quedó interrumpido, esa emoción, ese impulso, ese gesto que no pudimos completar, sigue ahí. Esperando. Y no se va con comprensión. Se libera cuando el cuerpo, por fin, se siente lo suficientemente seguro para terminar lo que empezó.

Por eso no hablo solo de trauma. Hablo de energía atrapada. De tensión que no encontró salida. Y por eso no trabajo solo con palabras. Trabajo con el cuerpo. Con el gesto que no se hizo. Con la respiración que se quedó cortada. Con el temblor que no tuvo testigo.

> La regulación no es un concepto.
> Es un camino de regreso a ti.

Y no se trata de volver a como eras antes. Se trata de volver a sentirte viva ahora. Desde donde estás. Con lo que hay.

Mis estrategias de protección: escucharlas para liberarlas

Durante años, tu cuerpo y tu mente han hecho lo posible por sostener lo que dolía.

Este ejercicio no es para que te juzgues por eso.

Es para mirar con ternura todo lo que hiciste para seguir viva emocionalmente.

Para empezar a reconocer esas estrategias automáticas que, aunque hoy te desconecten, en su momento te salvaron.

Haz una pausa. Respira.

Y con curiosidad, responde:

1. ¿Cuál de estas estrategias sientes que más usas o has usado?

- ☐ Proyección (ver fuera lo que no quiero ver dentro).
- ☐ Negación (hacer como si nada pasara).
- ☐ Represión (esconder emociones o recuerdos).
- ☐ Evitación (distraerme, escapar mentalmente).
- ☐ Control (planificarlo todo, no soltar).
- ☐ Complacer (ponerme siempre en segundo lugar).
- ☐ Intelectualización (analizarlo todo, no sentir).
- ☐ Otra: ____________________

2. ¿En qué momentos o con qué personas sueles activarlas?

____

____

3. ¿Cómo lo sientes en el cuerpo cuando esa estrategia se activa?

- ☐ Tensión en el pecho o la garganta.
- ☐ Contracción en el abdomen.
- ☐ Respiración corta o agitada.

- ☐ Sensación de vacío o desconexión.
- ☐ Otra: ______________________

4. **¿Qué crees que trata de proteger esa parte de ti cuando activa esta estrategia?**

____

5. **¿Qué podría empezar a necesitar en lugar de esa estrategia?** (Ejemplo: en vez de huir, respirar. En vez de complacer, poner un límite suave...).

____

Cierre somático:

Lleva tus manos a la parte del cuerpo donde más sientas esa estrategia.

Dile algo como:

«Gracias por protegerme. Hoy estoy empezando a escuchar lo que necesitas de verdad. Podemos hacerlo juntas, poquito a poco».

Cuando el sistema nervioso pierde el control: la desregulación

Una de las cosas más dolorosas que puede dejarnos el trauma no es solo el recuerdo de lo vivido, sino la sensación de haber perdido el control sobre nuestro propio cuerpo.

Recuerdo etapas de mi vida en las que cualquier cosa me desbordaba: una conversación un poco vulnerable, un mínimo imprevisto o algo tan sencillo como decidir qué ponerme era abrumador. Mi sistema nervioso vivía en alerta. No lo sabía entonces, pero lo que sentía no era «yo siendo demasiado intensa», como me habían dicho tantas veces. Era mi cuerpo intentando protegerme de algo que aún no había entendido que ya había pasado.

La desregulación se siente así: como si estuvieras caminando por el mundo con un sistema de alarma interno que se activa incluso cuando no hay fuego.

En lugar de moverse con flexibilidad entre la calma y la activación, el sistema nervioso queda atrapado en una respuesta crónica de defensa. Y lo más desconcertante es que puede activarse por cosas que, racionalmente, no parecen tener sentido, como un gesto, una mirada, un tono de voz, un olor, una pequeña discusión.

Y, entonces, de pronto, todo en ti se contrae. El corazón se acelera. La respiración cambia. Sientes la urgencia de huir, o te paralizas. La mayoría de las veces ni siquiera sabes por qué. Pero tu cuerpo sí lo sabe. Tu cuerpo está reaccionando no al presente, sino a memorias que siguen vivas en él. Es lo que yo llamo constelar el pasado en el presente.

Esta desregulación también afecta profundamente a nuestras relaciones. Porque, cuando el sistema está en modo supervivencia, es muy difícil abrirse, confiar, estar disponible para el otro sin la distorsión del trauma. El cuerpo está tan ocupado tratando de protegerse que no hay espacio para la intimidad y la conexión real.

En mí, esto se manifestaba en forma de hipervigilancia. Quería controlarlo todo. Era experta en leer energéticamente los ambientes y las personas. En anticiparme a las emociones del otro antes de que las dijera. ¿La raíz? Un cuerpo que aún no sentía que podía relajarse.

Para que lo veas con más claridad, quiero compartir contigo el caso de Ana.

Ana tiene treinta y ocho años. De pequeña vivió en un entorno familiar donde el amor venía mezclado con miedo. Su padre podía pasar del cariño al grito en segundos. No había refugio estable. Su sistema aprendió que estar atenta todo el tiempo era una forma de sobrevivir.

Hoy, Ana es una mujer superexitosa, independiente y brillante. Pero sigue viviendo con ese radar encendido. Su sistema nervioso aún no ha recibido la señal de «ya pasó». Reacciona con activación ante ciertos sonidos, como una puerta que se cierra de golpe. Se tensa, se le acelera el corazón, empieza a hiperventilar. Sabe que no está en peligro, pero su cuerpo no lo siente así.

En una ocasión, durante una discusión con su pareja, él levantó un poco la voz. Nada violento. Solo una expresión de frustración. Pero Ana se quedó paralizada. Su cuerpo entró en modo congelación. Se disoció. No podía pensar, ni sentir, ni responder, y, aunque ahora está en una relación segura, su cuerpo sigue reaccionando como si estuviera reviviendo esa experiencia.

Ese es el impacto del trauma no procesado. No está en lo que ocurre ahora, sino en cómo lo interpreta tu sistema nervioso desde lo que viviste antes.

Y lo más duro es que, aunque en el trabajo Ana lo sostiene todo con eficacia, en lo íntimo se siente frágil, abrumada. A menudo reacciona de manera desproporcionada ante situaciones que a otros podrían parecerles triviales, y muchas veces piensa que hay algo mal en ella. Pero no es eso. Solo está atrapada en un cuerpo que aún no sabe que ya puede descansar.

A pesar de su éxito profesional y de tener una relación amorosa y sana, Ana sigue luchando con los efectos de ese trauma infantil no procesado.

A lo largo de este capítulo, hemos explorado cómo el trauma impacta nuestra biología, cómo las respuestas de defensa son intentos inteligentes de protección y cómo la desregulación del sistema nervioso afecta a cada aspecto de nuestra vida.

Lo más difícil de todo esto no es entenderlo, es poder reconocerlo en una misma. Hemos aprendido a vivir desde este estado sin darnos cuenta, pensando que «somos nosotras». Hemos normalizado la tensión crónica, la falta de conexión emocional, la dificultad para confiar. Hemos confundido la hiperproductividad con éxito, la desconexión con independencia, el cansancio con debilidad.

△ 🜃 🜁 ▽

Antes de cerrar este capítulo, quiero invitarte a una pausa suave, a un momento de honestidad contigo:

¿Sientes que tu cuerpo vive en un estado de tensión constante, aunque no haya una amenaza real?

¿Te cuesta relajarte de verdad, sin tener que hacer nada para merecerlo?

¿Hay partes de ti que parecen «apagadas», como si estuvieras funcionando en piloto automático?

¿Te reconoces en la historia de Ana... o en la mía?

____

____

____

____

____

____

Respira.
No estás sola. Y no estás rota.

Tu cuerpo ha hecho lo mejor que ha podido con lo que tuvo. Y, aunque el trauma te haya desconectado de ti misma, hay caminos de regreso.

En el próximo capítulo vamos a profundizar en esa respuesta que, para mí, fue la más difícil de ver y también la más transformadora de atravesar: la congelación. Si estás leyendo esto y te sientes apagada, desconectada, funcionando pero sin sentirte del todo viva..., puede que estés ahí. **Entender ese estado, no desde el juicio, sino desde la compasión, es el primer paso para salir de él.**

La buena noticia es que el cuerpo guarda un mapa. Y en los próximos capítulos vamos a empezar a recorrerlo juntas.

6

LA RESPUESTA DE CONGELACIÓN: EL NÚCLEO DEL TRAUMA

«Congelarse es la respuesta por defecto cuando el sistema se ve sobrepasado. Es una forma de muerte temporal diseñada para asegurar la supervivencia».

Robert Scaer

El trauma deja una huella profunda en el cuerpo, atrapando a la persona en una respuesta de congelación cuando no tiene los recursos para luchar o huir ante una amenaza. Esta respuesta, que a menudo pasa desapercibida, en realidad es **la más compleja y menos comprendida de todas las formas de defensa de nuestro sistema nervioso**.

A diferencia de las respuestas de lucha o huida, que activan el cuerpo para pelear o escapar, la congelación es otra cosa. Es cuando no hay salida posible. Cuando lo que te pasa te supera tanto que tu sistema dice: «Me desconecto para sobrevivir».

Y eso es exactamente lo que hace.
Apaga. Silencia. Desconecta.

Mientras la lucha o la huida movilizan energía y activan el sistema simpático (el que nos impulsa a movernos), la congelación está mediada por la rama dorsal del nervio vago, que pertenece al sistema parasimpático. Pero no al parasimpático que calma, no al que nos ayuda a relajarnos después de una buena comida o en una meditación. No **Este es el que nos «desconecta» para que duela**

menos. El que nos lleva a la inmovilidad cuando ya no hay opciones.

Es como hacerse el muerto. Literalmente. Porque eso es lo que está pensando nuestro sistema, que hay una «amenaza percibida de muerte».

En el mundo animal, muchos mamíferos entran en este estado cuando no pueden escapar de un depredador. ¿Has visto alguna vez a un ciervo paralizado justo antes del ataque? ¿O una liebre que se queda quieta como una estatua mientras el depredador pasa cerca? En biología lo llamamos **respuesta de inmovilidad tónica**. Es una estrategia de supervivencia. Y nosotras, tú, yo, todas, también la tenemos integrada. Nuestro cuerpo está programado para elegir la vía que más probabilidad nos ofrece de salir vivas.

El problema es que, como no parece una reacción «visible», muchas personas no la reconocen como lo que es. **Confunden su estado con pereza, apatía, falta de motivación, de fuerza de voluntad o incluso con depresión.** Pero lo que hay detrás no es vagancia, ni desinterés, ni un problema de carácter. Lo que hay detrás es un cuerpo atrapado en una estrategia de protección y que ya no puede más. Muchas veces, ni siquiera la persona que lo vive se da cuenta de que está en congelación. Porque se ha vuelto funcional. Porque lo ha normalizado. Porque aprendió a vivir así. Y nos juzgamos: «¿Por qué no reaccioné?», «¿Por qué me quedé quieta?», «¿Por qué no dije nada?». Y la respuesta es muy simple: porque tu cuerpo eligió sobrevivir antes que actuar. **Porque esa fue su mejor opción. Y eso no es fallo. Es sabiduría.**

Aunque la desconexión nos puede salvar en momentos puntuales, el problema aparece cuando se queda instalada. Cuando el sistema no encuentra la vía de regreso. Cuando vivir desconectada se convierte en la nueva normalidad.

Muchas personas no perciben que están actuando desde

una respuesta traumática y, sin embargo, viven atrapadas en él. No porque recuerden algo terrible o porque su vida sea catastrófica. Sino porque su cuerpo quedó congelado en algún punto del pasado... y nunca volvió del todo. Y, mientras el cuerpo y la mente quedan en pausa, seguimos funcionando. Hacemos lo que hay que hacer, vamos al trabajo, cuidamos a los demás, tomamos decisiones racionales, tenemos relaciones... Pero todo se siente lejano, plano, sin pulso.

Es algo que veo constantemente, incluso en personas que aparentan tenerlo todo bajo control. Como le ocurría a Joana.

Joana tiene treinta y cinco años, es gerente en una empresa y, desde fuera, parece una mujer eficiente, responsable y capaz. Pero cada mañana se levanta con una sensación de vacío y un agotamiento que no se explica solo por el cansancio. Aunque duerma bien, su cuerpo no descansa. Aunque se mueva por el mundo, algo en ella no está realmente presente.

En el trabajo, Joana es rápida. Pero, cuando se trata de su vida personal (poner límites, salir de una relación que ya no le hace bien), se bloquea. Sabe lo que tendría que hacer, pero no puede. Literalmente no puede. Es como si alguien hubiese desenchufado su voluntad.

En casa, le cuesta sentir. Invalida sus emociones, las minimiza o directamente no sabe nombrarlas. A veces se siente como si estuviera viendo su vida desde fuera. Hace lo que tiene que hacer, pero sin conexión real. Sin alegría, sin tristeza. Sin ella.

Y esto es lo que el trauma puede hacer cuando se instala en forma de congelación: te vuelve invisible..., incluso para ti misma.

Joana no tiene recuerdos evidentes de grandes traumas. Pero sí creció en un entorno emocionalmente negligente, donde no había espacio para expresar lo que sentía, donde sus necesidades no eran vistas y donde aprender a silenciarse fue su única forma de sentirse a salvo.

En ese contexto, las respuestas de lucha o huida no tenían lugar. ¿A quién o dónde iba a huir una niña de ocho años? ¿Cómo iba a pelear si nadie escuchaba? Su sistema nervioso hizo lo que mejor sabía hacer: desconectarse.

Y, desde entonces, Joana sigue ahí. Funcionando. Pero sin sentirse viva. La desconexión se vive por dentro…, pero también tiene efectos en nuestra biología. La falta de vitalidad, los problemas de insomnio, las enfermedades autoinmunes, la inflamación persistente o incluso el agotamiento emocional tienen una raíz común: el sistema quedó desregulado.

△ 🜃 🜁 ▽

A continuación, tómate unos instantes para ti y reflexiona sobre tu historia vital. ¿En qué momentos de tu vida has sentido que estabas «ahí» pero no del todo? ¿Has juzgado alguna vez tu cansancio, tu «apatía» o tu bloqueo sin preguntarte si era tu cuerpo protegiéndote? ¿Aprendiste, como Joana, también a silenciar tus emociones para sobrevivir? ¿Qué consecuencias crees que ha tenido eso en tu capacidad de sentir o decidir hoy?

____

____

____

____

El coste de vivir en modo supervivencia: casos reales

Ya sabemos que el cuerpo no olvida. Aunque tú no recuerdes con claridad lo que pasó, aunque la mente racional te diga que estás bien, el cuerpo lleva la cuenta. Y, cuando ha aprendido a sobrevivir desde la desconexión, eso tiene un precio. **Un precio alto.**

Vivir en congelación es vivir sin poder terminar lo que quedó interrumpido. Es tener el sistema nervioso bloqueado en un patrón que fue útil en el pasado..., pero que hoy ya no te deja avanzar.

Esta estrategia de apagarse (de entrar en hipoactivación) no es un error. Es un mecanismo de protección ancestral. Una respuesta biológica para minimizar el daño cuando ninguna otra opción parece posible. Y funciona... hasta que deja de funcionar.

Cuando esta desconexión se vuelve crónica, cuando ya no es una respuesta puntual, sino una forma de estar en el mundo, empezamos a ver sus efectos en todos los niveles: emocional, físico, vincular.

Como vimos con Joana, una persona puede estar operando «funcionalmente» en su día a día y, sin embargo, no tener acceso a su vitalidad, a su deseo, a su verdad interna. Es como si todo funcionara..., pero desde la superficie. Por dentro, hay un estancamiento, una tristeza muda, un cansancio que no se va.

Y esto ocurre porque el trauma no es solo lo que nos pasó, sino lo que nos sigue pasando adentro cuando ese evento interrumpió nuestra biología. El sistema nervioso, al no encontrar una vía segura de salida, se queda atascado en un bucle de alerta o de colapso. Sin acceso real a la autorregulación.

Esto no solo afecta a cómo te sientes..., afecta a cómo funciona tu cuerpo. Cuando el sistema no logra volver a un estado de seguridad, todo el organismo se desorganiza. Lo vemos en síntomas que ya hemos mencionado, como fibromialgia, fatiga crónica, alteraciones del sueño, inflamación persistente, trastornos digestivos, enfermedades autoinmunes..., todo eso no es casualidad.

Y, en lo emocional, el impacto es igual de profundo: te desconectas de ti misma, de tus emociones, de tus límites. Pierdes la capacidad de sentir con claridad lo que necesitas, lo que te duele, lo que deseas.

Te vuelves más reactiva o, por el contrario, evitas el contacto emocional profundo. Te aíslas. Te desconectas de los demás, incluso de quienes amas. No porque no quieras. Sino porque no puedes. Porque tu sistema no se siente seguro y porque está abrumado.

Muchas personas creen que esto es «su forma de ser». Que son frías, indecisas, intensas o distantes por naturaleza. Pero no lo son. Están en modo supervivencia. Y no lo saben. Están atrapadas en una estrategia de supervivencia que, en su momento, fue necesaria.

Una estrategia que las salvó…, pero que ahora les impide vivir plenamente.

△ 🜄 🜁 ▽

¿Te identificas con alguna de estas manifestaciones físicas o emocionales?

¿Qué partes de ti has dejado de escuchar por vivir en automático?

____

____

____

____

____

La historia de Pilar: mi vida sin mí

Pilar tiene cuarenta y dos años. Cuando tenía diecinueve, fue testigo de un accidente de coche donde perdió a uno de sus mejores amigos. Ella no tuvo heridas físicas, pero el impacto emocional fue tan fuerte que su sistema no pudo procesarlo.

No hubo contención. No hubo palabras. No hubo temblor ni llanto. Solo silencio. Y el cuerpo hizo lo único que supo hacer: congelarse. Apagar. Encapsular el dolor.

Con los años, Pilar siguió su vida. Estudió, se casó, tuvo hijos. Desde fuera, todo parecía en orden. Pero, por dentro, sentía que algo no encajaba. Todo era... plano. Su cuerpo estaba cansado siempre, pesado, lento.

Dormía, pero no descansaba. Amaba a su familia, pero no lograba conectar emocionalmente con ellos. No sentía entusiasmo, ni tristeza. Era como si nada la atravesara. Ella lo describía como «vivir dentro de una pecera». Todo se ve, pero nada se toca.

Lo que le pasaba a Pilar era que su cuerpo nunca había podido completar el ciclo de respuesta al trauma. No liberó el susto, la tensión, el dolor. Y, como no tuvo un espacio seguro, ni acompañamiento, ni herramientas somáticas..., la energía quedó atrapada. Su sistema siguió en congelación, pero funcional. Y así, sin saberlo, Pilar aprendió a sobrevivir. Pero dejó de sentirse viva.

La historia de José: el precio del alto rendimiento

José tiene cincuenta años y lleva toda su vida trabajando sin parar. Siempre fue eficiente, responsable, productivo. Vivía en un estado de estrés tan sostenido que ya lo consideraba normal.

Su rutina era un bucle de exigencia: más trabajo, más metas, más responsabilidades. Pero nunca había espacio para sentir. Nunca había tiempo para bajar revoluciones. Nunca hubo pausa.

Hasta que un día, después de una jornada especialmente dura, algo dentro se rompió. Se sentó frente al ordenador y, de repente, se dio cuenta de que no sentía nada. Ni motivación. Ni rabia. Ni satisfacción. Nada. Solo un vacío.

Desde entonces, todo cambió. Seguía yendo al trabajo. Seguía cumpliendo. Pero se sentía desconectado de todo. Como si viviera en blanco y negro. Su cuerpo empezó a quejarse: dolores constantes, tensión en el cuello, cansancio...

Y su mente ya no encontraba sentido en lo que hacía. El alto rendimiento lo había sostenido muchos años..., pero también lo había separado de sí mismo. Lo que José no sabía era que estaba en una congelación funcional. Su cuerpo y su sistema nervioso habían colapsado sin hacerlo visible.

Había agotado todos sus recursos, pero seguía exigiéndose como si nada. Y su cuerpo dijo: «Basta». Pero no gritó. Solo se apagó.

△ 🜃 🜁 ▽

¿Qué te resuena en sus historias?

¿Qué parte de ti está esperando que la traigas de vuelta?

____

____

____

____

____

Estas historias, la de Pilar, la de José, y tal vez la tuya también, tienen algo en común: la desconexión. Ese estado en el que una parte de ti sigue haciendo, pero otra parte —la más viva— se ha quedado atrás. Congelada.

Esperando a que la escuches. Esperando a que la traigas de vuelta.

La desconexión que surge de la respuesta de congelación no solo afecta nuestra experiencia interna, sino que también impacta profundamente nuestras relaciones.

Este estado de supervivencia nos impide crear vínculos auténticos, ya que, al estar emocionalmente desconectados, no podemos establecer las bases de seguridad y confianza necesarias para relaciones genuinas y seguras.

Este es el coste invisible del trauma: no solo quedamos atrapados en un ciclo de agotamiento y desconexión interna, sino que también nos alejamos de la posibilidad de conectar verdaderamente con los demás.

> Si tuviera que nombrar una respuesta que encarne el trauma en su forma más silenciosa..., sería esta, la congelación: es la «no» respuesta.

El momento en el que el cuerpo dice: «Ya no puedo hacer nada más...» y se apaga.

Para entender esto con más claridad, vamos a mirar con lupa lo que ocurre en una respuesta de congelación. Paso a paso. En el cuerpo. En el sistema. En ti.

¿Qué pasa exactamente cuando nos congelamos?

La congelación no es solo algo que te pasa. Es algo que se queda. No es una reacción cualquiera: es la forma más profunda en la que el cuerpo dice «basta». Para que puedas entender por qué digo que está en el núcleo del trauma, vamos a mirar, paso a paso, qué ocurre dentro de ti cuando entras en congelación.

Cuando entiendes lo que tu cuerpo ha hecho por ti, algo dentro empieza a soltarse, a comprenderse y a perdonarse. Empiezas a entender por qué haces lo que haces, por qué sientes lo que sientes, por qué a veces te apagas.

1. **El sistema se desborda**

Todo empieza cuando algo te sobrepasa. No puedes con ello. Puede ser una situación intensa, una conversación, un momento que revivió una vieja herida... Da igual si fue grande o pequeño. Para tu sistema fue demasiado.

No había forma de pelear. Tampoco de escapar. Así que el cuerpo toma la única opción que le queda: se apaga. Baja el interruptor general. Como cuando en casa salta la luz porque todo está enchufado al mismo tiempo.

2. **Te paralizas por dentro y por fuera**

De repente, no puedes moverte. No puedes hablar. No puedes reaccionar. Es como si el cuerpo dijera: «Me hago la muerta». A veces pasa en segundos, otras se instala por años. Por dentro pasa algo parecido. Te desconectas. No sabes lo que sientes. Te cuesta pensar. Todo se vuelve confuso o lejano. Como si estuvieras viendo tu vida desde fuera. Como si no estuvieras dentro de ti.

3. **No puedes cerrar el ciclo**

Cuando algo nos activa, el cuerpo necesita sacar esa energía: llorar, temblar, moverse, gritar, pedir ayuda. Pero, si te congelas..., esa energía se queda atrapada. No se descarga. No sale. El cuerpo entra en pausa..., pero nadie le da al *play* después.

Y eso no se queda solo en lo emocional. Esa energía no liberada empieza a afectarlo todo: tus células, tus hormonas, tus neurotransmisores. Todo tu cuerpo empieza a funcionar como si estuviera en guerra. A eso me refiero cuando digo que el trauma se queda en el cuerpo. Lo desarrollaremos con más profundidad en el próximo capítulo.

4. **Y si se mantiene, se convierte en tu forma de estar**

Lo que empezó como una manera de protegerte, se convierte en un estado permanente. Y entonces empiezan a aparecer los síntomas: te sientes agotada constantemente, duermes pero no descansas, no sientes ganas de nada, te cuesta decidir, nada te emociona… y no entiendes por qué.

Lo peor no es solo la fatiga o la falta de placer. Lo más doloroso es sentir que te has perdido a ti misma. Que no te reconoces, que ya no sabes quién eres y te preguntas si alguna vez volverá esa parte de ti viva, luminosa, sentida, que sabes que existe dentro de ti…, pero que ahora parece lejana.

Cómo puede manifestarse la congelación en tu día a día

La congelación no siempre se ve como algo extremo. De hecho, muchas veces pasa tan desapercibida que creemos que es simplemente quienes somos, nuestra forma de ser. **Pero no lo es. Tú no eres eso.**

Estas son algunas señales cotidianas que pueden indicar que tu cuerpo sigue funcionando desde un estado de congelación. Si te reconoces en alguna de ellas, no es que estés rota ni que seas débil. Es que tu sistema nervioso hizo lo que tenía que hacer para seguir adelante.

- Te levantas cansada, incluso después de dormir. Es como cuando enchufas el móvil para cargar, pero no carga. No importa cuántas horas duermas: el cuerpo no arranca. Es como si despertaras con el freno de mano puesto.
- Te cuesta identificar lo que sientes. A veces estás rara y no sabes por qué. O lo sientes todo junto, sin poder entenderlo. Otras veces, simplemente… no sientes nada.

- Hacer planes te da igual. Las cosas que antes te hacían ilusión ahora te dejan indiferente. Aceptas invitaciones por compromiso, pero sin ganas reales.
- Te pasas horas mirando el móvil, o viendo series. Solo estás ahí, haciendo *scroll*, cambiando de capítulo, como si el tiempo pasara a través de ti.
- Te bloqueas con decisiones simples. Elegir qué ponerte, qué comer, si contestar un mensaje o no..., todo es demasiado. Todo abruma.
- Sientes que estás «tirando», pero no viviendo. Vas a trabajar, haces lo que hay que hacer, pero algo está apagado. Como si vivieras en modo ahorro de energía.
- Te cuesta pedir ayuda o mostrarte vulnerable. Aunque estés mal, pones buena cara. No sabes cómo salir del papel de la que «puede con todo».
- Te ríes, hablas, haces vida social..., pero por dentro sientes que no estás. Estás en el grupo, pero no en ti. Como si algo en tu interior se hubiera ido hace tiempo.

Nada de esto es tu esencia. No es tu carácter. Eso no eres tú. No es que «siempre fuiste así». Es lo que tu cuerpo aprendió a hacer para sobrevivir. Y lo bueno es que, si lo aprendió, también puede aprender a regresar.

Congelación funcional: vivir en piloto automático

La congelación funcional es una forma más sutil —y más común de lo que imaginamos— de la respuesta de congelación. **Una forma de congelación que no te deja tirada en el suelo, ni parece una crisis evidente.** No paraliza por completo, pero te aleja de ti. De hecho, desde fuera, puede que nadie note nada. Te levantas, vas al trabajo, te relacionas, haces lo que se espera de ti..., pero, por dentro, no estás. **Funcionar, sí. Sentir, no.**

Parece que lo tienes todo bajo control, pero hay una parte de ti que está apagada. No hay entusiasmo ni tristeza. No hay hambre de vivir. Hay cumplimiento. Responsabilidad. Rutina. Pero no hay presencia.

> Es como si llevaras el cuerpo...,
> pero tú no fueras dentro.

El cuerpo sigue operando desde una respuesta de congelación. No porque haya un peligro real ahora, sino porque en algún momento quedó atrapado ahí. Y no ha encontrado el camino de regreso. Así se instala una forma de vivir en la que todo parece normal..., excepto tú.

De esto hablaremos más a fondo en el próximo capítulo; esta desconexión no es solo emocional: tiene una raíz biológica que afecta a tus células, a tus hormonas, a tu energía. Pero, antes de ir allí, quiero que sepas esto:

> No es tu culpa estar así. Tampoco es permanente.
> Solo es un estado. Un cuerpo que aprendió a
> apagarse para protegerte. Y que, poco a poco,
> puede aprender a volver.

Haber vivido así tanto tiempo puede hacerte creer que eso eres tú y que tú eres así. Pero no lo eres. **Es tu sistema nervioso. Es una adaptación.**

Una forma de seguir cuando lo que más necesitabas era parar y sentirte sostenida. Y, aunque esa estrategia te salvó, también te dejó desconectada de tu impulso vital. Pero hay una puerta de regreso. Está en el cuerpo.

Práctica somática: activando el cuerpo y saliendo de la congelación

Salir de la congelación no es una decisión que puedas tomar con la cabeza. No es algo que puedas pensar, entender o forzar desde la mente. La congelación no es solo mental. Es también y, sobre todo, corporal. Y desde el cuerpo podemos empezar a deshacerla.

En el abordaje corporal del trauma, menos es más. Este no es un camino de grandes gestos. Es un camino de lentitud, de respeto, de microgestos.

Un camino que honra que tu sistema aprendió a protegerte apagándose y que ahora necesita saber, poco a poco, que puede volver a encenderse. Que hay seguridad. Que hay espacio. Que no está sola.

Lo importante no es «hacerlo bien», sino permitirte entrar en relación con tu cuerpo desde un lugar nuevo: sin exigencia, sin expectativa, sin juicio.

Aquí te dejo una propuesta sencilla para empezar a derretir el hielo interno. Para abrir, desde el gesto más pequeño, la posibilidad de volver.

1. **Encuentra un lugar tranquilo.**
   En el que te sientas mínimamente segura, sin interrupciones durante unos minutos. Puedes sentarte o recostarte, como prefieras. Lo importante es que el cuerpo no esté tenso.
2. **Cierra los ojos, o suaviza la mirada.**
   Tómate un momento para llegar. Siente el peso de tu cuerpo sostenido por la superficie que te acoge. No necesitas cambiar nada. Solo date permiso para habitar este instante.

3. **Lleva tu atención al cuerpo.**

   Haz un escaneo lento, sin presión. ¿Hay zonas que se sienten más presentes? ¿Hay partes apagadas, tensas o invisibles? ¿Zonas que te cuesta sentir o percibir?

   Tal vez sientas rigidez en la mandíbula, tensión en el pecho, vacío en el estómago o simplemente… nada.

   Nada es válido. Esa «nada» también es información.

4. **Elige un gesto. Uno muy pequeño.**

   Tan pequeño como mover suavemente los dedos de las manos.

   O girar apenas el cuello hacia un lado y luego hacia el otro. Muy suave.

   O dejar que tu cuerpo se balancee hacia delante y hacia atrás, como si empezara a mecerse. O a un lado y a otro. El gesto no importa. Lo que importa es la presencia con la que lo haces. Que lo sientas desde dentro. Que no sea automático. Que sea un movimiento que parte de ti.

5. **Después del movimiento, quédate ahí. Pausa.**

   Siente lo que queda.

   A veces, al mover una parte, otras se despiertan. Quizá sientas un leve calorcito, un cosquilleo, la necesidad de respirar más profundo.

   O tal vez no sientas nada, y también está bien. Esta práctica no es para «lograr» algo. Es para abrir el canal. Para enseñarle al sistema que moverse no es peligroso.

6. **Empuja con un poquito de presión tus pies contra el suelo.**

   Y nota qué pasa en tu cuerpo. Tal vez llega un bostezo, un suspiro profundo… Eso son señales de «descarga»: tu sistema está descargando energía de supervivencia y se está reorganizando internamente.

7. **Repite si lo sientes. O no.**

   Puedes hacer otro gesto. Otro micromovimiento. O simplemente quedarte ahí, en la sensación del cuerpo. Dejando que algo muy pequeño empiece a volver.

8. **Cierra con contacto.**

   Coloca una mano sobre tu pecho o tu vientre. Si quieres, puedes decirte una frase en voz baja o internamente. No una afirmación forzada, sino una verdad suave. Algo como:

«Estoy aquí».

«No tengo que forzarme».

«Estoy empezando a regresar».

Permanece ahí unos segundos más. Contigo.

Esto es lo que significa empezar a salir de la congelación: no moverte mucho, sino moverte con presencia. No forzarte a sentir, sino permitirte sentir lo que haya. No intentar sanar rápido, sino habitar el cuerpo lo suficiente como para que la vida empiece a asomar de nuevo.

A veces, el mayor acto de valentía no es dar grandes pasos, sino sostener un gesto tan pequeño que solo tú sabes que lo hiciste, pero que lo cambia todo. Salir de la congelación no es una meta. Es una práctica.

Y empieza así. Con el cuerpo. Con lo que hay. Con lo que puedes.

Con este capítulo he pretendido abrirte una puerta hacia una comprensión más amable y más real de lo que has sentido. Es una invitación a mirar con más amabilidad eso que te pasa. A dejar de pelearte con lo que sientes y a acompañarte en vez de exigirte.

Volver es un gesto. Una respiración. Un contacto lento con tu cuerpo, que dice: «Ya puedes bajar la guardia». Aquí no hace falta que te protejas tanto…

En el próximo capítulo vamos a ir más profundo aún. Te voy a mostrar qué pasa en tu biología cuando vives desconectada durante demasiado tiempo: qué ocurre con tus hormonas, con tu capacidad de disfrutar…

La congelación no es solo una sensación. Es un sistema entero que se quedó en *stand-by*. Pero sí, se puede salir de ahí. No desde la prisa o desde hacer más. **Desde la presencia.**

7

LA DESCONEXIÓN: UNA EPIDEMIA SILENCIOSA

Vivir desconectadas sin saberlo

Estar desconectadas de nosotras mismas **se ha vuelto tan normal que ni siquiera lo notamos. Estamos rodeadas de ruido**: estímulos, notificaciones, *deadlines*, tareas, pantallas, comparaciones. Todo el día funcionando, resolviendo, corriendo para llegar a un ideal que ni siquiera es nuestro.

Todo va a toda velocidad, y nosotras detrás. Desde fuera parece que todo va bien. Trabajas, cumples, haces. Pero, por dentro, tal vez te sientes vacía. Muchas personas creen que están «bien» porque «funcionan».

> Pero lo que pasa por dentro es otra cosa: no hay alegría, no hay ganas, no hay presencia.

Solo hacer por hacer. Sobrevivir el día. Esperar que llegue la noche. Muchas están viviendo en piloto automático, anestesiadas de sí mismas. Muchas mujeres viven en guerra con su cuerpo sin saber que, en realidad, su cuerpo está intentando protegerlas de un dolor que no pudo ser sostenido.

Un cuerpo desconectado no solo pierde placer. Pierde guía. Pierde orientación. Porque la brújula está dentro, y, si no puedes sentirla, vas a la deriva, aunque desde fuera parezca que todo va bien. Hemos aprendido a desconectarnos de nuestro corazón, de nuestra voz, de nuestro útero. A silenciar el deseo, a tensar el abdomen, a contener las lágrimas.

Nos volvimos expertas en silenciarnos por dentro. Y a eso le llamamos fuerza. Con el tiempo, esta represión se convierte en una forma sutil de autoabandono y autotraición.

Esa es la desconexión funcional: cuando tu cuerpo sigue, pero tú ya no estás. Esta desconexión tiene raíces profundas. No es de semanas o meses. Comenzó en la infancia, cuando aprendiste que sentir era peligroso, que mostrarte no era seguro, que tus necesidades no iban a ser tenidas en cuenta. Las raíces siguieron creciendo y haciéndose fuertes en un mundo que te aplaudió por hacer sin medida, por ser productiva, por callarte, por desconectarte. Una sociedad que te premia por ignorarte, por rendir. Que te enferma y después te vende la cura.

La desconexión se sostiene en cuerpos que nunca pudieron volver a confiar. Desde fuera, nadie lo nota. Pero tú lo sabes. Todo se hace demasiado pesado. Pierdes el contacto con la vida. Y eso… tiene un precio.

Lo que la desconexión hace a un cuerpo femenino

Cuando hablamos del impacto de la desconexión, no podemos ignorar que los cuerpos de las mujeres llevan, además, una carga simbólica, ancestral y fisiológica muy distinta. El sistema hormonal femenino es particularmente sensible al estrés crónico y a la desregulación. La desconexión altera el equilibrio entre estrógenos, progesterona y cortisol. Afecta a la tiroides, los ciclos menstruales, la libido y el sueño.

Pero, más allá de lo biológico, el cuerpo femenino es una fuente de intuición, placer y creación. Y cuando nos desconectamos de él, perdemos acceso a eso también.

No se trata solo de salud física. Se trata de soberanía.

De recuperar ese cuerpo que fue silenciado, sexualizado, exigido, comparado…, hasta que dejó de ser hogar para convertirse en campo de batalla.

Nos acostumbramos a vivir con síntomas: fatiga, malestar, enfermedades, ansiedad, tensiones crónicas y la sensación de que algo falta, pero no sabemos qué. En la cultura en la que vivimos no se nos enseña a parar. A escuchar el cuerpo. A darnos el espacio para sentir y simplemente estar. **Pero, sobre todo, nos falta darnos permiso.**

Tampoco se fomenta la corregulación, el proceso natural de encontrar calma y seguridad en la conexión con otros. Desde que nacemos, nuestra capacidad de regularnos emocionalmente depende de la conexión con las personas que nos rodean. Y, sin embargo, muchas veces nos sentimos más solas que acompañadas, aunque estemos rodeadas de gente.

Es una epidemia silenciosa. Una desconexión tan extendida que la confundimos con normalidad.

No estás rota. Estás desconectada de ti

La desconexión no siempre se nota. Puede estar disfrazada de éxito, de eficiencia, de logros, de perfeccionismo. Puedes tener una agenda llena y una vida vacía.

Nadie nos enseñó a ver esa desconexión como una señal. Al contrario: aprendimos a ignorarla, a empujar más fuerte, a seguir. Nos volvimos expertas en hacer como si nada.

Y en ese hacer... se nos fue el ser.

Lo que empezó como un mecanismo de protección se convirtió en una manera de estar en el mundo. La desconexión no es una elección consciente. Es una estrategia aprendida. **Una forma sofisticada que tiene el sistema de protegerse cuando no se sintió sostenido, visto o reconocido.** Y, aunque en su momento te salvó, vivir desconectada tiene un coste: te aleja de ti. De tus señales internas, de tus límites, de tu verdad, de tu deseo, y también tiene efectos profundos en tu biología, como hemos visto. La falta de vitalidad, de impulso, de ganas, los problemas de sueño, las enfermedades autoinmunes, la inflamación persistente o el agotamiento emocional tienen una raíz común: una desregulación que afecta a todo tu cuerpo.

¿Y si no es flojera, ni apatía, ni pereza?

A veces pensamos que somos vagas. Que no tenemos fuerza de voluntad. Que no estamos haciendo lo suficiente. Que nos falta motivación, empuje o creatividad. Pero ¿y si no es tu carácter lo que está fallando? **¿Y si el problema no eres tú, sino tu sistema nervioso?**

Muchas personas que viven en congelación funcional no saben que lo están. Solo sienten que les cuesta arrancar, que el motor no tira, que todo parece más difícil y pesado de lo que debería.

> Pero no es falta de ganas.
> Es falta de energía disponible.

Cuando el sistema ha pasado demasiado tiempo en alerta o en defensa, entra en un modo de hibernación: conserva recursos, se apaga, se vuelve minimalista. Este estado se parece mucho a la apatía. A la desmotivación. A la desgana. Pero en realidad es una pausa biológica profunda. Una respuesta inteligente del cuerpo que prioriza lo esencial: seguir viva.

Pero nos juzgamos por ello. Nos exigimos. Nos comparamos. Creemos que deberíamos ser más productivas, más activas, más capaces. Pensamos que «ese» es el problema. Que no estamos haciendo lo suficiente. Pero ¿cómo vas a florecer si tu tierra interna está seca? **Recuérdalo siempre: el problema no eres tú.**

Seis formas en que la desconexión se disfraza de normalidad

La congelación funcional no siempre se nota. Pero se siente. Veamos cómo juntas, a través de vivencias reales.

1. **Vivir en piloto automático**
   Una persona puede levantarse, ir a trabajar, cumplir con sus responsabilidades diarias y mantener relaciones superficiales, y, pese a ello, puede sentirlo todo como un acto mecánico. Aunque desde fuera parezca que «funciona», en realidad puede estar desconectada de su experiencia interna, viviendo sin pasión, creatividad ni propósito. Cumpliendo con todo lo que debería, pero con la sensación de estar viviendo en piloto automático.

Marta trabaja como gerente en una multinacional. Desde fuera parece que lo tiene todo: éxito profesional, estabilidad económica y una familia amorosa. Cada día sigue el mismo guion: se despierta temprano, arregla a los niños, los lleva al colegio, pasa diez horas entre reuniones y problemas. Luego vuelve a casa, cena con su familia y se desploma en el sofá hasta quedarse dormida frente a la tele.

Funciona. Cumple. Pero por dentro se siente vacía. Se pregunta si esto es todo lo que hay. Todo parece correcto, pero no hay vida. Lo que nadie ve es que Marta creció en una casa donde las emociones no se nombraban. Donde ser eficiente era más valorado que ser sentida. Aprendió a asociar el éxito con el amor, y el cumplimiento con la seguridad.

Ahora, esa niña que un día se desconectó para sobrevivir sigue ahí. Metida en un cuerpo adulto, repitiendo la rutina de una vida que ya no la nutre. Marta no está deprimida. Está congelada. Y su perfeccionismo no es ambición: es miedo.

2. Desconexión emocional

Una persona que se encuentra en un estado de congelación funcional puede experimentar **dificultades para identificar sus emociones o conectar emocionalmente con los demás**. Aunque parezca calmada o desinteresada en situaciones que normalmente generarían reacciones emocionales, como momentos de tristeza, alegría o conflicto, lo que en el fondo está ocurriendo es que la persona ha aprendido a desconectarse de sus emociones para evitar el dolor o el estrés.

Marcos acaba de enterarse de que su mejor amigo de la infancia ha fallecido. Mientras sus amigos cercanos lloran y están destrozados por la noticia inesperada, Marcos apenas siente nada. Sabe que debería estar triste, pero no es capaz de conectar con esa emoción. Asiste al funeral y se mantiene sereno y calmado, sin derramar una lágrima ni expresar mucho. Le preocupa mostrarse insensible, pero, en realidad, ha aprendido a desconectarse de sus emociones para evitar el dolor que ha arrastrado durante años.

El trauma de Marcos no es reciente: proviene de su infancia, cuando vivió la muerte de su padre siendo muy niño. En aquel momento, se sintió abrumado por la tristeza, pero no tuvo el apoyo emocional que necesitaba para procesarla adecuadamente. Su madre, que estaba lidiando con su propio duelo, le transmitió el mensaje de que tenía que ser «fuerte» y, por tanto, no mostrar esas emociones que podían hacerle parecer débil. Este patrón de reprimir el dolor y evitar confrontar sus emociones se consolidó con el tiempo. Cada vez que enfrentaba una situación emocionalmente intensa, su sistema nervioso activaba la respuesta de congelación, desconectándose para protegerse de revivir aquel sufrimiento no procesado.

En situaciones como esta, Marcos parece que está «bien», pero en realidad está profundamente desconectado. Su mente bloquea el acceso a sus sentimientos como un mecanismo de defensa, porque enfrentarse al dolor emocional le resulta abrumador, casi peligroso.

3. Falta de placer o disfrute

Las personas en un estado de congelación funcional pueden experimentar un estado de anhedonia, una incapacidad para sentir placer o disfrutar de las actividades que antes les resultaban placenteras. Aunque participen en actividades sociales, salgan con amigos o hagan lo que antes disfrutaban, se sienten desconectadas, como si estuvieran «observando» la vida desde lejos.

A Ana, por ejemplo, siempre le había encantado pintar. Y caminar por la montaña. Sentir el olor de los árboles, las pinceladas húmedas sobre el lienzo, la luz que se cuela entre las ramas.

Pero, últimamente, todo eso se ha vuelto como «plano». Sigue haciéndolo, acepta las salidas, prepara sus materiales, pero no siente nada.

Hace poco fue a una excursión con sus amigas. Todo era perfecto: el paisaje, el clima, la compañía. Pero, mientras caminaban, Ana se sentía en otro lugar. Como si estuviera viendo la escena desde fuera. No podía conectar con la belleza. Ni con la calma. Ni consigo misma.

Ese apagamiento no apareció de la nada. Venía de lejos. En los últimos años, Ana había sostenido demasiado: la pérdida de su trabajo, una ruptura que la rompió por dentro, la enfermedad de su madre. Todo sin parar. Sin descanso. Sin tiempo para digerir nada.

Desde niña aprendió a no molestar, a no mostrar debilidad, a seguir adelante. Y su cuerpo, sabio, hizo lo único que pudo: apagó el volumen de las emociones para no colapsar. Pero ese silencio emocional también se llevó consigo el placer. La capacidad de disfrutar. De sentir. De vibrar.

Ana no está vacía. Está desconectada. Y su incapacidad de sentir y disfrutar no es desinterés: es protección.

4. Fatiga y agotamiento emocional persistente

La congelación funcional o desconexión también puede manifestarse a través de una sensación de cansancio que no desaparece nunca. A pesar de dormir lo suficiente o no realizar actividades físicas extenuantes, la persona siente un agotamiento que no sabe de dónde nace realmente. Este puede ser el resultado de un sistema nervioso que ha estado en un modo «bajo mínimos» durante demasiado tiempo.

David no trabaja en una mina. No corre maratones. No tiene tres hijos ni una agenda imposible.

Se acuesta temprano, duerme sus horas, pero se despierta como si no hubiera descansado. Le cuesta concentrarse, pensar con claridad, incluso decidir qué comer. Todo le pesa. Todo le cuesta. Sus análisis médicos están bien. El estrés laboral es «normal». Pero David siente que hay algo más, que su cuerpo va con el freno de mano echado.

El origen de este cansancio no está en la cantidad de trabajo que realiza, sino en el estrés emocional y psicológico no procesado. A lo largo de su vida, David ha lidiado con años de presión laboral y expectativas elevadas. Desde su adolescencia, su familia le inculcó la importancia del éxito y la responsabilidad, lo que generó un patrón de autoexigencia que no le permite conectar profundamente con sus emociones. Para lidiar con esta situación, su cuerpo adoptó la respuesta de congelación como estrategia de supervivencia, y se «apaga» para evitar el colapso emocional.

Así, David se ha mantenido durante mucho tiempo en una especie de «pausa» interna. Aunque sigue cumpliendo con sus responsabilidades, su sistema nervioso está atrapado en un modo de conservación de energía, «bajo mínimos», para evitar enfrentar el agotamiento emocional acumulado.

La fatiga crónica que experimenta es una manifestación de la respuesta de congelación que su cuerpo ha adoptado como escudo, impidiéndole vivir con la vitalidad y la conexión que merece.

5. Dificultad para tomar decisiones

Cuando nos encontramos en un estado de congelación funcional, podemos tener problemas para tomar decisiones, sean simples o más complejas. Es posible sentir una especie de parálisis ante una elección, sentirnos incapaces de avanzar en diferentes ámbitos. La desconexión emocional y corporal impide que la persona se sienta lo bastante segura o conectada para tomar decisiones desde la claridad y la autoconfianza.

Carla está en un punto crucial de su carrera: debe tomar una decisión que podría marcar un cambio trascendental en su vida laboral. Ha recibido una oferta de trabajo, pero, aunque le ha dado vueltas y ha sopesado durante semanas los pros y contras, no se ve capaz de dar una respuesta. Pregunta a amigos y familiares, en busca de consejo y guía, pero, cuanto más analiza y sobrepiensa, más paralizada se siente. Incluso decisiones pequeñas, como qué camiseta ponerse o dónde ir a cenar un viernes por la noche, la abruman.

Esta parálisis proviene de una desconexión consigo misma que Carla ha experimentado a lo largo de su vida. Al crecer en un ambiente donde sus emociones e instintos eran invalidados con frecuencia, Carla ha acabado desconectándose de ellos, casi de manera inconsciente. Así, esto ha terminado por conformar una respuesta automática para lidiar con el miedo a equivocarse o a no cumplir con lo que se espera de ella. Todo ello la ha llevado a desarrollar una gran dependencia de la validación externa para sentirse segura en sus decisiones, a no confiar en su propia capacidad.

El miedo al fracaso ha mantenido a Carla en un estado de congelación funcional. Al no poder conectar con su verdadero sentir para guiarla, su sistema nervioso permanece sumido en la duda y una autoexigencia feroz, que buscan evitarle el dolor de la incertidumbre y la culpa.

6. Aislamiento social y emocional

Las personas sumidas en un estado de congelación funcional tienden a aislarse emocionalmente. Pueden participar en conversaciones o actos sociales, pero muchas veces permanecen emocionalmente ausentes. Esto les provoca un sentimiento de vacío y aislamiento, incluso cuando están en compañía de otras personas.

Sonia tiene pareja. Tiene amigas. Tiene familia. Y, sin embargo, se siente sola.

Hay momentos en los que le encantaría compartir lo que siente, pero las palabras no le salen. O no encuentra el momento. O algo por dentro se apaga antes de intentarlo.

Sabe escuchar a los demás, estar disponible, cuidar. Pero, cuando le toca mostrarse, se encoge. No porque no quiera. Sino porque algo en su cuerpo aprendió que abrirse es peligroso.

De pequeña, Sonia era sensible, intensa, emocional. Pero, cada vez que se expresaba, su entorno la hacía sentir como si hubiera algo mal en ella: «No es para tanto», «¡Qué exagerada!», «Deja de llorar por todo».

Así fue aprendiendo a guardárselo todo en su interior. A proteger su vulnerabilidad tras una sonrisa tranquila y una actitud fuerte. Y lo consiguió. Nadie nota su lucha interna.

Pero, por dentro, Sonia vive como si habitara una casa sin puertas: está dentro, pero incomunicada.

No está evitando la intimidad. Está congelada en la defensa. Y su aparente distancia es una forma muy sofisticada de proteger lo que más duele: su necesidad de conexión.

La desconexión se nota en cómo vivimos, sentimos o nos relacionamos, pero también **deja una huella real en el cuerpo**. Una marca que tal vez no se vea, pero que afecta a cómo funciona tu energía, tus hormonas, tu cerebro. Tu cuerpo no solo guarda y sabe tu historia, también la procesa día a día. Y lo hace como puede. **Vamos a ver qué ocurre dentro de ti cuando vives en modo congelación.**

El coste para el cuerpo de vivir desconectados

La congelación funcional, como hemos visto, a menudo pasa desapercibida. A diferencia de una crisis emocional visible o de un colapso físico, este estado permite que las personas sigan «funcionando» en la superficie, lo que a menudo retrasa la búsqueda de ayuda o la atención a los problemas subyacentes.

Pero, cuando una persona entra en un estado de congelación funcional, el impacto no solo es psicológico o emocional, sino que también tiene **profundas raíces en los procesos biológi-**

cos y fisiológicos del cuerpo. Aunque puede parecer que «funcionan» en la vida cotidiana, la realidad es que su cuerpo está en un modo de supervivencia mínima, donde las funciones esenciales se ven comprometidas, lo que puede tener efectos perjudiciales a largo plazo. Para entender esto, es crucial explorar lo que ocurre a nivel energético, celular y hormonal.

Mitocondrias y agotamiento energético: cuando tu cuerpo apaga las luces

Las **mitocondrias** son las «centrales energéticas» de nuestras células. Son las responsables de producir el ATP (adenosina trifosfato), una especie de «moneda energética» que el cuerpo necesita para funcionar: regenerar, pensar, moverse, digerir. Todo.

Sin embargo, cuando una persona está en un estado prolongado de congelación funcional, el estrés crónico afecta directamente a la capacidad de las mitocondrias para funcionar y le ordena al cuerpo que conserve energía. **Es como si bajara el interruptor general.**

En este estado, las mitocondrias reducen su producción de energía. El cuerpo empieza a racionar recursos para lo mínimo imprescindible, lo que genera un **agotamiento crónico**. Este ahorro extremo se convierte en una trampa. Porque, incluso si duermes, descansas o te alimentas bien, el cuerpo sigue funcionando en modo ahorro. No recupera. No se recarga. Y te sientes perpetuamente cansada, como si te pesara el alma.

Además, el estrés crónico asociado a la congelación funcional y sostenido en el tiempo libera continuamente cortisol y otras hormonas proinflamatorias, que deterioran las propias mitocondrias y aumentan el estrés oxidativo celular. **Es un bucle**

perverso: cuanto más agotada estás, menos energía puedes producir. Y cuanta menos energía tienes, más desconectada te sientes.

Dependencia de estimulantes en un cuerpo agotado

Cuando el cuerpo está exhausto, pero lo obligamos a seguir, a rendir, lo que hace es buscar atajos. Y los atajos suelen venir en forma de café, azúcar o cualquier cosa que despierte el sistema nervioso lo justo para seguir funcionando. **Es una dopamina de mentira, porque da la ilusión de energía, pero a cambio te deja más drenada que antes.**

El café, por ejemplo, bloquea la adenosina —la molécula que te dice «basta, descansa, escucha tu cuerpo»— y con eso silencia una señal de sabiduría interna. Durante un rato te sientes más alerta, más capaz. **Pero es solo una máscara. Tu sistema nervioso no ha recuperado energía: la ha hipotecado. Y sigues sacando a crédito.**

Y, así, muchas personas terminan dependiendo de estimulantes para sobrevivir al día. Y su cuerpo, atrapado en un bucle de congelación funcional, ya no recuerda cómo acceder a su energía real.

El problema es que ese préstamo energético tiene intereses muy altos: agota las reservas fisiológicas, sobrecarga las glándulas suprarrenales y perpetúa la desconexión con el cuerpo.

Esto, por supuesto, no significa que el café sea el enemigo, pero, cuando se convierte en la única vía para arrancar el día, cuando deja de ser un disfrute y se transforma en un sostén, dejamos que el cuerpo cumpla la función que venido a desempeñar. Porque, en lugar de escucharlo, aprendemos a silenciarlo.

Lo que necesitamos no es más estímulo. Es más reconexión. No es fuerza de voluntad lo que falta. Es restauración.

Cortisol y adrenalina: los saboteadores invisibles

En el corazón de la congelación funcional también hay **un sistema endocrino desbordado**. El cortisol, esa hormona del estrés que tantas veces hemos escuchado nombrar, es una de las hormonas clave implicadas en este proceso. El cortisol fue diseñado para salvarnos. Nos da energía rápida, enfoque, fuerza. Pero lo que fue creado para momentos puntuales se ha vuelto permanente.

Cuando vives con el sistema nervioso en alerta constante, aunque por fuera parezcas calmada, tu cuerpo sigue liberando cortisol. Día tras día. Esta sobrecarga no solo agota, también desregula. Afecta al sistema inmune, genera inflamación crónica, daña las mitocondrias y altera la producción de serotonina y dopamina, sustancias que nos conectan con el bienestar, el deseo y la motivación.

Con el tiempo, muchas personas desarrollan resistencia al cortisol. El cuerpo lo sigue produciendo, pero las células ya no responden. **Es como gritar en una habitación insonorizada: nadie escucha.** Entonces aparece el cansancio que no se quita ni con sueño, la neblina mental, la desgana.

A eso se suma la adrenalina, la hormona de la lucha-huida. Cada vez que tiramos de café, de presión interna, de urgencia…, la adrenalina aparece. Y sí, nos da un empujón. Pero, después, siempre viene la caída. Este vaivén químico no es sostenible, crea un ciclo de fatiga y dependencia: después del subidón de adrenalina, el cuerpo cae en un estado de agotamiento más profundo. **Es una rueda de hámster.**

Cómo tus neurotransmisores sabotean tus emociones

La desconexión no solo se nota en el cuerpo, se imprime en tu bioquímica. Cuando estás congelada, tu sistema nervioso no solo ralentiza el movimiento, también altera tus emociones. **Tus neurotransmisores, los mensajeros químicos que regulan tu ánimo, motivación y capacidad de sentir placer, empiezan a desorganizarse.**

La **dopamina** es una especie de interruptor que regula la motivación y el impulso para hacer cosas. Te da energía, deseo, motivación. Es lo que hace que te levantes con ganas, que empieces un proyecto, que sientas ilusión. Pero, **en la congelación funcional, esa chispa se apaga**. El cuerpo prioriza la producción de cortisol y adrenalina para «sobrevivir», y deja de lado el sistema del placer y la motivación. Así, cada vez cuesta más arrancar el día. Todo se siente plano. Nada ilusiona. Las cosas que antes te hacían vibrar ya no mueven nada por dentro. No es flojera. Es biología.

La **serotonina**, que actúa como una especie de botón de frenado, también cae. Esta sustancia regula el estado de ánimo, calma el sistema, ayuda a dormir, da claridad y concentración. Pero, cuando el cuerpo está congelado, la serotonina no fluye. Y entonces aparece la tristeza sin causa aparente, la apatía, la sensación de no poder disfrutar ni siquiera de lo que antes te daba alegría.

Y luego están las **endorfinas**, conocidas como las «moléculas del bienestar». Alivian el dolor, te conectan con el placer y te hacen sentir a salvo en ti. En congelación funcional, su producción también se ve afectada. Todo molesta. Todo pesa más. Y el cuerpo pierde una de sus principales herramientas para reducir el malestar.

En suma, no es que no quieras disfrutar. Es que tu neuroquímica te está diciendo que no es seguro hacerlo.

El impacto global en el cuerpo

La congelación funcional no es solo un estado del sistema nervioso. Es una crisis energética, emocional y existencial. Es como si el cuerpo hubiese bajado la persiana para protegerse y hubiese apagado todas las luces.

El ciclo es autoalimentado, como en una especie de círculo vicioso: las células no producen suficiente energía, lo que provoca agotamiento; el cansancio nos lleva al uso de estimulantes para compensar, lo que desregula aún más el sistema nervioso; el cortisol y la adrenalina mantienen al cuerpo en un estado de alerta, pero sin la capacidad para recuperarse, los neurotransmisores se desequilibran, lo que nos lleva a la falta de motivación, placer y claridad emocional. **El cuerpo no se siente, las emociones no se procesan, y la vida se convierte en un «ir tirando».**

Todo esto perpetúa ese estado de desconexión y agotamiento del que ya hemos hablado, atrapándonos en una espiral de fatiga física y emocional.

> La congelación funcional es, en muchos sentidos, el resultado de un sistema nervioso y energético que ha sido forzado a operar por encima de su capacidad durante demasiado tiempo.

Para salir de este estado, necesitamos restaurar el equilibrio en todos estos niveles: **mitocondrial, hormonal y emocional**. Solo entonces el cuerpo podrá recuperar su capacidad de autorregulación y salir de la parálisis en la que ha estado atrapado.

Este ciclo de agotamiento crónico y desconexión también tiene profundas implicaciones en tu soberanía personal y empoderamiento.

Cuando el cuerpo queda atrapado en esta espiral de falta de energía, sobrecarga de estimulantes, desregulación hormonal y desequilibrio de neurotransmisores, perdemos la conexión esencial con nosotras mismas. Ya no sabes lo que necesitas. Tomas decisiones desde el agotamiento.

Cuando los niveles de dopamina están crónicamente bajos, como sucede en la congelación funcional, el sistema de recompensa del cerebro entra en crisis. Y, como no puede producir suficiente dopamina de forma natural, empieza a perseguir pequeñas recompensas externas que le den un subidón rápido. Y así es como acabas atrapada en un ciclo de gratificación instantánea: una pastilla para dormir, *scroll* eterno en redes sociales, compras compulsivas que calmen tu ansiedad, una relación que tape el vacío. Una tableta de chocolate. No porque seas débil. Sino porque tu neuroquímica está intentando autorregularse como puede.

Es un intento desesperado del sistema por recuperar algo de motivación, algo de placer y de equilibrio. Pero son subidones de corta duración. Porque lo que está roto no es el deseo, sino el circuito que lo sostiene. Nada llena, nada cambia. Porque el problema no está afuera.

Muchas personas en este estado **se sienten desempoderadas, incapaces de tomar decisiones desde la claridad o de acceder a un estado de bienestar** que merecen y al que pueden acceder.

En lugar de ser capaces de escuchar las señales de su cuerpo y responder con presencia, recurren a soluciones rápidas que no reparan, solo anestesian, como hemos visto.

Este ciclo, donde el cuerpo permanece atrapado en alerta sin capacidad de restauración real, convierte a las personas en prisioneras de su propia biología. En ese estado de congelación funcional, se pierde la conexión con la energía vital. Y, sin energía, se apaga el deseo. La claridad. El poder personal.

Cuando no puedes acceder a tus emociones ni escuchar a tu cuerpo, las decisiones ya no nacen de ti. Se vuelven reacciones automáticas de supervivencia. En vez de sintonizar con lo que necesitas, te desconectas aún más, buscando fuera lo que solo puede repararse dentro.

> Recuperar el empoderamiento y la soberanía personal implica romper con este círculo vicioso.

Romper con este ciclo, por supuesto, no es fácil, **pero es posible**. Recuperar tu soberanía personal no pasa por hacer más, sino por volver a sentir. Aprender a escuchar los mensajes de tu cuerpo, regular tu sistema nervioso y nutrirte de manera que honre tu biología. No necesitas más fuerza de voluntad. Necesitas reparar la vía dopaminérgica. **Y eso no se consigue con más exigencia, sino con más presencia, volviendo a ti.**

Esa capacidad de autorregulación siempre ha estado ahí. Solo espera que la recuerdes. **La clave está en volver a ti: reconectar con tu cuerpo, con tus emociones y con esa capacidad innata de sanación que siempre ha estado ahí.**

Solo desde ahí puedes recuperar tu soberanía, ser la dueña de tu bienestar y romper el ciclo de dependencia que nos han enseñado a normalizar. Al hacerlo, recuperas tu poder personal, en un mundo que muchas veces se alimenta de mantenerte desconectada de tu propia verdad. **Cuando vuelves a ti, el mundo ya no tiene poder sobre ti.**

Algunas formas de obtener dopamina sana, lenta y nutritiva

- **Muévete con placer, no con exigencia**
  Baila, camina descalza por la naturaleza, estírate con presencia. Estas son formas de decirle a tu cuerpo: «Estoy contigo». El movimiento consciente activa tu energía sin drenarte.
  Aquí encontrarás una *playlist* que espero que te inspire:

  www.tucuerposabetuhistoria.com/recursos

- **Toma el sol con intención**
  La luz natural, especialmente al despertar, ayuda a tu cuerpo a regular su ritmo interno, mejora tu estado de ánimo y despierta esa chispa vital que tanto anhelas. Es una forma de volver a sintonizar con la vida.

- **Celebra tus logros, aunque sean pequeños**
  Terminar esa tarea que posponías, preparar tu comida con mimo o simplemente haber descansado por la noche: todo eso cuenta. La dopamina se activa cuando reconoces lo que sí logras, sin juicio.

- **Busca contacto físico seguro y presente**
  Un abrazo de esos de verdad, un masaje, achuchar a tu mascota o simplemente apoyar tu mano sobre el corazón. El cuerpo se relaja cuando se siente tocado con respeto y con presencia, y ahí florece la química del bienestar.
- **Respira lento, como si cada inhalación fuera un regreso a casa**
  La respiración consciente activa el nervio vago, ancla tu presencia y recuerda al cuerpo que no necesita correr para estar a salvo.

  Aquí encontrarás una práctica de *breathwork* para activar conscientemente tu sistema nervioso parasimpático y ayudarte a entrar en un estado de calma y restauración:

www.tucuerposabetuhistoria.com/recursos

- **Permítete jugar**
  El juego reactiva la motivación y la alegría de vivir. Señaliza seguridad en nuestro cuerpo, porque, si estamos jugando, es porque no hay ninguna amenaza presente o cercana.

  Jugar puede ser:

  - Probarte ropa sin intención de comprar nada, solo por divertirte.
  - Pintar con los dedos, sin buscar que quede bonito.
  - Cocinar sin receta y dejarte sorprender.
  - Imitar voces o bailar como si nadie te mirara (y, si alguien te mira, que se contagie).
  - Reírte de ti misma cuando la cagas.
  - Decir tonterías con una amiga y llorar de risa.
  - Inventarte un personaje y hablar sola por la casa siendo ese personaje.

- O, simplemente, permitirte no saber y explorar algo nuevo con curiosidad, sin exigencia.

  El juego es medicina para el sistema nervioso. Es una forma de volver a la vida. De decirle a tu cuerpo: «Ahora no estamos sobreviviendo. Ahora podemos disfrutar».

- **Nutre tu cuerpo con lo que le da raíz**
  Tu cuerpo necesita materia prima para crear bienestar. Alimentos ricos en **tirosina**, un aminoácido clave para la producción natural de dopamina, pueden ayudarte a recuperar energía, motivación y placer de un modo sostenible. No se trata de hacer dieta ni de obsesionarte con lo «saludable», sino de comer de forma que nutra tu sistema nervioso y te devuelva a ti.

  Incluye en tus días cosas como:

  - Aguacate y plátano (además de ricos en tirosina, son reconfortantes y fáciles de digerir).
  - Semillas de sésamo, calabaza y girasol.
  - Almendras, nueces y anacardos.
  - Chocolate negro (con alto porcentaje de cacao, sin culpa y con placer).
  - Huevos y pescados como el salmón o las sardinas.
  - Lentejas, garbanzos y otros alimentos ricos en proteínas vegetales.
  - Verduras de hoja verde, como espinacas o kale.
  - Té verde, por su contenido en L-teanina, que también apoya el equilibrio neuroquímico.

  Comer bien no es solo un acto físico: **es una forma de vínculo contigo**. Es una manera de decirte: «Te sostengo», «Te escucho», «Te mereces lo que te nutre».

Tu dopamina no necesita cafés o *scrolls* infinitos. **Necesita cuidado, contacto y presencia.**

- **Cuida tu descanso como si fuera sagrado**
Tu cuerpo no puede descansar si no sabe que puede hacerlo. Parece una obviedad, pero no lo es. El sistema que regula el descanso profundo, la digestión, la reparación celular... necesita señales claras para activarse. Y una de las más potentes es la luz. Tu cuerpo necesita saber que es de noche.

Cuando cae la tarde y aparece esa luz rojiza del atardecer, el cuerpo lo interpreta como una señal ancestral: «Puedes parar, ya terminó el día, estás a salvo». Es como si el sistema nervioso soltara un suspiro. Y tal vez por eso nos quedamos tan hipnotizadas mirando una puesta de sol. Hay algo profundamente místico y reparador en ella. Creo que no es solo belleza: es biología. Es el sistema nervioso entrando en coherencia. Es la tierra diciéndote: «Es hora de volver a casa».

En esos minutos dorados, todo se ralentiza. La mente baja el volumen. El cuerpo suelta la tensión y se sincroniza contigo algo más grande: tu ritmo interno empieza a alinearse con el pulso del planeta.

Por eso, cada vez que te regales el silencio de un atardecer, recuerda: **estás recordando quién eres.** Estás entrenando a tu cuerpo a sentirse seguro de nuevo. Estás entrando en el espacio donde la regeneración es posible.

En ese momento empieza a liberar melatonina, una hormona que no solo nos da sueño, sino que inicia un montón de procesos de regeneración y reparación.

¿El problema? Que la mayoría de nosotras seguimos frente a pantallas o con luces blancas que le dicen a nuestro cerebro lo contrario: sigue activa, aún es de día. La luz azul de las pantallas de móviles, ordenadores o lámparas frías inhibe la producción de melatonina y dificulta el acceso al descanso profundo. El cuerpo se queda en modo alerta, aunque estés en la cama con los ojos cerrados.

Por eso, si sientes que duermes pero no descansas, si te levantas más cansada que cuando te acostaste, es probable que tu cuerpo no haya podido entrar en modo reparación.

Pequeños gestos pueden cambiarlo todo:

- Apaga las pantallas al menos dos horas antes de dormir.
- Usa luces cálidas por la noche (o enciende una vela).
- Regálate oscuridad. Silencio. Un espacio suave antes de dormir.

Dormir bien no debería ser un lujo. Es una forma de volver a ti y de honrar tu biología.

Práctica somática: creando seguridad interna

Esta práctica es una invitación a reconectar con tu cuerpo desde un lugar de presencia y cuidado. Puedes acudir a ella siempre que necesites volver a ti. No hay una forma correcta de hacerla: solo escucha lo que necesites y date permiso para sentir, sin exigencias. Cada vez será distinta, y eso está bien.

1. **Encuentra un lugar tranquilo y sin interrupciones.**
   Siéntate o túmbate, como prefieras. Asegúrate de que el espacio te sostiene: puede ser un rincón con una manta, una silla donde te sientas recogida o tu cama al final del día. Lo importante es que puedas estar contigo sin distracciones.

2. **Conecta con tu respiración.**
   Cierra los ojos y lleva la atención a tu respiración.
   Inhala por la nariz, dejando que el aire te llene suave y profundo.

Exhala por la boca con un pequeño suspiro.

Hazlo tres veces más, permitiendo que el cuerpo empiece a soltar.

3. **Toca tu cuerpo con presencia.**

Coloca una mano sobre el pecho y otra sobre el vientre.

Siente el calor de tus manos.

Permítete sentir cómo te respiras.

A veces, este gesto tan simple ya empieza a abrir la puerta a la seguridad. No hagas nada más. Solo quédate ahí un momento, contigo.

4. **Deja que el cuerpo sepa que está sostenido.**

Lleva tu atención a los puntos donde tu cuerpo se apoya.

¿Puedes notar cómo el suelo te sostiene? ¿Cómo no tienes que hacer nada para estar aquí?

Repite dentro de ti:

«Estoy aquí. En mi cuerpo. Y está bien estar aquí».

Si aparece incomodidad, no la rechaces. Nómbrala, respírala y vuelve a los puntos de contacto.

5. **Escucha tu cuerpo, parte por parte.**

Empieza por los pies.

Siente. Observa. ¿Hay cosquilleo, tensión, calma?

Sube lentamente: piernas, pelvis, abdomen, pecho, brazos, cuello, cara...

Sin prisa. Solo observa.

Si hay zonas tensas, lleva allí tu aliento. Imagina que el aire te masajea desde dentro.

6. **Invoca tu recurso de seguridad.**

Ahora piensa en algo o alguien que te haga sentir profundamente en paz.

Un lugar, una persona, un recuerdo...

Imagina que estás ahí.

¿Qué cambia en tu cuerpo?

¿Hay una parte donde sientas más esa calma? Quédate ahí. Respira.

Deja que esa sensación se expanda como una ola suave por todo tu cuerpo.

7. Cierra con cariño.

Haz tres respiraciones profundas más.

Pásate las manos suavemente por la cara, como si tocaras con mucha ternura un bebé.

Acariciate los brazos, las piernas. Envolviéndote en tu propio cuidado.

Cuando estés lista, abre los ojos despacito y mira a tu alrededor. Oriéntate en el espacio. Estás en tu lugar seguro. Estás segura ahora.

Esta práctica es un anclaje. Un pequeño ritual para recordarle a tu sistema nervioso que puedes sentirte a salvo en ti. Que puedes volver.

Puedes escuchar la práctica guiada por mí aquí:

www.tucuerposabetuhistoria.com/recursos

El camino hacia tu seguridad interna

Uno de los primeros pasos para restaurar la autorregulación es aprender a escuchar al cuerpo. Algo que debería ser natural, instintivo, pero que, para muchas de nosotras, se ha vuelto un territorio desconocido. Escucharte requiere tiempo, práctica... y paciencia. **No es fácil cuando has aprendido a sobrevivir desconectándote.**

Esta práctica de volver a ti implica empezar a notar las señales que tu cuerpo te da: tensión en el cuello, estómago cerrado, falta de aire, insomnio, rigidez. Son formas en que tu cuerpo dice: «Algo no está bien». A través de herramientas como la respiración consciente, el movimiento suave o la exploración somática, puedes empezar a liberar esa energía estancada y dar espacio para que el cuerpo vuelva, poco a poco, a su equilibrio natural.

Y no estás sola en esto. La corregulación con otras personas es clave. Estamos diseñadas para sanar en vínculo, en tribu. La presencia de alguien que te sostiene con seguridad y ternura, una amiga, una terapeuta, una pareja que no exige, puede ayudar a que tu sistema nervioso baje la guardia.

> Es en el cuerpo de otro donde muchas veces empezamos a sentir que es posible volver al nuestro.

La regulación del sistema nervioso no es solo un proceso biológico. Es la base sobre la que se construye la sensación más profunda de seguridad interna.

Cuando estamos reguladas, sentimos que podemos enfrentar la

vida con más claridad, más confianza, más presencia. Nuestro sistema se adapta con flexibilidad a los desafíos. Vivimos en casa dentro de nosotras.

Pero, si nunca has sentido lo que es vivir en un cuerpo seguro, esa apertura puede sentirse, paradójicamente, amenazante. Esto tiene sentido desde la biología.

Muchos eventos traumáticos nos ocurren en estados de apertura: cuando éramos niñas, cuando estábamos relajadas, cuando confiábamos. El cuerpo, que es sabio, registra eso. Y, para protegernos, empieza a cerrar. Tensión, control, alerta constante. Así empieza la confusión interna: relajarte parece peligroso, estar abierta se siente como un riesgo. **No es que no quieras abrirte. Es que tu cuerpo aprendió que abrirse *duele*.**

Así se construye el mapa del trauma: como un manual de instrucciones que dice: «Mantente cerrada, no te relajes, ahí es donde ocurrió el daño».

Y, aunque esa estrategia te salvó en su momento, hoy te impide vivir plenamente. Te impide confiar, amar, descansar. El reto ahora es reeducar a tu cuerpo para que entienda que ahora sí es seguro abrirse. Que el entorno ha cambiado. **Que tú has cambiado.**

Pero esto no se fuerza. No puedes obligarte a confiar. No puedes imponerte sentirte a salvo. Lo único que puedes hacer es empezar donde estás, con el cuerpo que tienes, con los recursos que tienes hoy.

Pequeños pasos. Pequeños síes. Respiraciones que dicen: «No hay prisa, estoy contigo». «Déjame ayudarte a sentirte un poco más segura. Solo eso por ahora. Estoy aquí contigo».

Cada vez que haces esto, aunque sea por unos segundos, estás enseñándole a tu cuerpo una nueva posibilidad. Estás creando un nuevo mapa. Una nueva referencia de seguridad que no existía.

Y llega un momento (no se sabe cuándo, pero llega) en que tu cuerpo empieza a relajarse sin miedo. En que se siente seguro… de sentirse seguro. Y entonces todo cambia.

**Porque, cuando tu cuerpo se abre,
la vida también se abre contigo.**

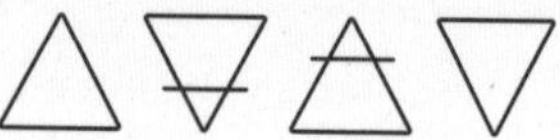

Quizá, ahora que tu cuerpo ha recibido estas palabras, puedas regalarte un instante para sentir.

Antes de seguir leyendo, te invito a hacer una pausa. Estas preguntas no son para responder desde la mente, sino para dejar que tu cuerpo responda. Sin juicio, sin prisa. Solo curiosidad y presencia.

- ¿Hubo algún momento en tu vida en el que, justo cuando te sentías tranquila, relajada o confiada, algo doloroso ocurrió? ¿Cómo marcó ese instante tu relación con la relajación y la apertura?
- ¿Qué señales aparecen en tu cuerpo cuando empiezas a soltar el control o a relajarte? ¿Surge alguna tensión repentina, una alerta inesperada, pensamientos que no te permiten quedarte ahí?
- ¿Qué partes de ti sientes que todavía están cerradas como forma de protección? ¿Qué crees que pasaría si esas partes se abrieran?
- ¿Qué gesto pequeño, tierno y posible podrías ofrecerte hoy para empezar a crear una nueva experiencia de seguridad, sin exigencia, solo escuchando lo que tu cuerpo necesita?

No necesitas responderlo todo ahora. Tal vez solo elegir una pregunta y dejar que se pose como una semilla. Tu cuerpo sabrá si es el momento de abrirla.

____

____

____

____

____

____

En los últimos capítulos hemos explorado los fundamentos de la **biología del trauma**: cómo el cuerpo responde al trauma. No como un suceso puntual, sino como una experiencia que fractura la sensación de seguridad y nos desconecta de nuestra raíz y nuestra esencia. Hemos visto que el trauma no se mide por lo que pasó, sino por lo que el cuerpo no pudo sostener, por todo aquello que quedó interrumpido, sin cerrar.

Ahora sabes que muchas veces no era *flojera* ni *drama*: era tu cuerpo protegiéndote. Era tu sistema nervioso haciendo lo mejor que sabía con lo que tenía. Y que no estabas rota, solo habías perdido el camino de regreso a ti.

A partir de aquí, entramos en un territorio aún más íntimo: el de los vínculos. El trauma no solo se aloja en los músculos o en nuestra respiración; también moldea cómo miramos, cómo pedimos, cómo amamos, cómo nos defendemos de lo que más anhelamos.

En los siguientes capítulos exploraremos cómo estas huellas afectan a nuestra forma de relacionarnos, y cómo, a través del cuerpo, podemos empezar a **abrir espacio a relaciones más auténticas, más seguras, más profundas y conscientes**.

8

LAS RESPUESTAS TRAUMÁTICAS: CÓMO NUESTRO SISTEMA NERVIOSO NOS PROTEGE

«El trauma en una persona, descontextualizado con el tiempo, parece personalidad. El trauma en una familia, descontextualizado con el tiempo, parecen rasgos familiares. El trauma en un pueblo, descontextualizado con el tiempo, parece cultura».

RESMAA MENAKEM

¿Cuántas veces te has preguntado
por qué reaccionas como reaccionas?
¿Por qué te quedas callada cuando sientes
un fuego en el vientre que quiere gritar?
¿Por qué escapas cuando lo que
más anhelas es quedarte?
¿Por qué dijiste «sí» cuando lo que sentías
era un rotundo «no»?

Lo que identificamos como «quiénes somos» a menudo es en realidad una colección de respuestas automáticas que desarrollamos para protegernos cuando no teníamos recursos, ni apoyo, ni espacio seguro. Estrategias que surgieron en momentos en los que no había otra opción. No son decisiones racionales. Son automatismos profundamente grabados en nuestro sistema nervioso. El problema es que, cuando se vuelven crónicas, dejan de ser una respuesta adaptativa y se convierten en una forma de ser y en una forma de vida. Y ahí es donde empezamos a confundir trauma con personalidad. **Esas estrategias, aunque útiles en su momento, nos condicionan, nos limitan y nos desconectan de nuestra verdadera esencia.**

¿Qué pasaría si comenzaras a ver tus patrones como intentos de tu cuerpo para mantenerte a salvo?

Cómo el sistema nervioso aprende a protegernos

Desde que somos niñas, nuestro cuerpo está programado para buscar una sola cosa: sentir seguridad. Cuando las personas que nos cuidan están presentes, son amorosas, coherentes…, nuestro sistema nervioso lo capta. Lo registra como una referencia. Como una señal de que es posible confiar, soltar, abrirnos. Eso le da flexibilidad. Le permite adaptarse a lo que ocurre sin colapsar, sin tener que ponerse en guardia.

Pero, cuando ese entorno fue impredecible, frío, distante, ausente o directamente doloroso, el cuerpo aprendió otra cosa: que tenía que sobrevivir y protegerse. Que no podía confiar. Que lo mejor era mantenerse alerta. Replegarse. Controlar. Desaparecer. Lo que hiciera falta para seguir viva.

Y así es como se activa el modo supervivencia.

En lugar de responder con fluidez a la vida, sentir, accionar, descansar, vincularnos, empezamos a funcionar desde respuestas automáticas que alguna vez nos ayudaron a navegar lo que no podíamos procesar.

Lucha.
Huida.
Congelación.

Cuando esas respuestas no encuentran una vía para resolverse, se quedan dentro de nosotras. Se vuelven formas de estar en el mundo. Y desde ahí… nos relacionamos. Desde ahí amamos, trabajamos, discutimos, nos defendemos, nos cerramos, o simplemente… dejamos de sentir.

Quiero mostrarte al detalle cómo funciona este mecanismo, para que empieces a reconocerlo en ti sin culpa y sin juicio. Para que entiendas que detrás había una gran inteligencia y que fue tu manera de protegerte. Quizá te veas reflejada en alguna de estas fases. Quizá, por primera vez, puedas ponerle nombre a lo que llevas años sintiendo.

Vamos paso a paso.

Ciclo de las respuestas traumáticas

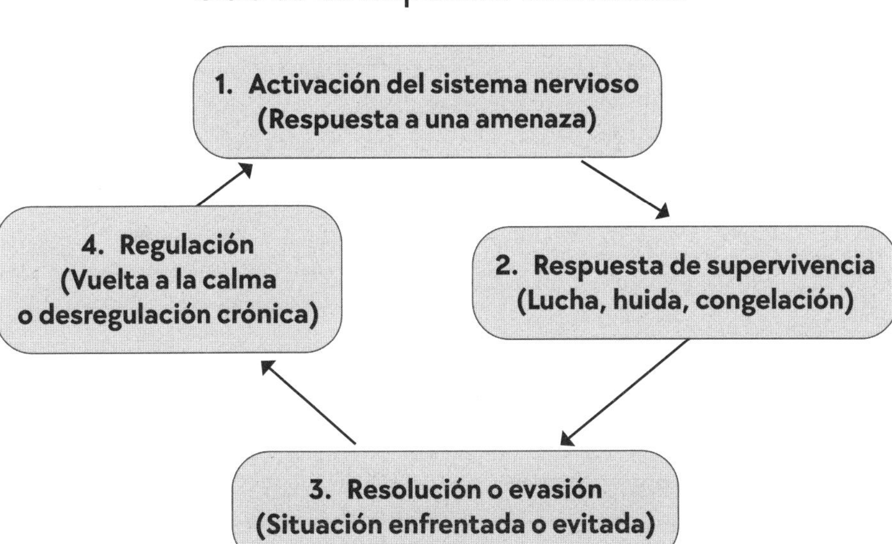

Fase 1: activación (percepción de amenaza)

Tu sistema interpreta que algo no está bien. No importa si es real o simbólico, si está pasando ahora o es solo un eco del pasado. Si se siente como amenaza, el cuerpo reacciona.

Ahí se activan las respuestas del sistema simpático (lucha o huida) o del parasimpático dorsal (congelación).

Ejemplo cotidiano: escuchar un tono de voz elevado puede traerte de vuelta, sin darte cuenta, a un conflicto antiguo que todavía vive en tu cuerpo.

Fase 2: respuesta de supervivencia (lucha, huida o congelación)

Sin que intervenga tu pensamiento, el cuerpo elige cómo protegerse:

- **Lucha:** te pones tensa, quieres controlar, sientes la urgencia de reaccionar, discutir o imponerte.
- **Huida:** te alejas, cambias de tema, te vas física o emocionalmente.
- **Congelación:** te desconectas. No sabes qué decir. No sientes. Te apagas por dentro.

Nada de esto es consciente. No es una decisión. Es un reflejo. Es tu sistema haciendo lo que sabe hacer: mantenerte a salvo.

Fase 3: resolución o fijación

Si después de esa amenaza hay un espacio seguro (para llorar, temblar, hablar, moverte), el sistema puede descargarse. Vuelve a su centro. Se regula.

Pero si no hay espacio... Si tuviste que seguir como si nada. Si te tragaste el llanto. Si nadie te sostuvo... Entonces esa respuesta se queda en tu cuerpo.

No se completa. Se congela. Y se convierte en un patrón.

Fase 4: impacto a largo plazo

Con el tiempo, lo que fue una reacción puntual se convierte en tu manera de estar en el mundo.

No lo llamas respuesta traumática. Lo llamas «Yo soy así»:

- Ansiedad constante (lucha).
- Evitación emocional o distancia (huida).
- Apatía, desconexión o vacío interno (congelación).

No lo eliges. Pero lo repites, una y otra vez, porque tu cuerpo aún no ha sentido que ya es seguro soltar.

Fase 5: intervención y regulación

Aquí empieza lo que tal vez nunca te enseñaron: que **puedes salir de ahí**. Tu cuerpo puede aprender otra forma. Pero no lo hará desde la exigencia. Lo hará desde la presencia. Desde el permiso. Desde el cuidado. Y, sobre todo, desde la seguridad.

Con prácticas somáticas, con vínculos que sostienen, con tiempo y espacio para sentir…, el sistema empieza a confiar. Y, cuando confía, se regula. Cuando se regula, se abre. Y, cuando se abre, vuelve a ti.

No pasa de un día para otro. Pero pasa. Y, cuando sucede, algo muy profundo en ti vuelve a respirar.

> Tu sistema nervioso no está intentando dañarte,
> sino todo lo contrario:
> busca protegerte.

Estas respuestas que hoy te duelen, te frustran, te limitan y probablemente te molestan, en otro momento fueron la única forma de sobrevivir. Y honrarlas es el primer paso para transformarlas.

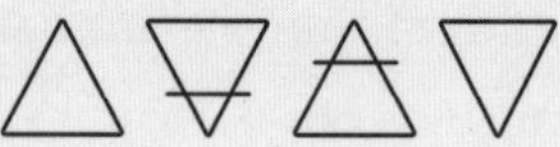

Antes de seguir leyendo, te invito a hacer una pausa. Cierra los ojos si puedes. Inhala. Exhala. Y observa qué sientes al preguntarte:

- «¿Qué creencias sobre mí misma podría haber formado desde estas respuestas automáticas?».
- «¿Qué parte de mí aprendió a protegerse así?».
- «¿Qué respuesta me acompaña desde hace tanto que ya la confundí con mi forma de ser?».
- «¿Qué patrones sigo repitiendo, aunque ya no los necesite?».
- «¿Qué necesidad profunda quedó sin atender, y todavía hoy busca alivio a través de estos patrones?».
- «¿Qué historia de mi cuerpo merece ser escuchada... en vez de ser corregida?».

No se trata de eliminar estas respuestas. Se trata de reconocer desde dónde vienen. Antes de sumergirnos en cada una de las respuestas de supervivencia, hay algo importante que quiero que tengas muy presente: estas respuestas no son el problema. Son parte de tu sabiduría biológica.

La lucha puede ser una expresión de fuerza y claridad cuando nace desde un sistema regulado, en seguridad. Puedes poner límites, sostener tu verdad, defender lo que amas... sin necesidad de atacar ni cerrarte.

La huida puede ser una elección sabia cuando sabes que ese lugar o ese vínculo ya no es seguro para ti.

Y congelarte, hacer una pausa, recogerte, respirar puede ser una respuesta adaptativa que te da espacio para no reaccionar desde la impulsividad.

> El problema no es la respuesta. Es el estado interno desde donde se activa.

¿Está tu cuerpo respondiendo al presente, o reaccionando desde lo que aún no pudo cerrar del pasado? Cuando estas respuestas vienen desde un cuerpo presente, conectado, con margen de elección, son saludables.

Pero, cuando se activan desde la amenaza, de forma automática, sin margen, sin conciencia, se convierten en patrones que nos limitan, que nos aíslan, que nos desconectan de quienes somos en esencia.

Por eso, en este capítulo no vamos a juzgarlas. Vamos a explorarlas. A escucharlas. A entender qué intentan decir. **Debajo de cada reacción hay una historia. Y, debajo de esa historia, una necesidad que tal vez nunca fue atendida.**

Por eso no vamos a demonizarlas. Vamos a entenderlas. Vamos a explorarlas desde la raíz, desde su función, desde lo que intentan proteger. Y, sobre todo, vamos a distinguir si están actuando desde la memoria del pasado o desde la presencia del presente.

Respuestas traumáticas derivadas de la lucha, huida y congelación

En este capítulo, desenmascararemos estas respuestas, explorando cómo se manifiestan, qué historias cuentan y cómo podemos empezar a transformarlas desde ya.

Es fácil confundir ciertos comportamientos con quiénes somos realmente, pero muchas veces lo que creemos que es nuestra personalidad no es más que una respuesta de supervivencia. **Lucha, huida o congelación no solo son reacciones ante una amenaza, también se convierten en máscaras**, como las calificó Jung, que llevamos puestas tanto tiempo que olvidamos que están ahí. Vamos a desvelarlas para que empieces a ver qué hay detrás de esos patrones que te han acompañado durante tanto tiempo.

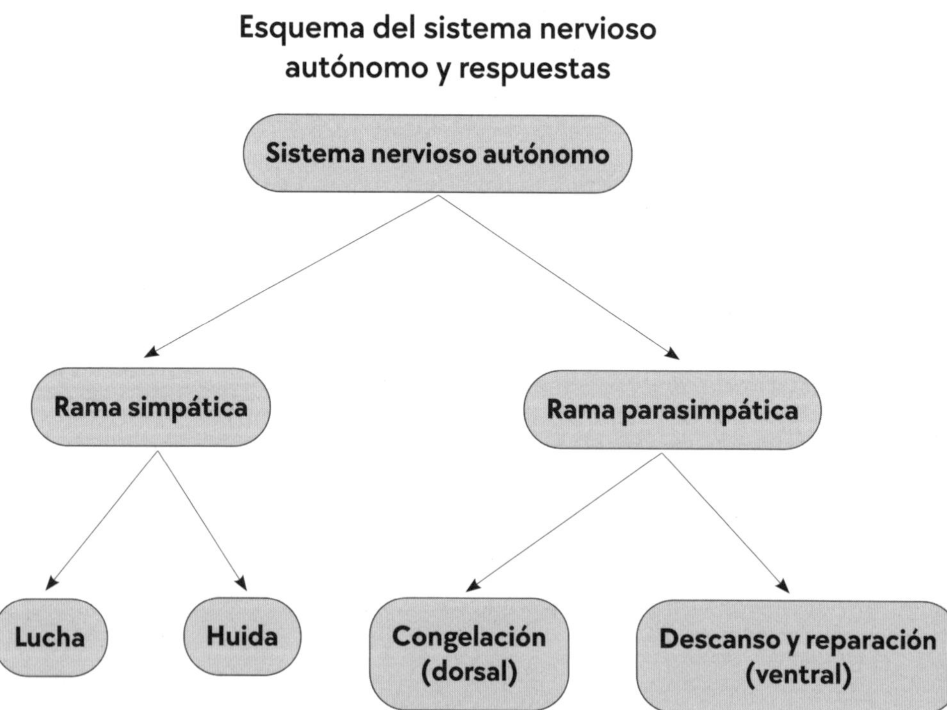

1. Lucha: la necesidad de controlar

Cuando hablamos de lucha, no me refiero solo a pelear o discutir. Luchar puede ser ese estado interno de tensión permanente. De querer preverlo todo. De hacer listas mentales. De cargar con el mundo. De no soltar nunca.

En su raíz más profunda, la lucha es una respuesta de activación. Es tu sistema nervioso simpático diciendo: «Hay peligro. Tienes que hacer algo. No te relajes». Y, cuando esa respuesta se queda fija, cuando no se resuelve…, se transforma en una necesidad de controlar.

El control se vuelve un refugio. Una estrategia que te da la ilusión de que, si todo afuera está en orden, entonces tal vez tú también lo estés.

La ilusión del control: hipervigilancia y miedo a soltar

Si creciste en un entorno impredecible, donde el caos era parte del paisaje, es muy probable que tu sistema aprendiera que estar en control era la única forma de sentirte medianamente a salvo.

Organizas, planificas, anticipas. No porque seas «maniática», sino porque tu cuerpo no sabe cómo relajarse en la incertidumbre.

El control es una respuesta que surge como mecanismo de defensa ante el trauma. El control se convierte en un intento desesperado de evitar la vulnerabilidad. Porque soltar da miedo. Soltar es quedarte expuesta. Soltar es confiar. Y, si alguna vez confiaste y te fallaron…, tu sistema aprendió a no volver a hacerlo.

Entonces, sin darte cuenta, todo lo que haces —desde lo más pequeño hasta tus vínculos más íntimos— se filtra a través de esa necesidad de estar por delante de lo que pueda pasar.

Cuando en la infancia vivimos entornos caóticos —con gritos, ausencias, agresividad, cambios bruscos de humor, problemas económicos, adicciones o padres impredecibles—, algo muy profundo en nosotras se rompe.

Es ese impulso de hacerlo todo tú, de no soltar nada porque, si lo haces, algo se derrumba. Y detrás de esa necesidad de tenerlo todo en orden, lo que suele haber es miedo. **Miedo a que el mundo se caiga si tú no lo sostienes.**

Miedo a que el descontrol de afuera despierte el caos de dentro. Esta máscara de control puede manifestarse como la necesidad de dirigir a los demás, organizar compulsivamente cada aspecto de su vida. Otras veces aparece como una voz dura en tu cabeza: crítica, perfeccionista, que nunca está del todo satisfecha contigo... ni con los demás.

> En su raíz, la máscara del control es un intento desesperado por evitar el dolor de la vulnerabilidad; esta necesidad de controlar no es más que un intento por no sentir el vértigo de la vulnerabilidad.

Cuando te has sentido expuesta, sola o desprotegida, dejar que la vida fluya tal como es puede dar auténtico pánico. Por eso muchas veces no te permites que las cosas simplemente sucedan. Tu sistema intenta ir siempre un paso por delante, escaneando posibles amenazas, imaginando escenarios, preparando respuestas.

Lo que parece «carácter fuerte» o «ser muy organizada», muchas veces es solo una forma sofisticada de defenderte. Una forma que tu cuerpo aprendió para sobrevivir cuando lo que más necesitabas —sostén, presencia, seguridad— no estaba disponible.

La inseguridad interna que proviene del trauma se traduce en un comportamiento hipercontrolador hacia el mundo exterior.

¿Por qué nos da miedo soltar?

El miedo a soltar surge porque, en lo más profundo, soltar nos hace sentir vulnerables. **Soltar es una rendición.** Y, en un cuerpo que aprendió a sobrevivir, rendirse puede sentirse como morir. Soltar es abrirte a lo que no puedes controlar.

Cuando soltamos el control, perdemos la sensación de estar «a salvo» o de tener las riendas de la situación, lo cual no deja de ser una ilusión que hemos construido para protegernos, porque si hay algo cierto es la incertidumbre que envuelve nuestra naturaleza. **Nuestro sistema nervioso, diseñado para la supervivencia, busca seguridad en lo predecible, incluso si eso significa mantener patrones que nos agotan o limitan.**

Este miedo está ligado a experiencias pasadas en las que, cuando no tuvimos control, las cosas salieron mal, nos hicieron daño, fuimos traicionadas o nos sentimos expuestas. El trauma, la falta de seguridad emocional o los entornos caóticos nos enseñaron que estar en alerta o controlar es la única manera de sobrevivir. Soltar, en esos momentos, significaba correr el riesgo de ser heridas, de que nos fallaran o de enfrentarnos a lo imprevisible. Es una respuesta biológica y psicológica profundamente enraizada en nuestro sistema nervioso: ante la incertidumbre, el cuerpo y la mente prefieren quedarse en un patrón conocido, aunque sea disfuncional, antes que aventurarse a lo incierto.

Soltar nos conecta con la posibilidad de perder algo —una relación, una identidad, una estructura que creemos necesaria para sentirnos estables—, y esa posibilidad activa la respuesta de miedo. En el fondo, es el miedo a la vulnerabilidad, a enfrentarnos al hecho de que no podemos controlarlo todo, de que la vida es impredecible y de que, aunque busquemos siempre tener el control, el verdadero poder radica en la flexibilidad y la capacidad de adaptarnos.

Soltar significa enfrentarnos a lo que hemos estado evitando. Muchas veces, detrás del control hay emociones reprimidas, heridas no sanadas o el miedo a sentir el dolor que tanto tiempo hemos contenido. Soltar es dejar espacio para que esas emociones suban a la superficie y, para muchos, eso resulta aterrador.

> Soltar es un acto de rendición ante lo que no podemos prever ni manejar, y nos enfrenta con nuestra humanidad, nuestra fragilidad y la incertidumbre de la vida misma.

María tiene treinta y ocho años y, desde fuera, todo parece en orden. Es resolutiva, eficiente, siempre va un paso por delante. En el trabajo supervisa cada detalle. No delega. No confía. Y en su vida personal... todo está medido, organizado, planificado.

No hay espacio para el error. Ni para el caos. Ni para lo espontáneo. Y por esto también odia las sorpresas. Pero, por dentro, María vive agotada.

Su mente no para. Su cuerpo tampoco. Y, aunque a veces sueña con dejarse llevar, con confiar, con no tener que cargar con todo..., hay algo dentro de ella que no se lo permite.

Lleva años con migrañas frecuentes, molestias digestivas y un insomnio que arrastra desde la adolescencia. Se duerme tarde, se despierta varias veces en la noche y por la mañana se siente como si no hubiera descansado. Su cuerpo vive en un estado de tensión constante: mandíbula apretada, hombros encogidos, respiración superficial.

Durante las sesiones de terapia, María descubrió que su obsesión por el control tenía sus raíces en su infancia, cuando creció en un hogar caótico y emocionalmente abusivo. Gritos. Amenazas. Ley del hielo. En ese ambiente, la única manera en que María podía sentirse segura era tomando el control de lo poco que podía: su comportamiento, sus pensamientos, y, en última instancia, los demás. Lo que decía. Lo que callaba. Y, más adelante, su entorno, sus parejas, sus rutinas, su mundo entero.

La necesidad de control de María no es un rasgo de su personalidad. Es una respuesta. Una forma de protegerse que su cuerpo aprendió muy pronto. Una lucha que, aunque ya no es necesaria, sigue activa porque nadie le enseñó a su sistema nervioso lo que significaba seguridad.

Tal vez tú no te llames María, pero quizá también aprendiste que, si no lo controlas todo, algo malo podría pasar. Quizá también hay una parte de ti que carga con la responsabilidad de que todo esté bien, de que nadie se moleste, de que nada se desborde. Pero… ¿y si ese esfuerzo tan agotador no fuera tu forma de ser, sino tu forma de sobrevivir?

A veces, nuestras fortalezas son solo armaduras que tuvimos que ponernos muy pronto. Y reconocerlo no es debilidad. Es el primer paso para poder, poco a poco, aflojarlas.

Haz una pausa. Apoya una mano en tu pecho y otra en tu vientre. Respira profundamente y, después, pregúntate:

- ¿Qué parte de ti teme soltar el control?
- ¿Qué sientes que podrías perder si lo hicieras?

- **¿En qué momentos te sientes más impulsada a tomar el control de todo?**
- ¿Qué dolor podría salir si dejaras de sostener tanto?
- **¿Qué emociones surgen cuando no puedes controlarlo todo?**

No necesitas tener las respuestas ahora. Solo necesitas empezar a escuchar lo que vive debajo del impulso de controlarlo todo.

Hipervigilancia: vivir en modo alerta aunque todo parezca en calma

La hipervigilancia no se nota a simple vista. Pero se siente. Es como tener un radar encendido las veinticuatro horas, buscando sin parar la próxima amenaza. Aunque no la haya. Aunque estés en casa. Aunque el día esté en calma.

Es como si tu cuerpo estuviera siempre en guardia, listo para defenderse de algo que ni siquiera está ahí. Lo que parece simplemente ser «precaución» o «perfeccionismo» es en realidad un sistema nervioso atrapado en alerta máxima, incapaz de bajar la guardia. Tus sentidos, agudizados. Tus músculos, tensos. Lo llamas «estar atenta», «ser precavida», «querer que todo salga bien», pero por dentro estás agotada. Porque nunca puedes bajar la guardia.

En el día a día, la hipervigilancia se disfraza de atención excesiva a los detalles o de esa preocupación constante por lo que podría salir mal.

A menudo nos llamamos «ansiosas» o «controladoras» sin darnos cuenta de que, en realidad, es nuestro sistema nervioso el que está atascado en modo alerta, incapaz de desconectar. Esa vigilancia constante desgasta profundamente, agotando no solo a nivel físico, sino también emocional, y deja a nuestro cuerpo en un estado de tensión crónica. **Al final, la mente y el cuerpo están atrapados, sobrecargados de información, buscando constantemente señales de peligro, aunque, en realidad, no haya ninguna.**

Las señales que percibe una persona hipervigilante son a menudo sutiles, pero su sistema nervioso las interpreta como indicios de que algo malo, e incluso terrible, está por suceder. ¿Te suena?

Mira cómo se manifiesta, aunque a veces lo hayas normalizado:

- **Cambios en el tono de voz:** un leve cambio en el tono de voz de alguien... y ya sientes que hiciste algo mal. Esto puede activar todas las alarmas, pues se interpreta como un signo de enfado, frustración o la antesala de una crítica, rechazo o conflicto inminente.
- **Miradas o expresiones faciales:** una pequeña alteración en la expresión de otra persona puede ser percibida como desaprobación o desagrado, y eso es suficiente para poner a la persona hipervigilante en alerta máxima.
- **Gestos bruscos:** movimientos rápidos o inesperados son vistos como potenciales señales de conflicto, aunque no haya ninguna razón real para preocuparse.
- **Silencios incómodos:** las pausas en una conversación, en lugar de ser solo silencios, se interpretan como algo malo que está por suceder o que vamos a recibir un comentario negativo.
- **Ruidos inesperados:** el sonido de una puerta que chirría o un teléfono que suena de repente puede disparar la alerta, y activa una sensación de que algo está fuera de lugar.
- **Cambios mínimos en el entorno:** una puerta entreabierta por un descuido, una luz parpadeante o cualquier pequeño detalle que no estaba ahí antes, y el cuerpo lo interpreta: algo no está donde debería estar, algo está fuera de control.

No es que exageres. Es que tu cuerpo aprendió a protegerse antes de tiempo. Porque alguna vez fue necesario. Y ahora aún no sabe cómo volver a descansar.

Luis, de cuarenta y dos años, es un claro ejemplo de persona hipervigilante. Vive en una casa tranquila, con una pareja amorosa. Pero su cuerpo no lo sabe.

Aunque nada malo esté ocurriendo, su sistema sigue en guardia. No puede relajarse del todo. Escanea el ambiente sin darse cuenta, como si algo pudiera explotar en cualquier momento. Sus ojos están atentos a cada gesto. Su oído, pendiente de cualquier cambio en el tono de voz.

Luis vive con un nudo constante en el estómago, tensión en el cuello y una contractura en la espalda que ninguna sesión de fisioterapia logra aflojar. Su sueño es ligero y fragmentado. Se despierta cansado, con el pecho cerrado y la mandíbula apretada. No importa que ahora su vida sea estable; su cuerpo sigue esperando que algo explote.

Durante las sesiones, Luis empezó a recordar escenas de su infancia: el sonido de una puerta que se cerraba más fuerte de lo normal, el silencio tenso en la mesa, el miedo a lo que vendría después si su padre tenía «un mal día».

De niño, desarrolló una habilidad brillante para anticiparse al peligro. Esa hipervigilancia le salvó muchas veces. Pero hoy, décadas después, sigue con el mismo radar encendido, aunque ya no haya nada que temer.

El cuerpo no siempre distingue entre el pasado y el presente, a veces, sigue respondiendo como si aún estuviera ahí.

La crítica como escudo: cuando la exigencia interna no descansa

Si te identificas más con la autoexigencia y la dureza interna que con la confrontación hacia fuera, esta puede ser una de tus respuestas. No todas las formas de lucha se ven hacia fuera. Algunas viven en silencio dentro de ti, y la crítica constante es una de ellas.

Esa voz interna que no se calla. Que siempre encuentra un «podrías hacerlo mejor». Que te dice que nunca es suficiente. Que te empuja. Que te exige. Que te castiga cuando no cumples con sus estándares imposibles.

Esa voz muchas veces no es tuya. Es un eco de lo que viviste: exigencias externas, miradas juzgadoras que no te abrazaban, palabras duras, silencios que dolían más que los gritos.

Aprendiste que, si eras perfecta, no te abandonarían. Que, si no cometías errores, no te harían daño. El problema es que esa voz que un día te protegió ahora te está haciendo daño. Porque no te deja descansar. Porque no celebra tus logros. Porque no sabe hablarte con ternura, **solo con exigencia y tiranía**.

Y, cuando esa crítica se proyecta hacia fuera, se convierte en rigidez con los demás: en impaciencia, en intolerancia, en una necesidad de que todo se haga «como debe ser».

Clara tiene treinta y cinco años. Es brillante, responsable, detallista. Desde fuera, todo parece perfecto. Pero dentro de ella hay un cansancio profundo que no se va.

Creció en un entorno donde la atención llegaba solo a través del rendimiento. Sus padres no eran abiertamente violentos, pero sí altamente críticos. El cariño estaba condicionado al éxito, a las buenas notas, a no molestar. En casa, no había espacio para el error ni para la emoción. Y, si algo salía mal, el silencio era su castigo. Hoy, su voz interna sigue midiendo todo lo que hace. Cada decisión, cada palabra, cada gesto.

A los nueve años, Clara desarrolló gastritis. A los catorce, insomnio. Hoy, a sus treinta y cinco, sufre dolores de espalda crónicos y fatiga persistente. Su mente no para. Siempre está anticipando el próximo paso, revisando lo que dijo, castigándose por lo que no hizo. Cuando no logra cumplir con su lista infinita de tareas, se castiga con dureza, sintiendo que ha fallado, aunque haya hecho el 90 por ciento de lo que se propuso.

En su caso, la respuesta de lucha se expresa como una presión constante hacia dentro. Una vigilancia interna que no descansa. Su sistema nervioso está fijado en un estado de activación que no reconoce como tal, porque ya se ha vuelto su norma. Clara lucha todos los días por ser «suficiente», sin darse cuenta de que esa lucha es el reflejo de una herida que nunca fue validada.

Si te has sentido como Clara, respira. Y tómate un momento para observar:

- ¿Qué partes de ti intentas controlar a través de la exigencia?
- ¿Qué crees que podría pasar si bajaras el ritmo?
- ¿Cómo te habla tu voz interna cuando no cumples con tus propias expectativas?

La autosuficiencia extrema: el «yo puedo con todo» como defensa contra la vulnerabilidad

Hay personas (y, entre ellas, muchas mujeres) que parecen capaces de poder con todo. Que cargan con responsabilidades, sostienen a los demás, toman decisiones, resuelven, lideran. Y, aunque desde fuera parezcan fuertes, por dentro están agotadas. No porque no puedan, sino porque aprendieron que tenían que poder.

> La autosuficiencia extrema no es una virtud. Es una armadura. Una estrategia aprendida en entornos donde depender de otros dolía más que protegerse.

Cuando has vivido decepciones, traiciones o una falta constante de sostén, tu cuerpo aprende que mostrarse vulnerable es peligroso. Que pedir ayuda puede abrir la puerta al abandono, al juicio o a la humillación. Entonces, sin darte cuenta, empiezas a hacerte cargo de todo. A demostrar que no necesitas a nadie. A callarte lo que te duele. Y, cuanto más sola te sientes, más te esfuerzas por parecer fuerte.

Este patrón es una forma de lucha. Una lucha silenciosa y solitaria contra la sensación de no ser cuidada. El «puedo sola» como escudo contra la herida de no haber sido sostenida cuando más lo necesitabas.

La fortaleza que esconde la herida

Lucía tiene treinta y cuatro años. Es ejecutiva, brillante, independiente. Pero su cuerpo cuenta otra historia. En los últimos años ha empezado a notar una caída persistente del cabello, bajadas de tensión frecuentes, sensación de niebla mental y una baja tolerancia al estrés que antes no reconocía como tal. Tiene la piel extremadamente sensible al frío y al calor, y su digestión se ha vuelto lenta, irregular, con una sensación constante de pesadez incluso después de comer poco.

En terapia, empezó a unir las piezas: su infancia estuvo marcada por la inestabilidad emocional de su madre, que la hacía sentirse invisible o, peor aún, responsable de sostenerla emocionalmente. A los siete años, ya cuidaba de su hermano menor. A los diez, consolaba a su madre cuando esta se derrumbaba. Y cuando, como cualquier niña, necesitaba consuelo, solo recibía frases como «No exageres», «No hagas un drama» o «Espabila». Desde niña entendió que, si no se hacía cargo ella, nadie lo haría.

Aprendió a no necesitar, a no molestar, a no mostrar lo que sentía. A tragarse las lágrimas. A ser eficiente, competente y, por dentro, a sentirse profundamente sola.

Más allá de sus problemas digestivos, musculares y de insomnio, su ciclo menstrual es irregular, con temporadas en las que directamente deja de menstruar. Su cuerpo interpreta que no es momento de aflojar ni de gestar, y suspende funciones que no son prioritarias para sobrevivir.

Y, cuando el estrés alcanza su pico en situaciones de alta exigencia, su piel estalla: brotes de acné o dermatitis que ningún dermatólogo ha podido explicar y que aparecen cuando su cuerpo dice «Ya no puedo más» como consecuencia de inflamación por cortisol sostenido.

Hoy, a pesar de vivir en un entorno más seguro, su cuerpo sigue operando desde la urgencia. Le cuesta dormir, se despierta sobresaltada con frecuencia, tiene el abdomen permanentemente contraído y vive con una tensión que ya no sabe identificar como tal porque la ha normalizado.

Lucía no sabe cómo dejarse cuidar. No sabe cómo recibir. Cada vez que alguien le ofrece apoyo, se le activa una incomodidad visceral. Su pecho se cierra, su respiración se corta, su cuerpo se tensa. Porque, en lo profundo, confiar en alguien es sinónimo de quedar expuesta. Su sistema no reconoce la ayuda como algo seguro. La vulnerabilidad activa una alarma interna.

Este patrón de autosuficiencia puede parecer admirable. Pero es una forma de desconexión. La autosuficiencia no es fortaleza. Es una manera de protección cuando no hubo otra opción. Una estrategia que te aleja no solo de los demás, sino de tu necesidad más humana: la de ser vista, sostenida y cuidada.

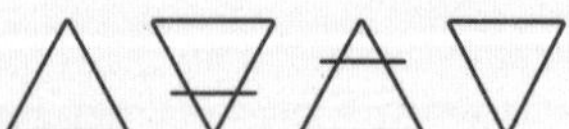

Y tú...

- ¿Sientes que, si no haces tú las cosas, nadie las hará bien?
- ¿Qué parte de ti reacciona cuando alguien quiere ayudarte o cuidarte?
- ¿Notas señales físicas de tensión cuando estás a punto de pedir algo o mostrarte vulnerable?

El simple hecho de hacerte estas preguntas tal vez ya empiece a abrir una grieta en esa armadura.

2. Huida: escapando del dolor

La respuesta de huida está diseñada para ponernos a salvo. Es una estrategia ancestral que moviliza al cuerpo para alejarnos del peligro. El problema es cuando ese patrón se queda fijado. Cuando, incluso en ausencia de peligro real, seguimos huyendo…, pero ahora no de un depredador, sino de nosotras mismas.

Huir no siempre significa salir corriendo. A veces, la huida se disfraza de independencia, de estar constantemente ocupadas, de distancia emocional. Hacemos lo que sea con tal de no sentir. De no conectar con lo que duele. De no mirar lo que aún sigue ahí, esperando ser sostenido.

A continuación, te comparto algunas formas en que la huida puede estar operando en tu vida sin que te des cuenta:

Hiperindependencia: desconexión emocional disfrazada de fortaleza

No todas las huidas son físicas. Algunas son mucho más sutiles: se visten de éxito, de autonomía, de «yo puedo sola». La hiperindependencia es una de ellas. Es una forma de huida emocional. La persona crea un mundo interno donde no hay lugar para el otro. Porque **el otro significa exposición**. Significa riesgo. Significa abrirse a que te vean y, quizá, a que te vuelvan a fallar.

Este patrón, que muchas veces se confunde con fortaleza, tiene raíces profundas. Nace cuando en algún momento de nuestra historia aprendimos que depender de alguien era peligroso. Que pedir ayuda traía humillación. Que necesitábamos protegernos incluso del amor.

Aunque también puede tener un componente de lucha, en su esencia la hiperindependencia es una respuesta de huida. Es alejarse del dolor que supone confiar. La persona elige alejarse de la dependencia y de la cercanía emocional para evitar el riesgo de ser herida o decepcionada.

Es como si la persona estuviera escapando emocionalmente para no tener que enfrentar el dolor potencial que implica la vulnerabilidad en las relaciones.

El precio de no necesitar a nadie

Marco, por ejemplo, siempre se había descrito como un hombre autosuficiente. Nunca pedía ayuda y creía que mostrar vulnerabilidad era una señal de debilidad. Autosuficiente. Resuelto. Fuerte.

Sin embargo, al explorar su historia, emergió que esta autosuficiencia extrema era una respuesta a su trauma infantil. Empezó a recordar escenas de su infancia. Una madre emocionalmente caótica. Un padre ausente, que lo reprendía cada vez que mostraba una emoción. Marco había aprendido muy pronto que su seguridad no estaba en el vínculo, sino en la desconexión. Que, si se mostraba vulnerable, el mundo se volvía frío o violento.

Así que dejó de esperar. Dejó de pedir. Dejó de mostrar. Y se refugió en una autosuficiencia que, desde fuera, parecía admirable. Pero, por dentro, era una prisión.

Cada vez que alguien intentaba acercarse, algo en su cuerpo se tensaba. Le costaba respirar con fluidez. Le daban microtaquicardias o sentía un nudo en el pecho. Su sistema nervioso seguía huyendo, aunque su vida actual ya no fuera aquel escenario. Cuando el dolor emocional no encuentra salida, **el cuerpo lo grita por otros medios**.

Siempre ocupadas: evitar el silencio interior llenando cada segundo

Hay algo que nos cuesta mucho: **parar**. En una cultura que idolatra la productividad y el movimiento constante, es fácil esconderse detrás del hacer. Llenar cada hueco del día con actividades, listas, compromisos, trabajo.

> Pero ¿alguna vez te has detenido a preguntarte si esa ocupación incesante es en realidad una forma de evitar algo más profundo?

Mantenerte siempre ocupada puede parecer una solución, pero en muchos casos es un escape: una manera de no sentir el dolor, las emociones o los recuerdos que intentan aflorar desde las capas más profundas de tu ser. Muchas veces, esa urgencia por estar ocupadas no es más que una forma de huida. De no estar con nosotras mismas. De no escuchar al cuerpo. De no sentir lo que aún no ha sido digerido.

Esto brinda una ilusión de control, pero no calma el sistema nervioso. Todo lo contrario. Biológicamente, esa actividad constante mantiene altos los niveles de cortisol y adrenalina. Y, aunque eso nos hace sentir «eficientes» o «en control», en realidad estamos autoinduciendo un estado de alerta continua que, con el tiempo, nos agota por dentro.

Pregúntate:

- ¿Te mantienes ocupada para evitar emociones incómodas?
- ¿Qué te sucede cuando no tienes nada que hacer?

- ¿Qué actividades o distracciones utilizas para evitar enfrentarte a emociones difíciles?
- ¿Qué crees que sucedería si te permitieras detenerte y estar presente con lo que sientes?

Tal vez el silencio o parar no sean los enemigos. Tal vez sean la puerta de entrada a eso que por fin está listo para ser sentido.

3. Congelación: la desconexión como refugio

La respuesta de congelación, la más antigua y primitiva de todas, aparece cuando ni luchar ni huir son opciones posibles. Es el último recurso de un sistema nervioso que se ha visto sobrepasado. **En este estado, el cuerpo se apaga.** La mente se disocia. La energía queda retenida, como si una parte de ti se hubiera quedado congelada en el tiempo. Desde fuera, puede parecer que estás tranquila, que eres funcional, incluso «amable». Pero, por dentro, hay un silencio espeso, una ausencia de impulso vital, una desconexión profunda.

Complacencia: decir «sí» cuando quieres decir «no»

Cuando complaces, no estás eligiendo. Estás sobreviviendo. Este patrón tan común y malinterpretado tiene su raíz en la necesidad de evitar el conflicto o el rechazo. Aprendiste que decir que sí te protegía, que ser la buena, la flexible, la que no molesta, te ayudaba a mantener el vínculo o al menos a evitar el abandono. Pero, con el tiempo, ese «sí» constante se volvió un modo de vivir ajena a ti. A desconectarte de tus propios límites. A abandonarte un poco más cada vez.

No es consciente. Es reflejo. **El «sí» sale solo.** Como una orden que se activa desde dentro antes de que puedas pensar. Y eso tiene una explicación.

La psicobiología detrás de la complacencia y la falta de límites

¿Te has preguntado por qué cuesta tanto decir «no»? ¿Por qué, incluso sabiendo que algo no te sienta bien, terminas aceptando o cediendo? Tu sistema nervioso tiene la respuesta. Literalmente.

La complacencia no es un defecto de tu carácter ni una falta de autoestima. Es una respuesta de inmovilización que se activa cuando el cuerpo percibe una amenaza, pero no ve modo de escapar ni de defenderse. Es un «congelarse en forma de servicio». Tu sistema busca sobrevivir agradando, apagando tus necesidades para preservar la conexión con el otro, aunque eso implique desconectarte de ti.

Este patrón se vincula con un estado de colapso camuflado: el cuerpo se bloquea, pero la conducta parece activa. Es el «hacer por los demás» como una forma de evitar sentir el vacío, el miedo o el dolor que supondría poner un límite claro. Muchas mujeres han vivido tanto tiempo fuera de su ventana de tolerancia que el «sí» automático se volvió su única forma de relación segura. Aunque esa seguridad sea ficticia y cueste la salud, el deseo o la alegría.

Poner límites, entonces, no es solo un acto de voluntad. Es un proceso de reentrenar al cuerpo para que sienta que puede decir «no» y seguir a salvo.

El coste biológico de la complacencia

Cada vez que dices que sí cuando en realidad querías decir que no, empieza una guerra en tu interior. Tu cuerpo se tensa. Y algo en ti se aleja de ti misma.

Vivir complaciendo no solo desgasta emocionalmente: agota tu sistema nervioso. Lo mantiene operando fuera de su rango natural de regulación, empujándote a una alerta silenciosa o a una desconexión profunda. Y eso tiene un coste real: ansiedad, insomnio, agotamiento crónico, dificultad para concentrarte, problemas digestivos, e incluso una sensación difusa de no saber quién eres ni qué necesitas.

Complacer, cuando se vuelve automático, te desconecta de ti. Te hace perder la brújula interna. La que te dice lo que necesitas, lo que deseas, lo que es tuyo.

> Dejar de complacer no es egoísmo.
> Es un acto de soberanía somática.
> Un camino de regreso a ti.

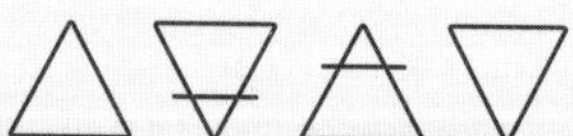

Haz una pausa. Respira profundo. Y reflexiona:

- ¿En qué momentos te cuesta más decir «no»?
- ¿Qué notas en tu cuerpo cuando cedes ante los demás, aunque por dentro algo en ti se resista?
- ¿Qué necesidad tuya estás dejando de atender por miedo a decepcionar o ser rechazada?

Escuchar al cuerpo es el primer paso para recuperar el límite que protege, en lugar de la máscara que complace.

- ¿Qué estás lista para dejar de hacer por los demás para empezar a hacer por ti?
- ¿Te reconoces en este patrón de agradar para evitar conflictos?
- ¿Has sentido culpa o miedo físico al decir lo que realmente piensas o necesitas?
- ¿Qué síntomas crees que podrían estar vinculados con esa desconexión interna?

El cuerpo no miente. Siempre encuentra una forma de decir lo que tú has aprendido a callar.

Dar sin límites: la trampa de la sobrecompensación para sentirte necesario

El médico húngaro Gabor Maté dice que, cuando no nos sentimos queridos, intentamos hacernos necesarios. Y cuánta verdad hay en eso. Porque **dar sin medida, sin pausa, sin escucha interna, no siempre es generosidad**. A veces es una forma sofisticada de huida. De no enfrentarte a tu propia herida. De calmar, con acción, un fondo de insuficiencia.

Este patrón de «dar sin límites» no es una muestra de altruismo puro ni de generosidad desinteresada; es una respuesta profundamente enraizada en el miedo a no ser suficiente. Un sistema nervioso que aprendió a sobrevivir a través de la utilidad. En muchas mujeres, este mecanismo tiene raíces profundas: en infancias donde el afecto se ganaba, no se ofrecía. Donde ser «buena», «útil» o «la que ayuda» era la única manera de recibir un poco de atención.

Así, el cuerpo aprendió que, para pertenecer, tenía que hacer. Que ser no era suficiente. Y, cada vez que alguien necesitaba algo, ese cuerpo se activaba. No desde el deseo, sino desde la urgencia de ser necesaria.

Desde la psicobiología, este patrón puede leerse como una forma de congelación funcional: estás en movimiento constante, pero no conectada contigo. Estás en acción, pero no desde tu centro. Tu sistema nervioso sigue operando desde la amenaza, y dar se convierte en una estrategia para evitar el rechazo o la exclusión. No puedes parar, porque parar es sentir. Y sentir… da miedo.

Se convierte en una estrategia de supervivencia: dar hasta el agotamiento, esperando que este sacrificio nos gane finalmente el amor, la validación o la seguridad que tanto anhelamos.

En la base de esta dinámica hay experiencias tempranas de apego inseguro, donde nuestra valía no fue reconocida por simplemente existir, sino por lo que hacíamos o lográbamos. Aprendimos que el afecto o la atención llegaban solo cuando éramos útiles para otros. Como resultado, se fijó en nuestro sistema nervioso una creencia inconsciente: «Si soy útil, no me rechazarán». Esta necesidad de ser indispensable para los demás se convierte en una forma de garantizar nuestra pertenencia, pero a un alto coste emocional y físico.

El coste oculto de dar sin descanso

Cuando damos sin medida, **nos desconectamos de nuestras propias necesidades**. Es posible que, en una situación así, ni siquiera seamos conscientes de lo que necesitamos porque nuestra atención está completamente dirigida hacia el bienestar de los demás en lugar de hacia el nuestro. Este patrón de «hacer por otros» nos vacía y deja poco espacio para nuestra propia plenitud y nos lleva a experimentar un desgaste general:

- **Desgaste emocional:** estás para todas, pero te abandonas a ti misma.
- **Desconexión interna:** estás tan pendiente de lo que los demás necesitan que ya no sabes qué necesitas tú.
- **Sensación de insuficiencia crónica:** lo das todo, pero, aun así, sientes que no basta para que te quieran como anhelas.
- **Desórdenes psicosomáticos:** tu cuerpo empieza a mostrar señales de agotamiento: insomnio, ansiedad, migrañas, bruxismo, desequilibrios hormonales.

¿Por qué? Porque estás viviendo fuera de tu ventana de tolerancia. Tu sistema no tiene espacio para descansar. Se mantiene activo, hipervigilante, intentando ganarse el amor que nunca fue incondicional.

Desde la neurobiología del apego, sabemos que nuestras primeras experiencias relacionales modelan esta percepción. Si el afecto fue intermitente, condicionado o dependiente de tu comportamiento, tu sistema nervioso aprendió que la cercanía emocional es peligrosa y que la seguridad solo llega si haces algo a cambio.

Tu cuerpo, entonces, busca asegurar la conexión dando. Cada vez que ayudas, que te anticipas, que resuelves para otra persona,

tu cerebro libera pequeñas dosis de dopamina, reforzando el ciclo. Un alivio momentáneo que, a la larga, te vacía.

Este patrón es, en realidad, una forma de respuesta de congelación disfrazada de acción. Aunque estás en movimiento constante, lo que realmente haces es mantener el trauma a raya al enfocarte en lo externo.

> Al no enfrentarte a tu sensación de insuficiencia, perpetúas el ciclo.

El problema es que estas estrategias, aunque hayan funcionado en su momento, te desconectan de ti. Refuerzan una manera de estar en el mundo basada en el hacer, no en el ser. Alimentan una dependencia del reconocimiento externo. Y, poco a poco, sin darte cuenta, te alejan de tu autenticidad.

Atrapado en esta respuesta, tu sistema nervioso no puede descansar. No puede sentir lo que es ser querida sin tener que hacer nada. No sabe aún lo que es ser valorada por lo que eres... y no por lo que das.

Rompiendo el ciclo

Reconocer este patrón es el primer paso hacia la transformación. Aprender a poner límites y a priorizar tus propias necesidades es un acto profundo de autocuidado. Esto no significa dejar de ser generoso, sino dar desde un lugar de plenitud, no de carencia.

Es una forma radical de empezar a darte a ti. No se trata de dejar de cuidar, sino de empezar a incluirte en ese cuidado.

Y tú...

- ¿En qué relaciones te exiges más de lo que puedes sostener?
- ¿A quién estás intentando demostrar que vales?
- ¿Qué parte de ti cree que, si no haces, no mereces amor?
- **¿En qué relaciones te sientes obligada a dar más de lo que puedes?**
- **¿Qué temes que suceda si dejas de hacerte indispensable para otros?**
- **¿Qué necesitas de ti misma que estás buscando en los demás?**

Tu cuerpo también necesita descanso. También merece ser sostenido.

La respuesta de sumisión o fawning*: ceder para evitar el conflicto*

Hay una forma de desconexión que muchas veces se confunde con generosidad o empatía, pero que en realidad nace del miedo. Es la sumisión, también llamada *fawning*: cuando cedes, te adaptas o te moldeas a las expectativas de los demás para evitar cualquier tipo de conflicto o rechazo. No porque no tengas una opinión, un deseo o una necesidad..., sino porque tu sistema aprendió que mostrarla era peligroso.

Esta forma de responder pertenece a la familia de la congelación, pero, como ya vimos en el capítulo 3, va un paso más allá: no solo desconectas del entorno, también te desconectas de ti. Lo que sientes, lo que necesitas, lo que realmente quieres, queda silenciado en un rincón al que ya casi no accedes.

El cuerpo activa esta respuesta cuando la única vía para «sobrevivir» emocionalmente es adaptarse. Lo que desde fuera puede parecer acción (ceder, agradar, sonreír, calmar) en realidad es una forma de inhibición profunda.

En este estado, tu sistema nervioso entra en un modo de colapso interno. Se activa la rama dorsal del sistema parasimpático: esa que genera parálisis, inmovilidad, desconexión. No puedes reaccionar con claridad. Te adaptas de forma automática. Y, aunque esto te da una sensación temporal de seguridad, el precio es alto: te vas perdiendo de ti misma y te agotas.

Este patrón puede parecer útil para mantener la paz, pero te aleja de tu autenticidad, de tu vitalidad y de tu capacidad de sostener relaciones verdaderas, donde también tú existes.

La incapacidad de poner límites

No poder decir «no» es una manifestación frecuente de este patrón. Puede parecer una simple elección, pero muchas veces es un patrón de supervivencia profundamente arraigado. La sumisión, en este contexto, no es debilidad ni falta de carácter: es una estrategia que tu sistema nervioso activó cuando aprendió que poner límites podía tener un coste demasiado alto.

La sumisión se convierte en una herramienta de supervivencia que busca evitar cualquier posibilidad de conflicto, aunque eso implique sacrificar tus propios deseos y necesidades. Con el tiempo, esta dinámica va agotando tus recursos internos. Tu sistema nervioso se queda sin energía para sostenerte, y cada nuevo «sí» que das sin querer darlo, cada silencio ante algo que te incomoda, te va alejando más de ti.

Biológicamente, esto tiene un peso real. El cuerpo, al entrar en modo colapso o inhibición, pierde su capacidad de reacción. En lugar de responder, se congela. En lugar de marcar territorio, se retrae. Y así, sin darte cuenta, acabas viviendo desde un estado de desregulación constante.

Desde fuera, puede parecer que eres alguien pacífica, adaptable, que se lleva bien con todo el mundo. Pero, por dentro, lo que ocurre es otra cosa: huyes de la incomodidad emocional que podría surgir si te defendieras. Si nombraras tu verdad. Si dejaras de complacer.

La falta de límites no solo te desconecta de lo que necesitas: también te vacía. Energéticamente, es agotador. Emocionalmente, es devastador. Muchas veces ni siquiera sabes qué necesitas, porque hace tanto que nadie te preguntó, ni tú misma, que perdiste el acceso a esa información interna.

Esta forma de sumisión perpetúa un ciclo en el que ceder parece más seguro que confrontar. **Pero ese «aparente» bienestar es solo una ilusión. Porque la verdadera paz nunca nace de abandonarte a ti misma.**

La sumisión puede presentarse de varias formas, todas ellas relacionadas con la desconexión emocional y el abandono de los propios límites:

- **Ceder constantemente:** aceptas peticiones, demandas o comportamientos que no te sientan bien simplemente para evitar el conflicto o para no incomodar.
- **Adaptarte excesivamente:** cambias tu forma de ser, tus ideas o tus emociones para que te quieran, para evitar el rechazo, para encajar.
- **Evitar confrontaciones:** callas lo que necesitas, minimizas tus sentimientos, evitas decir lo que realmente piensas por miedo a perder la conexión.

Aunque desde fuera pueda parecer que estás actuando de manera flexible o adaptable, en realidad estás atrapada en una respuesta de congelación que te impide defender tu espacio y que busca evitar cualquier posibilidad de daño emocional. Y tu cuerpo lo sabe. Lo vive como tensión, agotamiento, insomnio o esa sensación de estar viviendo la vida de otros, no la tuya.

La raíz de la sumisión

Nadie nace complaciente. Nadie llega a este mundo con la idea de desaparecer para que otros estén bien. Este patrón se aprende. Se instala en la infancia, cuando defender tus límites o expresar tus necesidades tuvo un coste demasiado alto.

Imagina a un niño que, con lágrimas en los ojos, decía «No quiero ir» y la respuesta era un portazo, gritos o el silencio como ley del hielo. O una niña que solo pedía un abrazo, un ratito de atención, y recibía un «qué pesadita eres, hija», como si su necesidad de conexión fuera molesta, excesiva, incómoda.

En esas pequeñas heridas cotidianas, el cuerpo aprendió que mostrarse era peligroso. Que sentir, pedir o decir «no» traía más dolor. Así que, como estrategia de supervivencia, empezó a ceder. A adaptarse. A callar. Y, con el tiempo, esa forma de estar en el mundo se volvió automática.

La sumisión no es falta de carácter. Es la mejor respuesta que tu sistema encontró para evitar el abandono.

Sí, puede que te haya protegido. Que haya evitado conflictos, discusiones, rechazos. Pero, a largo plazo, vivir desde la sumisión drena tu energía vital. Te desconecta de ti. Y deja tus vínculos vacíos de autenticidad.

- **Desgaste emocional:** cuando ignoras tus necesidades una y otra vez, el alma se apaga. Te alejas de lo que eres y sientes un vacío difícil de nombrar.

- **Agotamiento físico:** vivir en colapso, sin espacio para ti, agota. El cuerpo deja de sostenerse y aparecen síntomas: cansancio crónico, insomnio, tensión, niebla mental.
- **Relaciones desequilibradas:** si siempre eres tú quien cede, quien se adapta, quien no pone el límite..., ¿dónde estás tú en esa relación? Es difícil construir algo real si no estás presente con lo que necesitas y sientes.

Ahora respira hondo. Y date un momento para sentir estas preguntas en tu cuerpo, no solo en tu mente:

- **¿En qué momentos te encuentras cediendo o adaptándote, incluso cuando no quieres?**
- **¿Qué emociones o pensamientos surgen al imaginarte diciendo «no»?**
- **¿Qué pasito pequeño podrías dar para empezar a priorizarte... sin sentir culpa?**

Aunque la sumisión haya sido necesaria, hoy puedes elegir otra forma de estar contigo.

Práctica somática: el límite nace en el cuerpo

Esta práctica te ayudará a reconocer y experimentar en tu cuerpo la sensación interna de «sí» y «no». No el que dices con la boca para evitar líos. El de dentro. El que brota cuando estás conectada contigo y no con la mirada o la aprobación de los demás.

Es una práctica para que empieces a recordar que puedes poner límites sin dejar de estar en ti.

La duración propuesta es de 10 a 15 minutos y te sugiero que la hagas cuando sientas que te cuesta decir «no», que estás a punto de ceder o cuando notes tensión o desconexión después de haber ignorado tus propios límites.

1. **Encuentra tu centro.**
   Colócate de pie sintiendo los pies bien apoyados en el suelo. Respira. Tómate unos segundos solo para sentir que estás aquí. Solo estar.

   Siente cómo tu cuerpo pesa, cómo la tierra te sostiene. Dedica unos segundos a sentir el contacto con el suelo debajo de ti. Deja que tu respiración baje al vientre y observa si puedes habitar un poco más tu pelvis, tus piernas, tu base. No tienes que forzar nada. Solo notar. Tu cuerpo está aquí.

2. **Recuerda una situación donde no pusiste un límite.**
   No hace falta que sea algo muy fuerte. Tal vez alguien te pidió algo y no supiste decir que no. Tal vez aguantaste una conversación que te incomodaba. Alguien que te interrumpió, un favor que no querías hacer, una llamada que no te apetecía responder.

   Tráela a la memoria. Quédate con esa escena un instante y, ahora, nota qué pasa en tu cuerpo cuando te imaginas de nuevo en esa situación.

   ¿Qué sentiste en ese momento? ¿Dónde lo sentiste en el cuerpo? ¿En la garganta, el pecho, el estómago? ¿Qué zona se contrae, se apaga o se tensa? ¿Hay incomodidad? ¿Dónde sientes el «no» no expresado?

   No analices. Solo siente.

3. **Habla con la parte de ti que no supo decir «no».**
   Imagina a esa parte tuya que no pudo decir «no». ¿Cómo es? ¿Qué edad parece tener? ¿Qué siente: miedo, angustia, confusión, tristeza?

Desde tu yo adulto y presente, respira profundo y dile: «Gracias por protegerme así. Ya no tienes que hacerlo sola. Estoy aquí».

Apoya una mano en el lugar del cuerpo donde sentiste más carga. Solo sostén. Acompaña.

4. **Explora tu «no» somático: siente el «no» en tu cuerpo.**
   Ahora, desde el cuerpo, haz el gesto de un «no» claro pero respetuoso. Puede ser empujar suave con las manos hacia delante, poner un límite con los brazos, girar el tronco levemente hacia un lado o, simplemente, inclinar la cabeza.

   Siente el gesto más que pensarlo.

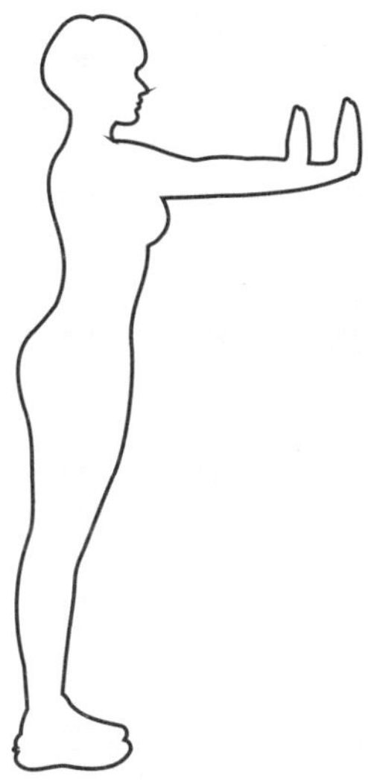

Y acompáñalo con una frase en voz baja o en tu mente:

«No».

«No quiero».

«No puedo sostener esto».

«No quiero seguir por ahí».

«Esto no me hace bien».

Observa qué cambia internamente cuando el cuerpo puede hacer ese gesto.

¿Surge alivio? ¿Resistencia? ¿Más fuerza?

5. **Y ahora... elige un «sí» para ti.**

Después de trazar el límite, lleva ambas manos al corazón, o una al vientre y otra al pecho.

Respira y nombra lo que sí necesitas ahora.

Quizá sea descanso, espacio, respeto, contención. Un abrazo. Una pausa. Una verdad. Nómbralo.

Siente cómo es darte un «sí» a ti misma. Quédate ahí unos minutos, dejando que el cuerpo registre esa sensación.

Recuerda: los límites no se ponen con la cabeza. Se sienten en el cuerpo y se ponen desde él. Antes de poder decirlos hacia fuera, tenemos que aprender a reconocerlos dentro. Este es el primer paso. Un paso suave, pero radical.

Decir «no» es un movimiento natural cuando el cuerpo se siente seguro para hacerlo. Practicarlo en momentos pequeños, desde lo corporal, te ayuda a recuperar esa soberanía que nunca debió ser arrebatada.

Indefensión aprendida: «No importa lo que haga, nada cambiará»

La indefensión aprendida es un estado en el que **te sientes atrapada, impotente, incapaz de cambiar tu situación, aunque tengas la capacidad de hacerlo**.

La indefensión aprendida no es resignación consciente. Es una adaptación profunda del sistema nervioso que surge cuando, en algún momento de tu historia, aprendiste que defenderte no servía. Que escapar era imposible. Que expresar lo que sentías o necesitabas solo traía más dolor.

Tal vez era una relación abusiva, una infancia marcada por la violencia o la falta de apoyo, o momentos en los que simplemente no tenías el control sobre lo que te sucedía. Con el tiempo, tu cuerpo y tu mente se adaptaron a esta realidad, aprendiendo a resignarse y aceptando la impotencia como un estado normal.

Imagina a una niña que, una y otra vez, intenta hacer valer su voz, expresar sus necesidades o defenderse de una situación injusta, que intenta decir «Me duele», «Esto no me gusta», «Necesito ayuda»..., pero nadie responde o sus intentos siempre son ignorados o minimizados. O, peor aún, la callan, la critican o la castigan por hablar.

Con el tiempo, su cuerpo, no solo su mente, aprende una lógica brutal: «Da igual lo que haga, nada cambia». Y lo que empieza como una experiencia puntual se convierte en una creencia grabada en su sistema nervioso.

De adulta, esa niña ahora crecida puede tener recursos, capacidad, incluso oportunidades, pero algo dentro de ella sigue operando desde ese automatismo: no hay salida. No tiene sentido luchar. Esta es la esencia de la indefensión aprendida.

Desde fuera, esta indefensión quizá puede parecer pasividad, falta de iniciativa o conformismo. Pero, por dentro, lo que hay es agotamiento, miedo y una profunda desconexión del propio poder.

La indefensión aprendida puede manifestarse de muchas maneras: en relaciones donde aceptas comportamientos tóxicos porque crees que «es lo que mereces», en trabajos donde soportas condiciones abusivas porque «no hay otra opción» o «es lo que hay», en momentos en los que dejas de defender tus propios límites porque crees que no tienes derecho a hacerlo.

Te encuentras atrapada en patrones de sumisión, donde permites que las circunstancias externas controlen tu vida, sin darte cuenta de que en realidad tienes el poder de elegir diferente.

Te convences con frases como:

«Para qué decir nada, total, no me van a escuchar», «No merece la pena el esfuerzo», «Más vale malo conocido...», «Es mejor no decir nada para no empeorar las cosas», «Es más fácil ceder que enfrentarse».

Pero no es verdad. Eso no es tu voz. Es el eco de un cuerpo que aprendió a sobrevivir desconectándose de su poder.

> Pero estas son simplemente señales de que tu sistema nervioso ha aprendido a rendirse, a desconectarse, a sobrevivir en lugar de a vivir.

Resignarse para sobrevivir

Patricia tiene treinta y cinco años y ha pasado gran parte de su vida atrapada en relaciones donde se sentía pequeña, desvalorizada, invisible. Por fuera, parecía tranquila, amable, incluso «fácil de llevar». Pero, por dentro, algo en ella se apagaba un poco más cada vez que callaba lo que sentía o toleraba algo que dolía. Sabía, en el fondo, que no era justo cómo la trataban. Pero nunca se atrevía a poner límites. Nunca se iba.

En las sesiones, poco a poco, su historia empezó a revelarse. De niña creció en un hogar donde cada intento de expresar una necesidad, un dolor o una opinión terminaba en indiferencia o humillación. Frases como «No seas dramática» o «Resuelve tus cosas sola» le enseñaron que mostrar vulnerabilidad era un riesgo. Que pedir afecto era demasiado. Que necesitar era una carga.

Así que Patricia aprendió a no molestar. A no sentir. A tragarse las lágrimas y silenciarse. Su sistema nervioso, profundamente adaptativo, entendió rápido el mensaje: callar es más seguro que hablar. Someterse es menos peligroso que enfrentarse. Con el tiempo, ese patrón se convirtió en una forma de vivir. Una estrategia de protección automatizada.

De adulta, aunque las circunstancias eran diferentes, Patricia seguía operando desde ese mismo lugar: cedía para evitar el conflicto, se quedaba cuando quería irse, se callaba por miedo a incomodar. Y lo más doloroso era que ni siquiera lo notaba. Era tan habitual en ella ese modo de vivir que parecía normal. **Pero el cuerpo no miente. El cuerpo sabe cuándo una está traicionándose.**

A través del trabajo somático y el proceso terapéutico, Patricia empezó a sentir, a escuchar los susurros que su cuerpo había estado enviando durante años: la opresión en el pecho cada vez que decía que sí cuando quería decir que no, el nudo en el estómago cuando se forzaba a estar bien, la tensión crónica en la mandíbula de tanto callar.

Y, en ese espacio de reconexión, algo se abrió. Comprendió que, aunque en el pasado rendirse fue lo único que pudo hacer para sobrevivir, ese día podía elegir diferente. Que ahora ya no era esa niña sola, sino una mujer con recursos, con poder, con derecho a una vida más plena y libre.

Rendirse no fue debilidad. Fue supervivencia. Y elegir hoy una nueva forma de estar en el mundo es el acto más valiente de todos.

¿Y tú?

- ¿En qué áreas de tu vida te sientes atrapada, como si no pudieras cambiar nada?
- ¿Cuántas veces has callado por miedo a que tu voz no sirviera de nada?
- ¿Qué creencia estás sosteniendo que ya no te pertenece?
- ¿Qué pasaría si empezaras a imaginar una salida?
- ¿Y si ese gesto de imaginar fuera ya una pequeña forma de recuperar tu poder?

Es posible recuperar tu poder. Respirando, sintiendo y recordando que hoy ya no estás en el mismo lugar. Que ahora sí tienes opciones. Y que tu cuerpo, aunque se haya rendido antes, también puede volver a confiar.

Desconexión emocional: apagarte para no sentir

La desconexión emocional no es frialdad, ni falta de interés, ni un «así soy yo». Es una estrategia de supervivencia que se activa cuando sentir duele demasiado. Es una respuesta automática del sistema que aprendió que apagar las emociones era la única forma de protegerse.

Nadie elige desconectarse por gusto. Es algo que ocurre cuando el cuerpo, desbordado, dice: «Mejor no sentir nada que volver a vivir ese dolor». Desde fuera, puede parecer que estás distante, que nada te afecta, que te da igual. Pero por dentro hay un sistema nervioso en modo ahorro de energía emocional, intentando no colapsar, intentando que no duela tanto como dolió antes.

Este patrón suele anclarse muy temprano en la vida. En entornos donde llorar molestaba, sentir era ridiculizado o expresar vulnerabilidad era castigado, el cuerpo aprendió rápido que era más seguro no mostrar nada. El problema es que, con el tiempo, esa desconexión que un día te salvó empieza a cerrarte puertas: a la intimidad real, al placer, al vínculo, a tu propia verdad emocional. **Te protege, pero también te aísla.**

Como ya vimos en el capítulo anterior, el camino de regreso no es forzarte a sentir, sino crear poco a poco un espacio seguro donde tus emociones no sean una amenaza. Donde tu cuerpo pueda confiar lo suficiente como para abrirse. La reconexión empieza ahí: en permitirte sentir lo que antes era insoportable. En recordarle a tu sistema nervioso que hoy es diferente. Que ahora puedes sostener lo que antes no pudiste.

Te dejo algunas preguntas para acompañarte en ese inicio:

- ¿Cuándo fue la última vez que sentiste que te apagabas emocionalmente?
- ¿Qué sientes en el cuerpo cuando intentas conectar con tus emociones?
- ¿En qué situaciones te invade la sensación de estar atrapada o impotente?
- ¿Qué gesto pequeño podrías hacer hoy para reconectar con lo que necesitas o deseas?

Práctica somática: volviendo a ti cuando te has apagado

Esta sencilla práctica te ayuda a empezar a reencender la llama interna después de un estado de colapso, apatía o desconexión emocional. Volver al cuerpo sin forzarlo, con presencia, ternura y seguridad. Hazla cuando te sientas desconectada de tus emociones, como si nada te tocara o estuvieras en automático. También si has pasado por un pico de estrés y ahora estás «planchada», sin energía ni motivación. Te tomará 10-20 minutos, sin prisa.

1. **Crea un espacio seguro.**
   Busca un lugar donde puedas estar sin interrupciones. Si estás muy apagada, que sea sencillo: no hace falta música ni incienso. Solo tú y tu cuerpo. Puedes sentarte o recostarte con una manta. Lo importante es que no tengas que «sostener» nada.

2. **Oriéntate en tu espacio con la mirada.**
Empieza a mover muy lentamente tu cabeza hacia un lado, sin forzar. Como si observaras algo por primera vez.

Deja que los ojos se posen suavemente en lo que te rodea. Una planta, una textura, un rincón que nunca miras.

No analices. Solo deja que la mirada explore.

Luego gira la cabeza al centro, y al otro lado. Muy despacio.

Observa qué pasa en el cuerpo cuando miras. ¿Hay alguna zona que se suelte un poquito? ¿Un suspiro? ¿Un parpadeo?

La orientación activa una parte de tu sistema nervioso que busca seguridad. Cuando tu mirada se abre, algo dentro empieza a decir: «Aquí no hay amenaza». Y eso ya es un inicio.

3. **Explora un lugar de neutralidad.**
Ahora deja que tus ojos recorran el espacio buscando un lugar que no te genere ni agrado ni desagrado. Algo neutro: una pared blanca, una alfombra, una silla.

Descansa la vista ahí.

Permanece un momento respirando con ese punto. Deja que tu cuerpo lo sienta.

¿Cambia algo en tu respiración? ¿En el ritmo? ¿En la tensión?

4. **Lleva las manos al pecho y al vientre.**
Después de orientarte en tu espacio, lleva las manos al cuerpo para recordarte que estás aquí. Solo quédate ahí. Siente el contacto.

Empieza a decir, en voz baja o mentalmente:

«Estoy aquí».

«Este es mi cuerpo».

«No hay prisa».

«Podemos ir despacio».

«No tengo que hacer nada ahora».

«Estoy contigo».

Quédate unos minutos, simplemente respirando y habitando esa presencia.

5. **Deja que llegue lo que quiera llegar.**
   ¿Sientes ganas de moverte un poco? ¿Un suspiro largo? ¿Un gesto?
   ¿O tal vez no sientes nada?
   Ambas cosas están bien.
   No estamos buscando una emoción. Estamos recordando que puedes sentir algo, lo que sea. Y que ese «algo» es el inicio del regreso.

6. **Micromovimientos de vida.**
   Lentamente, sin exigirte nada, empieza a realizar algún pequeño movimiento:
   Gira un poco la cabeza a un lado y luego al otro.
   Estira un dedo.
   Balancea suavemente el cuerpo a un lado y al otro.
   Lleva la barbilla al pecho y luego vuelve al centro.
   No busques «activar» nada. Solo deja que el cuerpo sepa que puede empezar a moverse. Que hay vida. Que estás presente.

7. **Siente el «sí» al regreso.**
   ¿Hay alguna zona que empiece a sentirse más viva? ¿Algún pequeño «sí» interno, por mínimo que sea?
   No tienes que salir del colapso de golpe. Solo necesitas encontrar esa micropuerta que se abre. Aunque sea una rendija.

Para terminar:
Vuelve a orientar la mirada. Mira de nuevo a tu alrededor, como si tu cuerpo pudiera comprobar que «ya no es entonces». Que esto es ahora.

Y desde ese ahora, si quieres, puedes preguntarte:

- «¿Qué necesito hoy para cuidar esta reconexión?».
- «¿Qué parte de mí ha empezado a despertar?».
- «¿Dónde noto más vida en mi cuerpo ahora?».

Resumen de respuestas y patrones del sistema nervioso

	Respuesta	Patrones de comportamiento	Emociones asociadas
1	**Lucha**	Perfeccionismo, crítica constante, hipervigilancia	Frustración, rabia, ansiedad por control
2	Huida	Hiperindependencia, ocupación constante, desconexión emocional	Miedo, evitación, sensación de vacío
3	Congelación	Complacencia, falta de límites, indefensión aprendida	Desesperanza, resignación, desconexión emocional

¿Cómo empezamos a desenredar estas respuestas?

- **Reconocimiento:** el primer paso es ponerle nombre a lo que antes era automático. Ver con claridad cómo estos patrones de defensa se expresan en tu vida, y cómo han condicionado tu forma de habitarte y de estar en el mundo.
- **Compasión:** mirarte con ternura, sin juicio. Comprender que estas respuestas no surgieron para sabotearte, sino para protegerte en momentos en los que no sabías cómo hacerlo de otra manera.
- **Liberación somática:** a través del cuerpo, puedes empezar a soltar la carga que llevas acumulando en forma de tensión,

contención y silencios. Poco a poco, práctica a práctica, tu sistema puede comenzar a encontrar nuevos caminos.

- **Reconexión:** cultivar experiencias que te devuelvan a ti. A lo que eres más allá de la defensa, más allá de la máscara. Habitar tu verdad con cada vez más presencia, más autenticidad y más calma.
- **Autorreflexión:** ¿qué pequeño gesto, hoy, te acercaría a un mayor equilibrio emocional y físico? A veces no es más hacer, sino permitirte sentir, pausar o decir que no.

Reconocer que nuestras respuestas y patrones no son defectos, sino formas en que nos protegemos del dolor y la vulnerabilidad, cambia la narrativa que llevamos dentro y transforma por completo la manera en que te miras.

Nos permite mirarnos con más compasión y comprender que, incluso en nuestras luchas más profundas, hemos hecho lo mejor que pudimos con las herramientas que teníamos. **Nos permite dejar de pelear con nosotras y empezar a acompañarnos.**

Imagina por un momento quién podrías ser si soltaras el peso de esas armaduras que ya no necesitas. Si te dieras el permiso de vivir sin tener que protegerte todo el tiempo. Si pudieras descansar. Sentirte segura. Confiar en ti.

Si pudieras caminar por la vida sintiéndote más ligera, más libre, más auténtica.

Este no es un camino que debas recorrer sola. Tu cuerpo, tu mente y tu historia están contigo, esperando a ser escuchados, entendidos y liberados. Cada pequeño acto de autocuidado, cada instante en que te permites sentir, decir «no» o, simplemente, descansar es un paso hacia tu verdadera esencia.

Tú no eres tus respuestas de supervivencia. Eres mucho más que eso. Eres la fuerza que ha sostenido todo este tiempo y la valentía que ahora decide cambiar.

El pasado puede haberte moldeado, pero no tiene por qué definirte. El poder de transformar tu historia está en tus manos, un paso a la vez. ¿Qué parte de tu historia quieres reescribir hoy?

9

EL PASADO NO RESUELTO VIVE EN TU CUERPO

Tu cuerpo es como un archivo viviente. Una caja negra. Cada experiencia que has vivido, desde las más pequeñas hasta las más significativas, ha dejado una huella en ti, incluso aquellas que crees haber superado o que tu mente ha olvidado. Lo que no pudiste procesar en su momento, lo que no lograste expresar, todo eso sigue vivo en ti. Es como si tu cuerpo fuera un depósito silencioso de historias no contadas, que se manifiestan en forma de tensiones, síntomas, dolores o patrones físicos repetitivos. **Son las marcas físicas de tu historia emocional no resuelta.**

Antes de seguir, te dejo unas preguntas para que empieces a abrir el cuerpo desde la escucha:

- ¿Alguna vez has sentido una tensión en tu cuerpo sin razón aparente, como si una parte de ti estuviera apretada o rígida? ¿Qué historia crees que podría estar guardada ahí?
- Cuando piensas en momentos difíciles de tu vida, ¿qué partes de tu cuerpo reaccionan primero? ¿Tu corazón se acelera? ¿Tus hombros se tensan?
- Si tu cuerpo pudiera hablar, ¿qué memorias o emociones crees que revelaría?

- ¿Qué patrones físicos, como la postura o los gestos repetitivos, sientes que te acompañan día a día, como una sombra que no puedes sacudir?

El cuerpo recuerda lo que la mente olvida

¿Qué significa realmente que el trauma se almacena en nuestro cuerpo? Es algo que escuchamos a menudo, pero comprenderlo desde un nivel biológico y físico nos abre una nueva dimensión sobre cómo vivimos con él, incluso cuando no somos conscientes.

Ya hemos visto que, cuando atravesamos una experiencia traumática, nuestro sistema se activa para protegernos, y que, cuando la energía movilizada no puede descargarse ni expresarse, no desaparece, se queda. Se queda en el cuerpo, alojada como una carga no digerida que sigue buscando una salida.

Esa energía no utilizada no solo queda atrapada en los músculos, sino también en las **fascias**, un tejido conectivo que envuelve y sostiene cada músculo, órgano y nervio del cuerpo. Las fascias actúan como una red viva que mantiene la forma y estructura del cuerpo, pero también son extremadamente sensibles al trauma. No solo dan forma y estructura a tu cuerpo: también guardan memoria. Cuando vivimos situaciones de estrés intenso, las fascias reaccionan contrayéndose y endureciéndose, como una coraza protectora. Así, este endurecimiento no solo restringe el movimiento y la flexibilidad física, sino que también guarda el recuerdo del trauma. Si esa contracción se cronifica, se convierte en un lenguaje silencioso del trauma que quedó atrapado.

Las fascias pueden almacenar la energía no liberada del trauma durante años. Esta tensión no es solo un reflejo físico; es una manifestación de emociones no procesadas, atrapadas en las capas más profundas del cuerpo. Con el tiempo, estas fascias tensas se convierten en una especie de «armadura» interna, en algunos casos acompañada por depósitos de calcio que literalmente endurecen estas estructuras. Esto ocurre cuando el estrés crónico agota las glándulas suprarrenales, reduciendo los niveles de minerales clave, como el sodio y el potasio, en los tejidos. Ese calcio que normalmente debería circular empieza a depositarse en zonas concretas del cuerpo —cuello, hombros, parte alta de la espalda, caderas— formando auténticos blindajes físicos. Como si el cuerpo dijera: «Aquí hubo algo que dolió, y no quiero que vuelva a pasar».

Estos depósitos de calcio no solo contribuyen al endurecimiento de las fascias, sino que perpetúan patrones de defensa inconscientes, que afectan a nuestra postura, restringiendo nuestra libertad de movimiento y manteniendo el ciclo de dolor crónico.

Esa rigidez no es solo física. Es una huella emocional. Cada contractura, cada limitación de movimiento, cada dolor que se repite, habla de una historia que el cuerpo aún no ha terminado de contar. El trauma no solo vive en la mente. También habita en esa red silenciosa que sostiene y organiza tu estructura corporal.

Y no se queda ahí.

Cuando la tensión se mantiene, empieza a profundizar, atravesando capas, llegando a lugares más sutiles: tus vísceras. **Tus órganos no son solo sistemas funcionales; son también centros emocionales profundamente conectados con tu experiencia de vida.** El estómago, el intestino, el corazón, los pulmones…, todos ellos responden al estado interno de tu sistema.

En especial el intestino, que está íntimamente conectado con el sistema nervioso entérico (ese que llaman el segundo cerebro), el cual es extremadamente sensible al trauma. Las tensiones que no se liberan en músculos o fascias migran hacia dentro, afectando la motilidad intestinal, la respiración, el ritmo cardiaco... y generando síntomas que muchas veces no tienen explicación aparente desde lo médico. Pero el cuerpo lo sabe. El cuerpo lo siente. Y sigue cargando.

El trauma que no se procesa tiende a replegarse hacia lo más profundo del cuerpo, afectando al núcleo mismo de nuestro ser.

Cuando el trauma no se procesa, tiende a replegarse hacia lo más profundo. Y esa contracción no es solo física: también es emocional. Nos vamos hacia dentro. Nos desconectamos del mundo. De nosotras mismas. De lo que sentimos. Habitamos el cuerpo como si no fuera nuestro, como si fuera un lugar extraño o lejano. Vivimos, pero sin sentirnos del todo vivas. Nos movemos, pero desde una energía apagada, como si una parte esencial se hubiera ido a dormir.

Esa es, quizá, la manifestación más profunda de la somatización: cuando el cuerpo sigue sosteniendo lo que la mente ya no puede enfrentar. Cuando lo que no se dijo, no se lloró, no se gritó..., se aprieta en el diafragma, en la mandíbula, en los intestinos, esperando a ser liberado.

El ciclo de somatización y disociación

Cuando las capas más profundas del cuerpo quedan marcadas por el trauma, el cuerpo y la mente comienzan a desconectarse. Este mecanismo de supervivencia que nos protege del dolor emocional, con el tiempo, refuerza la desconexión entre el cuerpo y las emociones. Mientras el cuerpo sigue sosteniendo la carga del trauma, la mente trata de desviar la atención, manteniéndonos en un estado de disociación que puede durar incluso años. Es una forma que tiene el sistema de decir: «Esto es demasiado, mejor no sentirlo». Y así empezamos a vivir medio desconectadas. **El cuerpo guarda la carga, la tensión, la memoria... y la mente se va. Se disocia.** Se enfoca en lo externo, en el hacer, en la exigencia, en la supervivencia. Y este estado puede mantenerse durante años sin que ni siquiera lo notemos.

Esa energía atrapada, que está ahí, en los músculos, en las fascias, en la respiración entrecortada, se convierte en una barrera física que bloquea el acceso a las emociones. Como si el cuerpo construyera un muro para que no podamos sentir. Y ese muro, con el tiempo, termina afectando a todo: nuestra postura, nuestro ánimo, nuestro sistema hormonal, nuestra capacidad de confiar y descansar.

A nivel más profundo, se altera el diálogo interno del sistema nervioso. La amígdala (la parte del cerebro que detecta peligros) se hiperactiva y empieza a ver amenazas donde no las hay. Y el córtex prefrontal (ese que ayuda a regular y poner perspectiva) se queda sin recursos. El cuerpo entra en bucle: tensión, alerta, agotamiento. Y, en ese estado, no es raro que aparezcan diagnósticos como fibromialgia, fatiga crónica, ansiedad o depresión. Porque lo que el cuerpo está intentando decir es: **«Yo no he salido aún de ese lugar de peligro»**.

Desde fuera puede parecer que todo está bien. Pero, por dentro, el cuerpo sigue en modo guerra. Sigue leyendo la rigidez de los músculos, la presión en el pecho, el nudo en el estómago...

como señales de que algo no está bien. Y entonces entra en juego el eje HPA —esa red entre el hipotálamo, la pituitaria y las glándulas suprarrenales—, que mantiene al cuerpo en alerta constante, como si algo terrible fuera a pasar en cualquier momento.

A la vez, el nervio vago, el que debería ayudarnos a volver a la calma, queda bloqueado. Así que, aunque externamente la amenaza haya pasado, internamente seguimos atrapadas. **El cuerpo no puede soltar, ni descansar, ni abrirse.** Hay un cortocircuito entre la parte que acelera y la parte que calma. Una fractura interna que hace que vivamos con el freno y el acelerador pisados al mismo tiempo.

Y, claro…, eso agota. Emocional y físicamente. Nos deja sin energía para estar presentes, para sentir placer, para conectar de verdad. El cuerpo sigue pidiendo una salida, una liberación. Pero la mente hace lo que aprendió: distraerse, racionalizar, seguir como si nada.

Por eso el camino no puede ser solo mental. Necesitamos volver al cuerpo. Tocar esas capas con suavidad. Respirar hacia ellas. Escuchar lo que nos están queriendo contar. **El trabajo somático no es solo una técnica, es una vía para empezar a desarmar esa armadura que nos mantiene alejadas de nosotras mismas.**

Cuando abrimos espacio para que esa energía atrapada empiece a liberarse, algo cambia. No solo el cuerpo se alivia. También la mente se despeja. La emoción que estaba retenida empieza a fluir. Y recuperamos poco a poco la capacidad de sentirnos, de estar, de habitar el presente.

A eso es a lo que yo llamo **alquimia del procesamiento emocional**. No es hacer desaparecer el trauma, sino transformar la forma en que lo llevamos dentro. Es convertir esa carga que nos tenía encerradas en una posibilidad de expansión. De volver a casa. De vivir desde un lugar más auténtico y habitable.

El lenguaje del cuerpo

El cuerpo es una fuente infinita de información. Cada tensión, cada postura y cada movimiento repetitivo que adoptas diariamente son expresiones físicas de emociones no resueltas, de traumas que tu mente ha dejado atrás, pero que él sigue recordando.

Lo que muchas veces llamamos dolor crónico o malas posturas no siempre es solo una cuestión de edad, estrés o mala ergonomía. Muchas veces son defensas. Adaptaciones que el cuerpo ha creado para protegerte de algo que, en su momento, dolía demasiado.

El cuerpo responde a las emociones reprimidas de manera automática. Cada emoción tiene una carga energética y, si no la liberamos, se queda almacenada. La tristeza, la rabia, el miedo, la frustración: todo queda registrado en nuestra estructura física. Por ejemplo, la tristeza reprimida puede manifestarse en los hombros, que se encorvan hacia delante como si estuvieras protegiendo tu corazón de una nueva herida. La rabia se queda atrapada en la mandíbula, apretada, contenida. El miedo se acumula en el abdomen, que se endurece para proteger tus vísceras. Y, con el tiempo, esos patrones se vuelven parte de ti. Parte de cómo te mueves, de cómo caminas, de cómo respiras, de cómo te relacionas.

No son solo posturas. Son mensajes.

Tu cuerpo dice: «Aquí me dolió», «Aquí me callé», «Aquí me aguanté», «Aquí aprendí que era más seguro cerrarme que abrirme».

Cuando no expresamos una emoción, el cuerpo crea **patrones posturales** que reflejan esa represión. Una postura cerrada, con los hombros caídos y el pecho contraído, por ejemplo, puede ser una señal de que el cuerpo está protegiéndose de la vulnerabilidad. Una mandíbula tensa o el abdomen rígido pueden indicar que el cuerpo está reteniendo una respuesta emocional que no ha podido aflorar.

Estos patrones no solo afectan a nuestra apariencia o postura, sino que también mantienen la desconexión entre nuestro cuerpo y nuestras emociones.

Algunos ejemplos que quizá reconozcas en ti

- **Hombros encorvados:** reflejan una sensación de protección o una carga emocional que la persona ha estado llevando por mucho tiempo, como si cargara con una mochila pesada. El cuerpo se cierra para evitar sentir o mostrar vulnerabilidad, como si el pecho estuviera protegiéndose.
- **Mandíbula tensa:** las personas que han reprimido emociones intensas, como la ira o el llanto, suelen tensar la mandíbula. Esto es una forma de «contener» esas emociones, una señal de todo lo que no se dijo, de todo lo que se aguantó. Apretar la boca para no llorar, para no gritar, para no incomodar.
- **Abdomen y diafragma contraído:** el abdomen contraído y el diafragma tenso son respuestas típicas al miedo o la ansiedad. El cuerpo, al sentir estas emociones, tiende a proteger los órganos internos y restringir la respiración, lo que a largo plazo afecta no solo a la capacidad de respirar profundamente, sino también a la digestión y al equilibrio emocional.

- **Cuello rígido:** el cuello es una zona donde se almacenan tensiones emocionales no expresadas, una señal de que la persona se siente atrapada, incapaz de moverse o de encontrar una salida emocional a lo que está viviendo. Que no hay escapatoria. Que tenemos que sostenerlo todo solas. El cuello se endurece como si cargara con el mundo.

Práctica somática: explorando las posturas cerradas y abiertas

Vamos a darle al cuerpo un espacio para expresarse. No se trata de corregir la postura ni de «arreglar» nada. Se trata de observar, de sentir, de dejar que el cuerpo hable... y escuchar lo que tenga que decir.

Te propongo hacer esta práctica en un lugar tranquilo, donde puedas estar de pie o sentarte con los pies firmes sobre el suelo.

1. **Conecta con tu cuerpo.**
   Cierra los ojos y lleva tu atención a cómo se siente tu cuerpo en este momento. Observa cualquier zona de tensión, particularmente en los hombros, la mandíbula o el abdomen. No trates de cambiar nada, solo observa.
   ¿Cómo se siente estar en ti hoy? ¿Dónde notas más presencia? ¿Hay alguna zona que se sienta más tensa, más apagada, más viva?

2. **Explora una postura cerrada.**
   Ahora, de forma intencionada, adopta una postura cerrada. Encorva los hombros hacia delante, contrae el pecho y tensa la mandíbula. Siente cómo tu cuerpo se repliega, como si estuviera protegiéndose de algo.

Trata de identificar qué emociones surgen cuando tu cuerpo se cierra. ¿Cómo se siente estar así? ¿Qué emoción aparece en esta forma? ¿Sientes tristeza, miedo o tal vez rabia? ¿Qué parte de ti está acostumbrada a moverse así por el mundo? No trates de cambiar nada. Solo siente.

3. **Respira profundamente en la contracción.**
Aunque estés en esta postura cerrada, intenta llevar el aire hacia el pecho o el abdomen. ¿Te cuesta? ¿Dónde sientes que se bloquea?
Observa sin forzar. Deja que el cuerpo te muestre su ritmo.

4. **Ahora, abre tu postura poco a poco.**
Lentamente, lleva los hombros hacia atrás. Abre el pecho. Afloja la mandíbula. Deja que el cuello se alargue un poco más. Inhala profundo. Exhala lento.
Siente el espacio que se crea en el pecho y en el abdomen. Permanece en esta postura unos momentos, notando cómo se siente estar más abierta al mundo.
Y observa de nuevo: ¿cómo cambia tu respiración en esta postura? ¿Qué emoción aparece cuando abres? ¿Sientes más miedo... o más alivio?

5. **Explora ambas posturas varias veces.**
Permítete alternar entre ambas posturas: cerrada y abierta. Hazlo varias veces, sin prisa. Solo respirando y sintiendo los matices entre una y otra.
Respirando profundamente en cada una. Nota las diferencias en las sensaciones físicas y emocionales entre ambas posturas. ¿Qué emociones emergen cuando te abres? ¿Qué sientes cuando te cierras?

6. **Integra la experiencia.**
Quédate unos minutos sentada o de pie, con la atención en el cuerpo. Pregúntate:

- ¿Qué mensaje te ha dado hoy tu cuerpo?
- ¿Qué emociones estaban atrapadas en tu cuerpo?
- ¿Te resulta más fácil estar en una postura abierta o cerrada?
- ¿Qué parte de ti necesitaba ser vista o reconocida?
- ¿Cómo puedes acompañarte mejor la próxima vez que sientas esta tensión?

La respiración profunda y la conciencia corporal que desarrollarás a través de estas prácticas son herramientas poderosas para desbloquear esos patrones y permitir que el cuerpo vuelva a sentirse seguro.

No se trata de forzarte a estar abierta o erguida todo el tiempo. Se trata de notar cuándo el cuerpo se cierra, de qué está intentando protegerte y de empezar a elegir conscientemente cómo quieres habitarte.

Somatización y memoria celular

«Tu historia no contada no desaparece.
Se vuelve cuerpo».

LORENA CUENDIAS

El trauma no desaparece solo porque hablemos de él, ni porque tratemos de dejarlo atrás con la mente. **Se hace cuerpo. Y lo hace como puede**: a través de síntomas, tensiones, malestares que muchas veces no tienen una explicación clara desde lo médico, pero que el cuerpo tiene muy claro por qué están ahí.

Esto es la somatización: cuando lo que no pudo ser expresado con palabras se manifiesta a través del cuerpo. Es su manera de decir:

«Esto aún no ha sido digerido». Es la expresión física de emociones reprimidas, de duelos no hechos, de traumas congelados. Y, aunque duela, también es una oportunidad: porque el cuerpo no miente. Siempre está mostrando algo que necesita ser escuchado.

¿Cómo se manifiesta el trauma en el cuerpo?

Cuando el trauma queda sin procesar, el cuerpo encuentra maneras de expresar ese malestar emocional a través de dolencias físicas. Los síntomas más comunes incluyen:

- **Dolores crónicos**
  Dolor de cabeza, de espalda, de articulaciones, tensión muscular persistente..., muchas veces no vienen de una mala postura o del colchón. Vienen de una carga emocional que el cuerpo sigue sosteniendo porque no encontró otra vía de salida.
- **Fatiga crónica y fibromialgia**
  El cuerpo que está continuamente en un estado de alerta agota las reservas de energía y produce un cansancio extremo. Un estudio realizado por Häuser *et al.* (2011) reveló que muchas personas diagnosticadas con fibromialgia tienen antecedentes de trauma emocional o físico. La fibromialgia, caracterizada por dolor musculoesquelético crónico, se asocia con un sistema nervioso que permanece en estado de hipervigilancia, incapaz de relajarse después del trauma. Y eso, con el tiempo, duele. Duele el cuerpo... y duele el alma.
- **Problemas digestivos**
  El sistema digestivo es muy sensible al estrés emocional. El intestino no es solo un órgano. Es un centro emocional. Un

ejemplo común de somatización es la conexión entre el trauma o el estrés y los problemas digestivos.

El intestino está directamente conectado con el sistema nervioso a través del nervio vago. Cuando estamos en modo supervivencia, esto se desregula completamente.

En condiciones de **estrés crónico o trauma**, se produce una inhibición del sistema parasimpático junto con una sobreactivación del simpático. Biológicamente, esto se traduce en:

- **Contracción de los músculos circulares** y relajación de los longitudinales. → Se ralentiza el tránsito intestinal, provocando estreñimiento cuando ambos sistemas actúan en contra del ritmo natural del intestino.
- **Inhibición de las ondas del complejo motor migrante (MMC)**, que limpian el intestino entre comidas. → Esto facilita el sobrecrecimiento bacteriano en el intestino delgado (**SIBO**).

El resultado no es solo estreñimiento. Puede ser también diarrea, reflujo, hinchazón, sensibilidad o dolor abdominal. El desplazamiento de la microbiota hacia zonas que no deberían colonizar, sumado a una hipersensibilidad visceral, genera una hiperactivación del sistema digestivo que se traduce en molestias constantes.

Además, el estrés y el trauma tienden a alterar la microbiota intestinal, lo que favorece infecciones, disbiosis e inflamación crónica. Esta situación está relacionada directamente con el síndrome del intestino irritable (SII) y con síntomas digestivos sin causa orgánica aparente.

En resumen: no es que «tengas un estómago sensible». **Es**

que tu cuerpo ha estado cargando un desequilibrio nervioso y emocional que se refleja en tu digestión. El estreñimiento, la diarrea, el reflujo o el intestino irritable no son «síntomas aislados ocasionales» por algo que no te ha sentado bien; son señales de que hay un sistema completo hablando, pidiendo escucha.

- **Problemas respiratorios**
  Respirar superficial, no poder tomar aire profundo, sentir un peso en el pecho…, todo eso puede tener raíces emocionales. **La respiración es una de las primeras cosas que se altera cuando el cuerpo percibe peligro.** Y, si creciste en un entorno donde el cuerpo no podía relajarse del todo, es probable que tu respiración se haya adaptado a ese patrón. Un estudio publicado por la European Respiratory Society relaciona experiencias adversas en la infancia con el desarrollo de asma en la edad adulta.

El ciclo de repetición somático

Muchas veces creemos que ya «superamos» algo porque lo entendimos con la cabeza. Pero el cuerpo no olvida tan fácilmente. De hecho, tiende a repetir lo que no ha podido procesar. No porque quiera castigarte, sino porque está intentando resolverlo. Es como si el cuerpo siguiera esperando un desenlace distinto.

> El cuerpo tiende a repetir patrones somáticos inconscientes que reflejan las experiencias traumáticas del pasado. Esto es parte de lo que llamamos memoria corporal.

Este ciclo no solo afecta a las respuestas físicas, como tensiones en áreas específicas del cuerpo, sino que también influye en los comportamientos y patrones relacionales.

Por ejemplo, si experimentaste rechazo emocional en el pasado, tu cuerpo puede reaccionar de forma similar cuando siente que está nuevamente en una situación de vulnerabilidad o rechazo.

A nivel conductual, estos patrones somáticos no solo se sienten en el cuerpo. **También se manifiestan en nuestras decisiones, vínculos y formas de relacionarnos.** Sin darnos cuenta, podemos terminar repitiendo relaciones disfuncionales o comportamientos que nos hacen daño. Y no, no es porque queramos sufrir o revivir el trauma. Es porque, a su manera, el cuerpo está buscando una forma de resolverlo.

Estas dinámicas no son una elección consciente. Son respuestas que tu cuerpo aprendió a repetir como mecanismo de protección. En su lenguaje, repetir lo conocido equivale a protegerte. Aunque duela. Aunque te limite.

El cuerpo, en lugar de procesar y liberar el trauma, entra en una especie de bucle donde se activan las mismas respuestas somáticas y emocionales una y otra y otra vez. Porque ha aprendido a funcionar en un estado de alerta constante, y cualquier situación que se parezca, aunque sea un poco, al trauma original vuelve a encender las alarmas.

Por eso muchas personas que han vivido abuso o maltrato terminan, sin saber cómo, en relaciones que replican esas mismas dinámicas. No es falta de inteligencia emocional. Es un ciclo de supervivencia que sigue operando en segundo plano, sosteniendo patrones que ya no necesitamos, pero que el cuerpo aún no sabe cómo soltar.

> Estos ciclos de repetición somática son lo que perpetúa las mismas historias de dolor, incluso cuando pensamos que hemos dejado atrás la historia.

El cuerpo, al seguir reproduciendo los mismos patrones, nos mantiene conectados a esas memorias no resueltas. Solo cuando somos capaces de reconocer esas tensiones y trabajar somáticamente para liberarlas, podemos comenzar a romper este ciclo.

Práctica somática: liberando memorias atrapadas en el cuerpo

Esta práctica está diseñada para ayudarte a identificar, explorar y comenzar a liberar las tensiones y memorias que tu cuerpo guarda. Hazla con paciencia y compasión hacia ti misma.

Reconecta con el cuerpo

1. Encuentra un lugar tranquilo para sentarte o tumbarte cómodamente. Mantén la espalda recta y los pies apoyados en el suelo si estás sentada.
2. Cierra los ojos y lleva tu atención a la respiración. Observa cómo el aire entra y sale, sin intentar modificarlo. Nota qué zonas del cuerpo se sienten más libres y cuáles parecen estar limitadas.
3. Haz un escaneo corporal desde la cabeza hasta los pies. Identifica áreas de tensión, incomodidad o rigidez. No intentes cambiar nada, simplemente toma conciencia.

Explora la tensión

1. Elige una zona de tu cuerpo que sientas especialmente tensa o «bloqueada».

2. Lleva una mano a ese lugar, con suavidad. Acompáñalo con la respiración: al inhalar, imagina que llevas oxígeno y espacio hacia esa zona. Al exhalar, imagina que algo se suaviza, aunque sea un milímetro.
3. Desde esa conexión, pregúntale a esa parte de ti:
   - «¿Qué necesitas?».
   - «¿Qué quieres mostrarme?».

   Permite que surjan imágenes, sensaciones, emociones o frases. No necesitas entenderlo todo. Solo deja que se exprese.

Movimiento y sonido para liberar

1. Introduce movimientos suaves en la zona elegida, como girar los hombros, balancear la pelvis o inclinarte hacia delante y atrás. Deja que el cuerpo se mueva como lo necesite. Deja que esa zona del cuerpo se mueva si lo pide. Pueden ser gestos pequeños: un giro de hombros, un balanceo suave, un estiramiento. Escucha al cuerpo. No lo fuerces.
2. Añade sonidos en la exhalación, como un «aaah» o un «mmm», un suspiro largo..., lo que salga. Siente cómo la vibración se mueve dentro y abre espacio. A veces el cuerpo necesita liberar no solo a través del movimiento, sino también del sonido.

Integración

1. Vuelve a una posición cómoda y tranquila. Tómate unos instantes para volver a tu respiración natural.
2. Haz un escaneo corporal final.
   ¿Notas algún cambio en la zona que exploraste? ¿Se siente diferente el conjunto de tu cuerpo?
3. Si quieres, toma papel y lápiz y responde:
   - «¿Qué me ha mostrado mi cuerpo hoy que no había notado?».
   - «¿Qué emociones o recuerdos surgieron durante la práctica?».
   - «¿Cómo se siente ahora esa parte del cuerpo adonde llevé mi atención? ¿Hay algún cambio, por pequeño que sea?».

- «¿Tiene esto relación con alguna historia, experiencia o patrón en mi vida?».
- «¿Qué necesitaría esa parte de mí para sentirse más segura o aliviada?».
- «¿Qué puedo hacer para cuidar más de mí después de lo que he descubierto hoy?».
- «Si pudiera darle las gracias a mi cuerpo…, ¿qué le diría?».

Reconociendo las señales del cuerpo: trabajar la escucha profunda

El cuerpo tiene una sabiduría propia, una voz que muchas veces ignoramos o simplemente no sabemos cómo escuchar. Tiene un lenguaje propio. Y, aunque nadie nos enseñó a hablarlo, siempre ha estado intentando comunicarse contigo. A veces lo hace con una punzada en el pecho, otras con un nudo en el estómago, otras con un agotamiento que no se va con dormir. Son mensajes.

Aprender a escuchar esas señales es una parte esencial del camino. No para analizarlas con la mente, sino para empezar a habitarte desde dentro. Esto es conciencia somática: una forma de volver a ti, de recuperar el diálogo con una parte sabia que quizá llevas años ignorando.

Tu cuerpo no está en tu contra.
Todo lo contrario.

A partir de hoy, te invito a ponerle más atención. No desde la exigencia, sino desde la presencia. Observa tus tensiones, tus gestos automáticos, tu forma de respirar. Tal vez notes que se te encogen los hombros en ciertas situaciones, o que tu pecho se cierra cuando alguien te mira de una manera determinada. Esas respuestas no son aleatorias. Son memorias. Son historias sin cerrar.

Aquí tienes algunas preguntas que puedes empezar a hacerte cuando notes alguna molestia, incomodidad o tensión corporal. No necesitas responderlas todas ni hacerlo perfecto. Solo deja que tu cuerpo tenga voz.

- **¿Qué parte de mí reacciona cuando pienso en esta situación o persona?**
  Observa si se te cierra la garganta, si se te tensa la mandíbula, si algo se encoge en la boca del estómago. Es probable que esa parte esté guardando algo que aún no fue sentido del todo.
- **¿Cómo cambia mi respiración cuando algo me activa emocionalmente?**
  La respiración es una de las brújulas más claras del estado interno. ¿Se acorta? ¿Se agita? ¿Se congela? Fíjate si tu cuerpo está intentando contener lo que no se permitió sentir en su momento.
- **¿Escuché mi cuerpo antes de que apareciera este dolor?**
  Muchas veces las señales estaban ahí desde hace tiempo, pero no supimos reconocerlas. ¿Podrías empezar a atenderlas antes de que griten?

Estas preguntas no te llevarán más que unos minutos al día, pero pueden abrir un camino completamente nuevo en tu forma de estar contigo misma. Cuanto más escuchas, más se relaja el cuerpo. Y, cuanto más se relaja, más seguro se siente. Y ahí empieza lo que de verdad importa: dejar de luchar contra ti, y empezar a habitarte con más suavidad.

Recuerda: no estás sola en esto.
Tu cuerpo ha hecho todo lo posible por protegerte.
Y ahora está listo para hablar.
¿Estás lista para escucharle?

Práctica somática: conectando con las sensaciones corporales

Vamos a trabajar en una **práctica somática** diseñada para ayudarte a conectar con las sensaciones corporales de una manera segura y sin juicio:

1. **Encuentra tu espacio seguro.**
   Busca un lugar donde te sientas tranquila y no haya interrupciones. Puedes sentarte o tumbarte, lo que te resulte más cómodo. Si te ayuda, cierra los ojos y lleva la atención hacia dentro. Solo eso ya es un gesto de amor.

2. **Escaneo consciente del cuerpo.**
   Comienza a recorrer tu cuerpo mentalmente, desde los pies hasta la cabeza. Sin prisa. Detente en cada parte y nota lo que hay: ¿tensión?, ¿rigidez?, ¿una sensación neutra? No intentes cambiar nada. Solo observa. Como si estuvieras saludando con curiosidad y respeto cada rincón de ti.

3. **Conecta con tu respiración.**
   Ahora lleva tu atención a cómo respiras. No hace falta que la cambies. Solo nota si el aire entra y sale libremente... o si hay zonas donde la respiración parece más corta, más contenida. La respiración siempre nos da pistas.

4. **Pregunta y escucha.**
   Elige una parte de tu cuerpo que te haya llamado la atención. Puede ser donde sentiste más tensión, o donde notaste menos presencia. Apoya suavemente tu mano sobre esa zona y pregúntale: «¿Qué necesitas decirme?».

   No esperes una respuesta lógica. Quizá venga una imagen, una palabra, una emoción o una sensación difusa. Lo que sea que surja está bien. Escucha sin juzgar. Solo abre espacio para que esa parte de ti se exprese.

5. **Respira para soltar.**
   Lleva tu respiración hacia esa zona. Imagina que cada inhalación crea más espacio... y que cada exhalación libera un poquito de la tensión contenida ahí. No hay que forzar nada. Solo acompaña con suavidad, como quien consuela a una niña asustada.

6. **Cierra con gratitud.**
   Antes de terminar, tómate un momento para agradecerle a tu cuerpo. Aunque estés cansada. Aunque aún duela. Aunque no hayas entendido nada. Agradece su forma de protegerte, su forma de sostenerte incluso en medio de tanto. Puedes decirle algo como «Gracias por seguir aquí, incluso cuando no te he sabido escuchar».

   La conexión somática se construye a través de la compasión y la escucha consciente.

Este tipo de prácticas no buscan resultados rápidos ni soluciones mágicas. Son un modo de relación. Una conversación que vas construyendo con tu cuerpo poco a poco, desde la paciencia y la compasión.

A veces, al hacerlas, pueden aparecer emociones, recuerdos o sensaciones intensas. Otras veces, solo un suspiro. Todo eso forma parte del proceso. No tengas prisa. No quieras «soltarlo todo» de golpe. El cuerpo tiene su propio ritmo, y tu tarea no es empujar, sino acompañar.

Cada vez que vuelves a ti, aunque sea por unos minutos, estás creando un espacio interno más seguro. Estás diciendo: «Estoy aquí. Te veo. Te escucho».

Podrás encontrar esta práctica guiada por mí aquí:

www.tucuerposabetuhistoria.com/recursos

Corregulación y autorregulación: liberación a través de la conexión

Sanar no siempre es un viaje que se hace en soledad. De hecho, muchas veces, lo que más necesitamos no es «entender más», leer más libros o hacer más cursos, sino sentirnos acompañadas de verdad. El cuerpo lo sabe. Y, cuando por fin se siente seguro con alguien, empieza a liberar lo que llevaba años sosteniendo en silencio.

Eso es la corregulación: cuando tu sistema nervioso, que está en alerta, se sintoniza con el de otra persona que está en calma y presencia. No es magia. Es biología. Es un proceso profundo en el que dos cuerpos se encuentran y uno, simplemente por estar ahí, le transmite al otro: «Estás a salvo».

> Cuando estamos en presencia de alguien con quien nos sentimos seguras y comprendidas, nuestro cuerpo reacciona a esa sensación de seguridad.

Esto es clave en los procesos de trauma. No se trata solo de «hacer prácticas» o «soltar emociones». Se trata de permitirle al cuerpo experimentar que es seguro sentir, que no va a ser castigado, abandonado o invalidado por mostrarse vulnerable. Y eso, muchas veces, solo puede pasar en relación.

No hace falta que la otra persona diga nada. A veces basta una mirada suave, una voz que no juzga, un gesto amable, una mano en el hombro. Cuando eso sucede, tu sistema empieza a relajarse, a bajar la guardia. Y ahí, justo ahí, es cuando muchas memorias atrapadas pueden empezar a aflorar sin desbordarte. Porque ya no estás sola. Porque, esta vez, el cuerpo no tiene que defenderse.

De hecho, muchas veces, cuando por fin encontramos un vínculo seguro —una relación estable, un grupo que nos sostiene, una terapeuta con la que sentimos conexión—, **no todo se siente «mejor» de inmediato**. Al contrario: parece que empeoramos. Que se intensifican los síntomas, que nos volvemos más emocionales, más sensibles, más removidas.

Pero lo que está pasando es que el cuerpo, al fin, ha encontrado un lugar seguro donde *puede* empezar a procesar todo lo que antes tuvo que guardar. No estás retrocediendo. No estás «peor». Estás soltando, abriendo capas que no podían emerger cuando estabas en supervivencia.

Esto también está relacionado con lo que Gay Hendricks llama el ***Upper Limit Problem*****: ese momento en el que empezamos a sentir más bienestar, más amor o más expansión... y algo dentro se sabotea**. Porque el sistema no está acostumbrado a esa seguridad, a esa paz. No porque no la desee, sino porque nunca la conoció.

El cuerpo reacciona como si fuera demasiado. Porque lo nuevo, aunque sea bueno, también puede percibirse como una amenaza si tu sistema no está habituado a recibirlo. Y entonces te cierras, te bloqueas, discutes, te autosaboteas o te vuelves hipercrítica.

No porque seas disfuncional, sino porque tu sistema nervioso está intentando volver a lo que le es familiar. A lo que conoce. A lo que alguna vez fue seguro, aunque te doliera.

Por eso es tan importante aprender a reconocer esos momentos. No para evitar lo que sentimos, sino para sostenerlo con más conciencia y ternura. Para recordarnos: «Esto no es un retroceso, es un ajuste».

> Es tu cuerpo abriéndose al amor, a la conexión, a la posibilidad de sanar de verdad.

Y, por otro lado, está la autorregulación: esa capacidad de volver a ti, de sostenerte sola, de calmar tu sistema nervioso sin necesidad de otra persona. Y esto es igual de importante.

Habrá momentos en los que no tengas a nadie cerca. Y ahí es donde entra todo lo que estás aprendiendo: a respirar, a nombrar lo que sientes, a habitar tu cuerpo con más presencia, a reconocer tus señales internas antes de que te arrastren y te abrumen.

Corregulación y autorregulación no se excluyen. Se complementan. Aprender a estar contigo desde un lugar más amoroso no es cerrar la puerta al vínculo. Es abrirte a él con más libertad, porque ya no lo necesitas para sobrevivir, sino para compartir desde un lugar más presente y entero.

El cuerpo como el camino hacia la libertad

A lo largo de este capítulo hemos explorado cómo el cuerpo actúa como un archivo viviente de nuestras experiencias pasadas, reteniendo memorias no resueltas que se manifiestan en forma de tensiones, patrones posturales y síntomas físicos. Pero también hemos visto que este mismo cuerpo es nuestra vía de salida hacia la libertad. No es solo el lugar donde se aloja el trauma. Es también el portal de regreso. El cuerpo no solo recuerda: también sabe cómo liberar, cómo transformar.

No es solo un vehículo, sino el lugar donde nuestra historia puede transformarse.

Cada tensión, cada dolor, cada bloqueo es una oportunidad para reconectar con lo que quedó sin resolver, con lo que necesita liberarse. Es una llamada. Es parte del mapa. Una oportunidad de reconexión con eso que quedó fragmentado, congelado o escondido. Tu cuerpo te está mostrando por dónde empezar. Por dónde volver.

Escuchar a tu cuerpo, aprender a reconocer sus señales y ser testigo de lo que está tratando de comunicarte es un acto de profunda liberación.

La sanación no es una meta a la que se llega, es un camino sagrado que se va revelando a medida que aprendes a estar en tu cuerpo con presencia, con respeto, con amor. A medida que dejas de pelear con tus síntomas y comienzas a escucharlos. Que dejas de juzgar tus bloqueos y empiezas a entenderlos.

La posibilidad de liberarte de los patrones del pasado no está en algo externo, sino dentro de ti, en tu cuerpo, en tu respiración, en tu capacidad de sentir y soltar. **Las respuestas que buscas están en tu propio cuerpo.**

Sigue caminando este camino con curiosidad, con ternura, con paciencia. Tu cuerpo sabe. Sabe lo que aún duele. Sabe lo que está listo para soltarse. Y también sabe cómo guiarte hacia la libertad.

10

FRAGMENTACIÓN: CUANDO TE SEPARASTE DE TI MISMA

«Nadie se ilumina imaginando figuras de luz, sino haciendo consciente su oscuridad».

CARL GUSTAV JUNG

Desde nuestra llegada al mundo, comenzamos a dar forma a la idea de quiénes somos y lo que podemos esperar de otros, de nosotras y de la vida. **Esta construcción se forma a partir de momentos de conexión y seguridad, pero también de aquellos en los que nos sentimos solas, desbordadas o inseguras.** Estas experiencias se graban en nuestro cuerpo y en nuestro sistema nervioso y **fragmentan nuestra percepción de nosotras mismas**.

Imaginemos por un momento a un bebé que llora y a su madre, respondiendo con calidez a esa llamada; esa búsqueda de cercanía y conexión de la madre se refleja en el cuerpo de la criatura como una sensación de seguridad y valía. En cambio, si esa misma criatura se encontrara en un entorno donde sus necesidades emocionales no son satisfechas o, peor aún, donde su seguridad física o emocional está en peligro, su sistema nervioso respondería separando esas experiencias en compartimentos. Su cerebro busca protegerlo de algún modo «guardando» esas experiencias duras en diferentes «compartimentos» dentro de él, los separa para poder seguir adelante. Más adelante, estos «compartimentos» pueden abrirse de manera confusa, haciendo que la persona sienta su historia interna rota, fragmentada.

Esto no es una elección consciente; es una estrategia de supervivencia.

Al crecer, estas experiencias cotidianas de cuidado, validación o, por el contrario, de negligencia, abandono y rechazo **dan forma no solo a nuestra mente, sino, sobre todo, a nuestro sistema nervioso, a nuestra capacidad de sentir seguridad y a nuestro propio autoconcepto**. El trauma desintegra nuestra esencia y nuestro potencial, haciendo que fragmentos de nuestra historia queden atrapados y congelados en el tiempo. Estas partes de nuestro yo es como si no hubieran crecido, son como pequeñas yoes que no pudieron continuar su camino y nos dicen cosas como «No eres suficiente», «Algo malo pasará», «Te van a hacer daño». Esas voces internas no solo nos hablan, sino que guían nuestras decisiones desde la profundidad de nuestro ser, desde la sombra; nos recuerdan que hay algo malo en nosotras.

Algunas experiencias vitales encajan con facilidad en nuestra historia, como piezas de un puzle que nos permiten comprendernos mejor. Pero otras no. **Otras hacen que nos sintamos sobrepasadas, nos duelen o nos confunden tanto que no encontramos dónde colocarlas. Y eso nos lleva a apartarlas, a esconderlas.**

Este proceso no es voluntario; es una estrategia que emerge de la interacción entre nuestra mente, nuestro cuerpo y nuestro sistema nervioso para protegernos del dolor que no somos capaces de afrontar ni tenemos la capacidad de metabolizar en ese momento. Es como si todas las partes de nuestro ser hicieran un pacto silencioso: «Guardemos esto aquí, para más tarde, para cuando nos sintamos capaces de hacerles frente, de hacer las paces con ese pasado». **Pero ese «más tarde» no siempre llega, y esas experiencias quedan sin procesar.**

Nuestro cuerpo, así, almacena estas partes de nosotras, estas memorias, en forma de tensiones, corazas, patrones de respiración alterados o incluso síntomas físicos, como veíamos en el capítulo 9, mientras que nuestra mente intenta alejarlas de nuestra conciencia para que podamos seguir funcionando. Estas respuestas no son algo arbitrario; son las mismas reacciones que tuvimos en el momento en que esa experiencia quedó grabada en nuestra memoria mental y somática. Pero, como no pudimos dar una respuesta completa en ese momento, nuestro cuerpo organizó esas reacciones como pudo, fijándolas en una postura o un patrón que quedó congelado en el tiempo. Así, esas tensiones no solo nos recuerdan lo que vivimos, sino que se convirtieron en la forma en que nuestro cuerpo aprendió a sobrevivir, incluso cuando ya no las necesitamos. Fue nuestra única manera de seguir adelante sin colapsar bajo el peso de lo que vivimos. Pero esas partes, por mucho que creas haberlas dejado atrás, no desaparecen así como así; **están ahí, esperando el momento en el que podamos sostenerlas y darles un lugar en nuestra historia. Un hogar seguro dentro de nosotras al que regresar.**

Este capítulo es una invitación a mirar esos fragmentos con compasión, a entender cómo se convirtieron en nuestra sombra y a explorar la posibilidad de integrarlos para recuperar nuestra integridad.

Disparadores: portales de transformación

La sombra no es más que estas partes de nosotras mismas que no pudimos integrar. No desaparece; se esconde en los rincones más profundos de nuestra psique y de nuestro cuerpo, intentando protegernos desde un lugar de supervivencia y manifestándose de formas que muchas veces ni siquiera comprendemos. Esas partes fragmentadas se vuelven protagonistas invisibles de nuestra vida, influenciando nuestras decisiones, relaciones y respuestas emocionales. Alrededor del 95 por ciento de las decisiones que tomamos están influenciadas por estas partes que operan desde nuestro subconsciente. Esto significa que, aunque no seamos plenamente conscientes de su presencia, **tienen un impacto directo en cómo navegamos nuestras relaciones, nuestras metas y nuestra vida**.

> Sin darnos cuenta, vamos constelando el pasado en el presente, proyectando nuestras heridas no resueltas en las experiencias actuales.

Interpretamos la vida y las situaciones desde el filtro de nuestras heridas, desde la perspectiva de estas partes inconexas que llevan consigo miedo y dolor no procesados. Estas heridas no resueltas se activan frente a ciertos estímulos —un tono de voz, un gesto, una palabra— que, aunque inofensivos en el presente, evocan emociones y respuestas profundamente arraigadas en el pasado. **Estos estímulos actúan como disparadores**: son reacciones automáticas que surgen ante situaciones y activan nuestras heridas más profundas. A través de ellas, automáticamente experimentamos una regresión al pasado: **nuestra mente y nuestro sistema nervioso fusionan el aquí y el ahora con la memoria implícita de lo que vivimos antes**. Es como si viviéramos una película donde los personajes y los escenarios actuales se convierten en actores secundarios que representan las escenas no resueltas de nuestra historia.

Por ejemplo, un conflicto menor con tu pareja puede desencadenar una respuesta emocional desproporcionada: una sensación de abandono, un miedo visceral o una necesidad de defenderte que no parece tener sentido en el contexto actual. En realidad, lo que ahí está ocurriendo es que no estás respondiendo a tu pareja en el presente; estás respondiendo al eco de una herida pasada, a la parte de ti que, en su momento, no tuvo el espacio ni la seguridad para procesar lo que vivió.

Como decía, esto es involuntario e inconsciente. Es un mecanismo diseñado para protegernos de volver a experimentar el dolor que en su momento no pudimos sostener. Pero este mecanismo tiene un coste: **nos desconecta de la realidad actual, distorsiona nuestras percepciones y nos encierra en patrones de repetición**. Es como si las partes de nosotras que se fragmentaron en el pasado asumieran el control de nuestra vida en el presente, dictando nuestras reacciones, nuestras creencias y nuestras elecciones. Esas partes fragmentadas suelen ser las mismas que proyectamos en nuestras relaciones: la necesidad de ser validadas, el miedo al abandono, la incapacidad para sostener la intimidad emocional son reflejos de los trocitos de nosotras que aún esperan ser vistos.

La clave para transformar este patrón y recuperar el control de nuestra historia radica en **traer conciencia al momento en que nos sentimos activadas, cuando esas emociones intensas surgen aparentemente de la nada**.

Reconocer que lo que estamos sintiendo puede no ser solo sobre la situación actual, sino sobre algo más profundo, algo que pertenece a nuestro pasado, es el primer paso.

Cuando un disparador se activa, tenemos la oportunidad de elegir: repetir el patrón o usarlo como un portal para sanar y crecer. Esa sensación de incomodidad, irritación, miedo o incluso enfado, que aparece sin previo aviso, es una puerta de entrada al trabajo de integración. Un disparador nos revela la presencia de una parte fragmentada de nuestra historia que sigue activa, esperando ser vista y liberada. Pero también es importante recordar que esta elección puede ser desafiante, especialmente si nuestra historia ha dejado marcas profundas. A veces, repetir el patrón con conciencia no es un retroceso, sino una oportunidad para explorar capas más profundas de lo que llevamos dentro. Es completamente normal frustrarse si, aunque veas la oportunidad, terminas reaccionando como siempre. No se trata de salir airosa a la primera, sino de aprender con cada intento. Cada vez que lo haces, estás construyendo un camino más sólido hacia la libertad.

Este trabajo busca que desarrollemos la capacidad de **sostener esas partes fragmentadas** desde la compasión y la curiosidad. Son una oportunidad para detenernos a observar y preguntarnos: «¿Qué parte de mí está reaccionando?», «¿Qué mensaje tiene para mí?». Este cambio de mirada nos permite romper el ciclo de reactividad para adentrarnos en **un espacio de curiosidad y autoconciencia**. Trabajar con los disparadores desde el cuerpo —poniendo el foco en las sensaciones, las tensiones y nuestra respiración— nos conecta con la información que esas partes fragmentadas buscan compartir con nosotras.

El enfoque somático juega un papel crucial aquí: nos permite sentir en el cuerpo ese mensaje, creando **un puente entre la memoria implícita y la explícita**. La memoria implícita guarda esas sensaciones, emociones y reacciones automáticas que aprendimos en el pasado, muchas veces sin ser conscientes. Por ejemplo, esa sensación de miedo en el estómago al percibir un tono de voz elevado o el impulso de cerrar el cuerpo, de protegerte, cuando alguien se acerca demasiado. La memoria explícita, en cambio, es la que nos permite recordar esos sucesos con claridad. Este puente entre lo que sentimos y lo que recordamos nos ayuda a dar sentido a nuestra experiencia e integrar esas partes para recuperar la conexión, la seguridad y la autenticidad que ansiamos.

Práctica somática: sosteniendo un disparador en el cuerpo

Lo primero que debemos interiorizar cuando identificamos un disparador es que no se trata de un fallo o una debilidad, sino una respuesta de protección de nuestro cuerpo y nuestra mente. **Concibe este proceso como una oportunidad para regular tu sistema nervioso y responder desde el presente en lugar de desde el pasado.**

Este proceso no es solo una práctica, es un acto de amor hacia una misma. A continuación, te guiaré a través de un ejercicio somático que puede ayudarte a establecer un punto de partida.

1. **Pausa consciente:** cuando identificas un disparador, tu sistema nervioso puede entrar en uno de los estados de activación que ya conocemos: lucha, huida, congelación o colapso. El primer paso es detenerte, permitirte una pausa para interrumpir la reacción automática y crear espacio para la regulación. Date permiso para esto. Este momento es tuyo, un espacio para observar lo que ocurre sin juicio. Cierra los ojos si te sientes segura al hacerlo y permite que el mundo exterior se desvanezca un instante.
2. **Después, di en voz alta:** «Mi sistema nervioso está reaccionando como si estuviera en peligro, pero ahora estoy a salvo». Para hacérselo saber a tu sistema nervioso, oriéntate en el espacio:

- **Mira a tu alrededor:** observa el espacio que te rodea. Identifica tres objetos en tu entorno. Por ejemplo, una lámpara, una silla y una planta. ¿Cómo son sus colores, formas o texturas?
- **Presta atención a los sonidos:** ¿identificas al menos dos sonidos a tu alrededor? Quizá el viento, el murmullo de voces o el cotidiano zumbido de un electrodoméstico.
- **Conecta con tus puntos de apoyo con la tierra:** siente cómo los pies se apoyan firmemente en el suelo. Nota el peso del cuerpo sobre la silla o la sensación de las manos sobre las piernas.

Al hacer esto, le recuerdas a tu sistema nervioso que estás **en un entorno seguro**, y no en esa situación del pasado que evoca la activación. Este paso adicional no solo permite profundizar en la pausa, sino que también ayuda a tu cerebro y sistema nervioso a anclar la seguridad en el presente antes de continuar hacia la regulación.

3. **Conecta con tu cuerpo: escucha el mensaje de tus sensaciones:** lleva tu atención a tu respiración. Nota si está acelerada, es superficial o está contenida. Permítete suavizarla y sentirla con más profundidad. Observa qué partes del cuerpo están tensas o incómodas, como el pecho, la garganta, el estómago o los hombros. Nota dónde está la activación en tu cuerpo, con curiosidad, sin juicio y sin querer cambiar nada. Tan solo dale espacio: es una parte de ti atrapada en el tiempo queriendo volver, queriendo hablarte de su miedo, de su dolor o de sus anhelos, queriendo ser abrazada, sostenida, comprendida. Este es un momento sagrado, estás colapsando líneas temporales: pasado y presente; creando un portal a través del cual esa parte de ti pueda cruzar y regresar.

4. **Observa con curiosidad: preguntas que abren el portal:** acércate a tu experiencia con curiosidad, como si estuvieras descubriendo algo nuevo. Pregúntate:

- «¿Qué estoy sintiendo en este momento?».
- «¿Qué me está diciendo mi cuerpo?».
- «¿Esta emoción o sensación me resulta familiar?».
- «¿Qué recuerdo, imagen o experiencia podría estar conectada con esto?».

No necesitas una respuesta inmediata; simplemente, siembra estas preguntas y permite que tu cuerpo o tu mente te respondan en su tiempo, diferente para cada persona.

5. **Diálogo somático con tus partes: escuchando lo que necesitan:** ahora, imagina que estás hablando directamente con esa parte de tu cuerpo que está reaccionando. Dale voz, como si fuera una versión de ti más joven o un aspecto de tu ser que lleva tiempo esperando ser reconocido. Pregúntale:

   - «¿Qué necesitas de mí en este momento?».
   - «¿Qué estás intentando proteger?».
   - «¿Qué desearías haber recibido cuando esta herida se creó?».

   Permite que las respuestas emerjan sin forzar. Tal vez sean palabras, imágenes o simplemente una sensación de lo que necesita ser expresado.

   Al conectar con esa parte de ti que ha estado esperando ser escuchada, estás dando un paso hacia tu propia integración. Puede que no tengas todas las respuestas ahora, y eso está bien. Lo importante es que estás aprendiendo a sostenerte con compasión. Recuerda que cada una de tus partes tiene un lugar dentro de ti, y con cada gesto de escucha, les muestras el camino de regreso a casa.

6. **Moviendo y sosteniendo la energía:**
   - **Enraizamiento:** si estás en una postura sentada, coloca los pies firmemente en el suelo. Siente cómo la tierra te

sostiene, ofreciéndote seguridad y estabilidad. Imagina que la tensión fluye desde tu cuerpo hacia la tierra, donde puede ser reciclada y transformada. Cada vez que sientas tus pies firmes en el suelo, recuerda que la tierra está ahí para sostenerte. **Tu cuerpo, con toda su historia, también está aprendiendo a sostenerte.** Hoy, al enraizarte, le has recordado a tu sistema nervioso que puede confiar, que puede aflojar la tensión que lo abruma. Este es un acto de valentía y amor que no pasa desapercibido; es un recordatorio de que poco a poco estás aprendiendo a habitarte de nuevo.

- **Movimiento consciente:** si sientes rigidez en alguna parte del cuerpo, date permiso para moverte de forma natural y jugar con el movimiento. Tal vez necesites sacudir las manos, mover los hombros o balancearte suavemente.
- **Toque autorregulador:** coloca una mano en el pecho y otra en el abdomen. Este gesto le dice a tu sistema nervioso: «Estoy aquí contigo, estás segura». Respira profundamente mientras sientes el calor de tus manos, que te brindan una sensación de seguridad. Permite que esta sensación de calma te recuerde, una vez más, que estás segura en el momento presente.

7. **Integración: honrando el trabajo realizado:** cuando sientas que la intensidad que te desbordaba al inicio ha disminuido, tómate un momento para reflexionar. Primero, agradece a tu cuerpo y a esa parte de ti que se ha atrevido a hablarte, y, después, hazte las siguientes preguntas:

   - «¿Qué he aprendido de esta experiencia?».
   - «¿Cómo puedo cuidar mejor de esta parte de mí en el futuro?».
   - «¿Qué nueva respuesta puedo elegir la próxima vez que me encuentre en una situación similar?».

Imagina que estás creando un hogar interno para esta parte de ti, un lugar donde puede descansar y sentirse segura. Visualízalo como un espacio cálido, lleno de luz y cuidado.

Cuando completes la práctica, tómate un momento para reconocer lo que has hecho. No importa si sentiste alivio, incomodidad o si las respuestas no llegaron de inmediato. Lo que importa es que te has detenido a escuchar, a sostenerte, a abrir ese espacio sagrado dentro de ti. Reconoce el espacio que te has dado para observar tus emociones y tu historia. Este es un acto poderoso. No importa si hoy has encontrado claridad o si simplemente has abierto una pequeña ventana hacia algo más profundo. Lo que importa es que estás aquí, comprometida contigo misma. Cada paso, por pequeño que parezca, es un paso hacia la libertad de ser tú misma.

Coloca ambas manos sobre el corazón, cierra los ojos y respira profundamente durante un par de minutos. Siente el calor de tus manos y permite que te recuerden que estás aquí, contigo, en este momento. Repite mentalmente, o en voz alta, palabras que te reconforten. Te dejo aquí un ejemplo, pero lo más importante es que te hables como lo necesites. Con honestidad, con ternura, sin juicios. Como le hablarías a una parte de ti que lleva mucho tiempo esperando ser vista.

> «Hoy he elegido estar conmigo. He elegido escucharme, sostenerme y acompañarme. Cada paso que doy hacia mí misma es un acto de amor. Estoy aprendiendo a habitarme, a ser mi propia guía, a construir un hogar seguro dentro de mí».

Permite que estas palabras resuenen en tu interior, como una caricia para tu sistema nervioso, como un recordatorio de que no estás sola en este camino. Cada vez que eliges detenerte, observar y regularte, estás recuperando un pedacito de tu historia, una parte de ti que siempre estuvo esperando ser vista.

Cuando estés lista, abre los ojos y vuelve lentamente al presente, sabiendo que este momento es tuyo, que has dado un paso hacia la integración y la paz. Cada vez que te sostienes con amor, te acercas más a tu totalidad. Puedes recurrir a esta práctica siempre que lo necesites, especialmente en esos días en los que todo parece demasiado. No importa cuántas veces vuelvas a ella; cada ocasión es una nueva oportunidad para escucharte, para acompañarte en tus propias aguas. Con el tiempo, y a medida que te sigas dando este espacio, notarás que algo dentro de ti se suaviza. Tus respuestas serán más claras, tus viejas reacciones irán perdiendo peso y podrás ver con más compasión el camino que has recorrido. No olvides que tu proceso es único y no hay una forma correcta de avanzar. Lo importante es que cada paso que das, por pequeño que parezca, es un acto de amor hacia ti misma.

¿Cómo sé si estoy actuando desde el trauma o desde mi intuición?

Me he hecho muchas veces esta pregunta y he vivido muchas veces esa confusión: «¿Esto es lo que realmente siento o estoy reaccionando desde un lugar de dolor que aún no he sanado?». Sé que no es fácil. **La línea entre la intuición y la herida puede parecer difusa, en especial cuando estamos emocionalmente activadas.**

Para conectar con nuestra intuición, primero necesitamos regular nuestro sistema nervioso. ¿Por qué? Porque, cuando estamos desreguladas, los recursos de nuestro cerebro se desplazan hacia las áreas más antiguas y primitivas, como el tronco cerebral y el sistema límbico, responsables de la supervivencia inmediata. Estas áreas no tienen acceso a la claridad, ni a la calma, ni a la creatividad. Desde ahí, no podemos escuchar la voz de nuestra intuición, porque todo nuestro ser está enfocado en protegernos de una amenaza que, muchas veces, ya no existe.

En esos momentos, perdemos acceso a la corteza prefrontal, la parte más evolucionada de nuestro cerebro, que nos permite reflexionar, conectar y tomar decisiones alineadas con nuestros valores. **Por eso, el primer paso para distinguir entre la herida y la intuición no es analizar lo que estamos sintiendo, sino observar si estamos en un estado de desregulación.**

Señales de desregulación: cómo identificarlas

Estas son algunas señales comunes de desregulación:

- Respiración superficial o acelerada.
- Tensión muscular: hombros rígidos, mandíbula apretada, nudo en el estómago.
- Sensación de opresión: en el pecho o la garganta.
- Pensamientos catastróficos: «Esto siempre pasa» o «Nunca va a cambiar».
- Necesidad de hacer algo inmediatamente (reaccionar, defenderte, actuar) o de no hacer nada en absoluto (congelarte y colapsar).
- Emociones intensas y desbordantes: ansiedad, rabia, tristeza o una mezcla de ellas.
- Sensación de desconexión: como si estuvieras fuera de tu cuerpo o emocionalmente entumecida.

Cuando identifiques alguna de estas señales, es una indicación de que tu sistema nervioso está activado y que lo primero que necesitas hacer es regularte antes de intentar discernir entre herida e intuición, para que puedas responder en vez de reaccionar.

Pero ¿cómo sabemos si estamos reaccionando desde la herida o respondiendo desde la intuición?

1. La herida habla desde el miedo; la intuición, desde la calma

Cuando actuamos desde la herida, nuestras emociones son intensas, reactivas y urgentes. Esa voz interna puede gritar: «¡Haz algo ahora! ¡Protégete!». Por ejemplo: si alguien no responde a tu mensaje, puedes sentir ansiedad y pensamientos como «Ya no le importo» o «Algo malo está pasando». Estas reacciones suelen estar impulsadas por el miedo al abandono.

La intuición, en cambio, es tranquila. No tiene urgencia ni responde con dramatismo. Si decides no insistir porque algo en ti dice que la persona necesita espacio, con toda probabilidad, es la parte más regulada de ti.

2. La herida busca proteger; la intuición busca guiar

Ya hemos visto que las heridas emocionales son mecanismos de protección. Se activan para evitar que revivamos el dolor original. Si alguien hace un comentario crítico y sientes una necesidad inmediata de defenderte o atacar, esa es tu herida intentando protegerte.

La intuición, en cambio, no opera desde el dolor, sino desde la sabiduría. Puede invitarte a reflexionar: «Esto no es sobre mí» o «Quizá puedo preguntar para entender mejor».

3. La herida es repetitiva; la intuición es nueva

Las heridas se presentan como patrones: las mismas emociones, pensamientos y reacciones en diferentes situaciones. Si sientes que siempre te ocurre lo mismo —inseguridad, miedo al rechazo, desconfianza, sensación de estar siendo abandonada—, probablemente estás actuando desde la herida.

La intuición, en cambio, surge como una respuesta fresca, adaptada al momento presente. No carga con el peso del pasado ni se preocupa por el futuro; simplemente es.

A continuación, te dejo un par de ejemplos cotidianos que reflejan muy bien todo lo anterior:

1. **Un amigo cancela un plan en el último minuto:**
    - **Desde la herida:** sientes rabia y piensas: «Nunca puedo confiar en nadie». Quizá te retraes o decides cortar la relación.
    - **Desde la intuición:** sientes un malestar leve, pero reflexionas: «Esto no tiene que ver conmigo. Es una pena, pero entiendo que a veces puede pasar».

2. **Recibes una crítica en el trabajo:**
    - **Desde la herida:** sientes que te atacan. Piensas: «Nunca hago nada bien», y reaccionas defendiéndote o sintiéndote incapaz.
    - **Desde la intuición:** sientes incomodidad, pero también curiosidad: «¿Qué puedo aprender de esto?».

Preguntas para explorar la diferencia

Cuando encuentres una calma que te haga sentir cómoda, prueba a hacerte estas preguntas:

- «¿Esta emoción me resulta familiar?».
- «¿Estoy reaccionando al presente o respondiendo a algo del pasado?».
- «¿Mi reacción surge desde el miedo o desde la claridad?».
- «¿Qué necesitaría mi sistema nervioso en este momento para sentirme segura?».

Reconocer si estás actuando desde la herida o desde la intuición no es un proceso inmediato.

Es un acto de paciencia contigo misma y de respeto. Recuerda que todo comienza regulando tu sistema nervioso. Desde ese lugar de calma, puedes acceder a tu intuición, esa voz sabia y amorosa que siempre ha estado ahí, esperando ser escuchada. Y cuando conectas con ella, tus respuestas ya no vienen del miedo, sino del amor y la confianza en ti misma.

Aprender a diferenciar entre si estás actuando desde el trauma o desde un lugar más íntegro y sanado de ti; este es un proceso cuya duración puede diferir entre personas, y no es algo que ocurre de la noche a la mañana. Debes ser consciente. **Pero ten presente que, cada vez que eliges pausar, respirar y observar, estás fortaleciendo tu capacidad para responder desde tu autenticidad en lugar de desde el dolor.** Es un recordatorio de que puedes confiar en tu sabiduría interna para navegar la vida con claridad y calma.

Integrando cada parte de nosotras

El proceso de integrar nuestros fragmentos no es rápido ni lineal. Requiere valentía para mirar lo que hemos evitado y compasión para sostenerlo sin juicio. Requiere sentir en el cuerpo lo que por tanto tiempo ha estado congelado y darle espacio para moverse, expresarse y, finalmente, liberarse.

En este camino, el sistema nervioso juega un papel crucial. Cuando trabajamos con estas partes, no solo estamos enfrentando ideas o emociones; estamos interactuando con respuestas automáticas que fueron esenciales para nuestra supervivencia.

> Por eso, el trabajo somático es tan poderoso: nos ayuda a crear una sensación de seguridad interna, una base desde la cual esas partes fragmentadas pueden empezar a confiar en que, ahora sí, pueden integrarse.

Dialogar con esas partes de nosotras que hemos rechazado es un acto de amor profundo hacia quienes somos en nuestra totalidad. Cada una de esas partes, incluso las que duelen o las que preferimos no mirar, tiene algo que ofrecernos, una enseñanza que trasladarnos. Sentirlas en el cuerpo, reconocer cómo se manifiestan en forma de tensión, dolor o entumecimiento, y darles el espacio que necesitan para expresarse y transformarse es el camino hacia la integración. Y, cuando hacemos esto, algo en lo más profundo de nuestro ser cambia.

Lo que antes era un aspecto fragmentado y desconectado de nosotras se convierte en un recurso. Lo que antes cargábamos como un lastre empieza a revelarse como una fuente de sabiduría. Pero no solo eso; **al reunir esas partes, empezamos a recuperar algo esencial: nuestros dones**.

Esos dones no son algo que tengamos que buscar afuera. Viven dentro de nosotras, ocultos entre las capas de lo que hemos rechazado o perdido de vista. Si no hacemos este trabajo de volvernos hacia dentro, seguimos buscándonos en los reflejos que otros nos ofrecen. Nos dejamos seducir por el brillo de lo que vemos en los demás: su confianza, su creatividad, su fuerza. Sin darnos cuenta de que ese brillo también es nuestro, solo que lo hemos olvidado.

Cuando nos encontramos admirando algo en alguien, es una señal. Esa admiración nos está diciendo: «Esto ya vive en ti, aunque todavía no lo reconozcas». Pero, para verlo, necesitamos reunirnos con todas nuestras partes. Porque cada una tiene algo que aportar, algo que nos completa. Sin ellas, seguimos sintiéndonos incompletas, fragmentadas, como si algo nos faltara.

Seguimos buscando afuera lo que solo podemos encontrar dentro.

Reconocer y aceptar nuestras partes rechazadas es el camino hacia la plenitud. **No porque al hacerlo todo se vuelva perfecto, sino porque empezamos a sentirnos completas, íntegras y más coherentes.** Y, desde ese lugar, no necesitamos que otros nos reflejen lo que somos; podemos sostenernos en nuestra propia luz, en nuestro propio brillo. En ese momento, dejamos de cargar con la sombra como un peso, y empezamos a caminar con ella como una aliada.

Tu cuerpo sabe tu historia. En él viven tanto las partes que temes como los recursos que necesitas para integrarlas. Esas partes que evitamos son, en realidad, las que más nos necesitan, las que guardan nuestras mayores lecciones. Este es el momento de mirar hacia dentro, de sostener lo que antes no pudiste sostener y de caminar hacia la luz con todas tus partes. No estás rota; nunca lo estuviste. Estás completa. Solo necesitas recordar cómo reunir las piezas. Solo necesitas susurrarles el camino de regreso a casa, asegurarles que siempre pertenecieron aquí. A ti.

Cada parte de ti tiene un lugar, cada trocito cuenta una historia que merece ser escuchada y sostenida con amor. **No hay mayor acto de amor que volver a ti, con todo lo que eres, y abrazarte completa.**

11

NUESTRO SISTEMA NERVIOSO AMA LOS PATRONES: LA COMPULSIÓN POR LA REPETICIÓN

El trauma no resuelto a menudo nos lleva a repetir patrones, relaciones y situaciones que recrean las mismas heridas originales. Esto se conoce como la «compulsión por la repetición». Nuestro sistema nervioso ama la predictibilidad, y tiene una tendencia a repetir patrones y a aferrarse a lo que es familiar, incluso si esos patrones son disfuncionales, debido a mecanismos biológicos y psicológicos profundamente arraigados en nuestra evolución y desarrollo. Piensa en todas las veces en las que sabes que algo no es bueno para ti, pero terminas eligiéndolo de todos modos: una relación, un hábito, un pensamiento que se repite.

Esa es la fuerza de esta compulsión.

Esta tendencia es el resultado de cómo nuestro cerebro ha evolucionado para priorizar la seguridad y la predictibilidad sobre la novedad, lo que, en términos de supervivencia, ha sido crucial. Durante mucho mucho tiempo, yo misma era incapaz de salir del círculo vicioso de relaciones fallidas; no entendía por qué siempre terminaba con personas que no podían ofrecerme lo que necesitaba. Sin duda, hacer el trabajo personal que implicaba hacerme consciente de mi historia y mis heridas fue lo que, junto con comprender la compulsión por la repetición, me ayudó a romper el ciclo.

Desde un punto de vista evolutivo y biológico, el cerebro está diseñado para conservar energía y minimizar el riesgo. **Repetir patrones familiares consume menos energía que aprender nuevos comportamientos** o cambiar patrones obsoletos y maladaptativos que están ya muy engranados en nuestro cableado neuronal. Esta tendencia a la conservación de energía en nuestra evolución ha sido vital, especialmente cuando vivíamos con recursos muy limitados. A pesar de que nuestra vida ha evolucionado y cambiado bastante, y actualmente los recursos no son tan limitados como lo eran para nuestros antepasados cazadores recolectores, por ejemplo, nuestro sistema nervioso no lo ha hecho. Básicamente, estamos funcionando con un sistema nervioso que empezó a desarrollarse en la era precámbrica, que es la etapa más antigua de la historia de la Tierra, hace unos cuatro mil seiscientos millones de años, para navegar situaciones y complejidades de nuestro mundo actual, que va a la velocidad de la luz. Nuestro sistema nervioso sigue atrapado en esta programación primitiva. **Es como cuando intentas actualizar un software muy antiguo en un ordenador moderno: los conflictos están garantizados.**

Nuestro cerebro es como un ahorrador de energía profesional

Siempre busca formas de hacer las cosas de manera más rápida y fácil, y **una de sus estrategias es crear hábitos**. Imagina que, cada vez que haces algo repetidamente, como cepillarte los dientes o preocuparte por lo que otros piensan de ti, tu cerebro crea un «camino» neuronal. Al usar ese camino una y otra vez, se hace más ancho y fácil de recorrer. Esto se refuerza por la dopamina (sí, ya has oído hablar mucho de ella a estas alturas); este neurotransmisor es el que gobierna el sistema de recompensas del cerebro. Cuando haces algo que ya conoces y te da un resultado predecible, incluso si en el fondo no es bueno para ti, tu cerebro libera dopamina. Esta sustancia química te da una pequeña sensación de placer o alivio, lo que te motiva a repetir esa acción. Básicamente, tu cerebro te dice: «¡Bien hecho, sigamos haciendo esto!», aunque esté mal hecho, aunque te perjudique, aunque te haga daño.

Aunque el hábito no sea saludable
o te cause daño, tu cerebro sigue reforzándolo
porque lo familiar se siente seguro.

No importa si te estás conformando con menos de lo que mereces o repitiendo un patrón que no te hace feliz; para tu cerebro, lo conocido siempre parecerá mejor que lo incierto. **Es su forma de intentar mantenerte a salvo, aunque tú sepas y sientas claramente que no es por ahí.**

La repetición es, en esencia, una forma de autoprotección

Como hemos visto, **el cerebro prioriza la estabilidad y lo conocido porque, evolutivamente, lo desconocido podría representar un peligro**. Este mecanismo es una de las razones por las que, incluso en situaciones relacionales disfuncionales, las personas tienden a repetir patrones familiares. A esta compulsión por la repetición biológica y evolutiva tenemos que sumarle lo que la teoría del apego sugiere. Bowlby nos contaba en su teoría que las experiencias tempranas con nuestras figuras de apego forman *patrones* de apego que se replican y perpetúan en la vida adulta. Si de niños experimentamos un apego inseguro o disfuncional, es muy probable que repitamos estos patrones en nuestras relaciones adultas, buscando inconscientemente lo que nos resulta familiar, incluso si es perjudicial, porque para nuestro cerebro es seguro.

Estos patrones de apego se internalizan y se convierten en **modelos operativos internos** que guían nuestras expectativas y comportamientos en nuestras relaciones futuras. Por eso nos sentimos atraídos por relaciones disfuncionales que reflejan nuestras experiencias tempranas de apego... **¿Quién está detrás de todo esto? Una vez más, nuestro sistema nervioso.**

El trauma puede llevar a la reexperimentación y la repetición compulsiva de situaciones similares, en un intento (inconsciente) de ganar control o cambiar el resultado.

La repetición de estos patrones puede ser vista como un intento del cerebro de encontrar una resolución o resignificar la experiencia traumática, lo que a menudo resulta en la perpetuación de ciclos disfuncionales.

¿Por qué permanecemos donde nos duele?

¿Por qué nos quedamos donde no somos felices? Sé que probablemente te has hecho esta pregunta cientos de veces. Yo me la hice miles de veces. «¿Por qué?», «¿Por qué no soy capaz de salir de aquí?», «¿Por qué no puedo abandonar esta relación si sé que no me hace feliz, y no solo no me hace feliz, sino que me hace daño?». La respuesta está en lo más profundo de nuestro cuerpo: **nuestro sistema nervioso social o vago ventral**.

Durante mucho tiempo, me quedé en una relación que no era buena para mí. También me había quedado demasiado tiempo en trabajos que no eran buenos para mí, relaciones de amistad que no eran buenas para mí y otra infinidad de contextos que me hicieron mucho daño. De todas las relaciones que he tenido, me quedé atrapada en la que sería mi relación más traumática porque tenía todos los componentes de disfunción que puedas imaginar: dependencia emocional, manipulación, ciclos interminables de acercamiento y rechazo, una constante sensación de no ser suficiente y en la que me sentía terriblemente insegura.

Recuerdo despertarme por la mañana a su lado, mirarle y pensar: «¿Realmente quieres pasar el resto de tu vida a su lado?». Y la respuesta era un «no» que me recorría cada célula y, aun así, era incapaz de salir de ahí. Pensaba que no volvería a encontrar a nadie que me quisiera, que tal vez si yo hacía más, o lo intentaba más, si le daba otra oportunidad..., las cosas serían diferentes. Esa esperanza, mezclada con el miedo a estar sola y la creencia de que debía sostener la relación a toda costa, me mantuvieron atrapada. **Mi sistema nervioso se acostumbró a esa montaña rusa emocional y, con el tiempo, lo caótico se volvió mi normalidad.**

Lo más devastador de la experiencia fue darme cuenta de cómo esa relación me había alejado de mí misma. Dejé de escuchar mis necesidades, de confiar en mi intuición, de priorizarme. Todo mi enfoque estaba en mantener la conexión, incluso si eso significaba abandonarme y traicionarme profundamente. Ahora sé que mi sistema nervioso social estaba actuando desde su programación más básica: vincularse a toda costa para garantizar la «seguridad». Y fue muy duro aceptar que esto no era algo que aparecía solo en esa relación. **Era un patrón.** Un patrón que también me había llevado a soportar dinámicas laborales abusivas, amistades que drenaban mi energía e incluso momentos en los que me autocastigaba con pensamientos de insuficiencia y vergüenza: «¿Qué me pasa?», «¿Qué es eso que está tan terriblemente mal en mí?».

> Mi sistema estaba intentando con desesperación encontrar un lugar donde encajar, ser validada y valorada, incluso si eso significaba sacrificar completamente mi estabilidad emocional, mental y espiritual.

Pero entonces descubrí lo que nuestro sistema nervioso social tiene que ver con todo esto. Y cómo este mecanismo profundamente arraigado actúa como un mapa interno, moldeado por nuestras experiencias tempranas, para buscar seguridad y conexión. Pero también es el responsable de que internalicemos vergüenza y dudas sobre nuestro propio valor, haciéndonos sentir que hay algo inherentemente mal en nosotras. Reconocer cómo este sistema nos lleva a buscar pertenecer, incluso a costa de nosotras mismas, es necesario para romper con estos patrones. Este no es un camino para simplemente «arreglarnos», sino para **despojarnos de las capas de vergüenza y condicionamiento que nunca nos pertenecieron, y para reclamar nuestra verdad somática**.

Cuando quedarse se siente más seguro que irse, aunque no lo sea

El sistema nervioso social, también conocido como vago ventral, como hemos ido viendo, es nuestro **primer nivel de detección de seguridad**. Este sistema evolucionó para satisfacer la necesidad de los mamíferos de vincularse, en especial de la madre hacia sus crías, que dependen completamente de ella para sobrevivir. Nos permite establecer conexiones, leer señales faciales, empatizar, jugar, hablar y ser seres sociales. Es el sistema que activa nuestras memorias de pertenencia, traición y la necesidad de encajar. Registra cómo debemos comportarnos para satisfacer nuestras necesidades y garantizar nuestra supervivencia dentro de un grupo.

Este sistema está intrínsecamente conectado a nuestros sentidos: ojos, oídos, boca, lengua y músculos del cuello. Nos permite girar la cabeza, observar el entorno y confirmar si estamos seguras o no. Pero no es solo lo que sentimos lo que nos da información, sino también poder confirmar visualmente dónde estamos y si existe una amenaza cercana. **¿Por qué esto importa? Porque explica comportamientos que a menudo juzgamos con dureza, como mantenernos cerca de lo que nos hace daño.**

Un ejemplo clásico es cuando una mujer vuelve a una relación que no es sana, o es incluso peligrosa, o cuando permanece en ella. Puede parecer ilógico, pero, desde el «punto de vista» de esta parte de nuestro sistema nervioso, es «más seguro» mantener la amenaza lo suficientemente cerca para vigilarla, en especial si el sistema no está seguro de que podrá sobrevivir a una confrontación. Esto no tiene que ver con moralidad, sino con biología e instinto de supervivencia. Estos patrones se presentan tanto en hombres como en mujeres, aunque nuestras historias y condicionamientos pueden hacer que se vivan de forma distinta. En las mujeres, esta búsqueda de mantener el vínculo no solo tiene sus raíces en la biología —como nuestra predisposición evolutiva a cuidar y proteger el vínculo por preservar el bienestar de nuestras crías—, sino también en los mensajes que hemos recibido a lo largo de siglos por parte de nuestra sociedad: esa idea de que las mujeres debemos soportar, cuidar y aguantar todo lo que nos venga para preservar la conexión nos atraviesa de manera sutil y profunda. No obstante, cabe destacar que esta combinación de biología y condicionamiento social no nos define como tales, pero sí que tiene una gran influencia sobre nosotras. Al ser conscientes de ello, podemos empezar a cuestionarlo y a tomar nuestras decisiones desde un lugar más libre y auténtico.

En este proceso tan importante intervienen estrógenos y oxitocina. La oxitocina, conocida como la «hormona del amor y el apego», tiene un papel clave en la vinculación al facilitar la confianza y el cuidado. Los estrógenos, por su parte, potencian la sensibilidad del sistema nervioso social y aumentan nuestra capacidad para percibir y responder a las señales emocionales del entorno. Al tener niveles más altos de estas hormonas, las mujeres somos especialmente sensibles a esta rama del sistema nervioso.

Este sistema nos da algo así como superpoderes: somos expertas en recoger información del entorno, comprender dinámicas relacionales y cuidar de las conexiones. Gracias a ello, las mamás saben si su bebé está llorando dos habitaciones más allá, o sienten a veces lo que alguien está experimentando incluso antes de verbalizarlo. Pero, claro, esto también tiene desventajas: hace que seamos más propensas a reaccionar para intentar encajar o complacer, a compararnos con frecuencia y a preocuparnos más por cómo se nos percibe. Por eso, muchas veces minimizamos nuestras opiniones, inteligencia o aspiraciones para mantener la paz o el orden establecido.

Así, esta necesidad de pertenencia puede llevarnos a permanecer en situaciones poco saludables por miedo a romper la conexión. Esto es lo que explica por qué tantas mujeres (aunque no solo nosotras) nos quedamos en relaciones abusivas o regresamos a situaciones que pueden comprometer nuestro bienestar. No es una decisión consciente; es el sistema nervioso social activando su mecanismo de supervivencia. Cuanto más cerca esté la amenaza conocida, más predecible parece y, como consecuencia, más «seguro» es de acuerdo con la lógica primitiva de nuestro sistema.

Una vez que hemos entendido esto y lo hemos interiorizado, dejamos de lado la culpa y la vergüenza. Nos damos cuenta de que nuestras elecciones no son defectos, sino respuestas profundamente humanas de un sistema diseñado para protegernos, aunque a veces nos limite o no lo comprendamos. Esta comprensión abre la puerta a la compasión, nos permite liberarnos de la carga de la autocrítica y empezar a escribir una historia diferente, una donde la seguridad real y el amor propio guíen nuestros pasos. Y, desde ahí, podemos empezar a soltar todos aquellos patrones que no nos sirven y recuperar nuestro poder.

Llegadas hasta aquí, me gustaría que hagas una pausa y te permitas sentir la profundidad de todo lo que has leído en las páginas anteriores. Mirar de frente los patrones que nos han sostenido, incluso cuando nos han dolido, es un acto de valentía. Estos ciclos no son señales de que haya algo roto en ti.

Son el reflejo de un cuerpo que busca protegerte; de un sistema que busca mantenerte a salvo de lo desconocido.

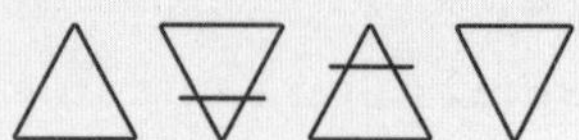

Práctica somática: desactivando el ciclo de repetición

Esta práctica busca ayudarte a identificar un patrón repetitivo en tu vida, comprender de dónde viene para, desde ahí, empezar a abrir un nuevo camino que te permita elegir algo diferente. No es un proceso para «arreglarte», porque ya lo sabes: no hay nada roto en ti. Este es un espacio para que observes con curiosidad, conectes contigo misma y te liberes lo que ya no necesitas; es un acto de compasión hacia ti y hacia todas las partes de ti que han cargado con el peso de la supervivencia hasta hoy.

Paso 1. Reconoce el patrón.

El primer paso para salir de un ciclo es identificarlo. Esto requiere un momento de introspección y curiosidad hacia las situaciones que desencadenan tus emociones intensas o reacciones automáticas.

Tómate unos minutos y observa las situaciones que parecen repetirse en tu vida. ¿Notas algún patrón? Tal vez sea algo que te activa una y otra vez: una discusión, una mirada, una sensación de rechazo. Pregúntate:

- «¿Qué situaciones me hacen reaccionar de forma automática?».
- «¿Qué emociones predominan cuando esto ocurre? ¿Rabia, tristeza, miedo?».
- «¿Qué pensamientos o creencias aparecen con esas emo-

ciones?». Por ejemplo, «Nunca soy suficiente» o «Siempre me abandonan».

Escribe tus respuestas en una hoja o, simplemente, reflexiona sobre ellas. Al hacerlo, no te juzgues. Solo observa, como si estuvieras mirando una obra de teatro en la que todas las piezas empiezan a encajar.

Paso 2. Encuentra el patrón en tu cuerpo.

1. Busca un espacio tranquilo donde puedas sentarte o acostarte cómodamente. Cierra los ojos y respira hondo.
2. Elige uno de los patrones que has identificado y sintoniza con una situación en la que te hayas sentido totalmente involucrada y secuestrada por él.
3. Pregúntate: «**¿Dónde siento este patrón en mi cuerpo?**». Puede ser un nudo en el estómago, presión en el pecho, tensión en la mandíbula o cualquier otra sensación.
4. Una vez que localices esa sensación, colócale un nombre o una imagen. ¿Se siente como un peso, una cuerda apretada, un vacío? Solo obsérvalo.

Paso 3. Da voz a esa parte.

1. Imagina que esa sensación en tu cuerpo tiene una voz. Si pudiera hablar, ¿qué diría?
2. Pregúntale:
   - «¿Qué intentas decirme?».
   - «¿Qué necesitas de mí?».
   - «¿Cuándo empezaste a sentirte así?».
3. Escucha sin juzgar las respuestas que surjan. Puede que te lleven a un recuerdo, una imagen o simplemente una sensación más clara. Tal vez descubras que esta parte ha estado protegiéndote de algo, incluso si su forma de hacerlo no te sirve ahora.

Paso 4. Moviliza y libera la energía atrapada.

Lleva tu atención a la sensación física asociada con el patrón. ¿Cómo se siente ahora que la has reconocido? Dale permiso para moverse o transformarse.

Si sientes peso, imagina que estás dejando caer ese peso de tus manos, moviéndolas hacia el suelo. Si sientes opresión, abre los brazos lentamente hacia los lados, como si crearas espacio en tu cuerpo. Si sientes inquietud, empieza a moverte suavemente, balanceándote de lado a lado, como si estuvieras meciéndote a ti misma.

Mientras te mueves, repite en tu mente: «Estoy segura ahora. Puedo soltar este patrón. Puedo elegir algo nuevo».

Paso 5. Imagina un nuevo camino.

1. Ahora, imagina que frente a ti hay dos caminos:

    - Uno es el camino familiar, el patrón repetitivo que ya conoces.
    - El otro es un camino nuevo, desconocido, pero lleno de posibilidades.

2. Visualiza cómo sería caminar por ese nuevo camino. ¿Cómo se siente en tu cuerpo? Tal vez sea más ligero, más abierto, más lleno de calma. O tal vez no, tal vez sientes inquietud. El miedo de tu sistema a lo desconocido, aunque sea bueno para ti. Si es así, mira a tu alrededor en el espacio en el que te encuentras y busca claves de seguridad: un objeto que te gusta, una planta, la vista por la ventada. Percibe el techo, el suelo y las paredes que te contienen. Cuando sientas una señal de tu sistema que te dice: «Adelante, estoy seguro», como un bostezo, tensión que se libera, mayor presencia..., continúa con la visualización.
3. Da un pequeño paso en tu imaginación hacia ese nuevo camino y observa cómo responde tu cuerpo. Permite que esa sensación se asiente en ti.

Paso 6. Cierre e integración.

1. Coloca las manos sobre el corazón o cualquier parte del cuerpo donde sentiste la tensión inicial.
2. Agradece a esa parte de ti que cargó con el patrón durante tanto tiempo. Dile: «Gracias por intentar protegerme. Estoy lista para algo diferente ahora».
3. Termina respirando profundamente tres veces y repitiendo en tu mente: **«Puedo elegir algo nuevo. Estoy aquí para mí»**.

Escribe a continuación lo que descubriste durante la práctica. ¿Qué aprendiste sobre el patrón? ¿Qué sentiste al imaginar un nuevo camino? Este ejercicio no tiene que ser perfecto; es un primer paso para romper con lo que ya no te sirve y construir algo alineado contigo misma.

Llegar hasta aquí significa mucho más que entender cómo funcionan nuestros patrones. Significa haber contemplado con honestidad las raíces de lo que nos ha llevado a repetir dinámicas o tomar decisiones que no estaban alineadas con nuestra verdad. Es posible que ahora sientas una mezcla confusa de emociones: tal vez alivio, tal vez incomodidad o una sensación de «¿y ahora qué?». Todo eso es válido.

Cuando aceptamos la conexión entre nuestro cuerpo, nuestras experiencias y nuestras decisiones, nos brindamos la posibilidad de algo completamente nuevo.

No hace falta tener todas las respuestas ahora mismo. Lo que importa es que ya has abierto la puerta hacia un espacio de mayor conciencia, desde el cual empezar a actuar desde un lugar más auténtico.

Cada paso que des en este camino, por pequeño que sea, es una semilla que crecerá con el tiempo, alimentada por tu curiosidad, tu presencia y tu decisión de hacer las cosas desde otro lugar, uno diferente, permitiendo que el silencio entre un ciclo y otro sea el espacio donde algo nuevo nazca.

Y no lo olvides: tu sistema nervioso es también tu aliado. Es esa brújula que, al observarla con atención, te puede guiar hacia la calma, la claridad y la posibilidad de crear relaciones y experiencias que reflejen lo que realmente necesitas y deseas.

Así que respira. Permítete solo ser en este momento y reconocer que el simple hecho de haber explorado estas páginas tal vez ya ha iniciado una transformación en ti. Y recuerda: no estás sola. Este viaje es tuyo, pero también es compartido con todas las personas que, a su manera, están aprendiendo a romper con lo que ya no les sirve y a caminar hacia lo que sí. **Que este capítulo sea un punto de inflexión. Un recordatorio de que cada patrón tiene su origen, pero también su final, y de que dentro de ti vive la fuerza para elegir otro camino.**

12

TU SISTEMA NERVIOSO COMO ARQUITECTO DE TU REALIDAD

«Cuando resuelves el trauma, liberas a tu sistema
nervioso de energía de supervivencia atrapada.
Cuando sanas tu sistema nervioso, cambia tu patrón de pensamientos.
Cuando cambias tu patrón de pensamientos,
sanas tu cuerpo emocional.
Cuando sanas tu cuerpo emocional, sanas tu cuerpo psíquico.
Cuando sanas tu cuerpo psíquico y emocional, sanas tu cuerpo.
Cuando sanas tu cuerpo, cambias tu vibración.
Cuando cambias tu vibración, cambias tu realidad».

LORENA CUENDIAS

Si miraras atrás con ojos compasivos, verías cuántas cosas has sostenido todo este tiempo. Cuánto ha trabajado tu cuerpo por mantenerte a salvo, cuánto ha intentado protegerte incluso cuando esa protección se expresaba como tensión, desconexión o miedo.

Todo en tu historia ha sido un intento por ofrecerte seguridad en un mundo que a veces ha sido abrumador, solitario y amenazante, donde la incertidumbre a veces no daba tregua y la seguridad emocional se sentía inalcanzable.

Ahora, gracias al camino que has iniciado, cuentas con una comprensión más profunda de cómo tu historia y tu sistema nervioso han influido en tu vida, has empezado a reconocerte. **Y es el momento de dar un paso más.** Si has llegado hasta aquí, quizá hayas visto ya que lo que antes parecía inevitable —las reacciones automáticas, los patrones que se repiten, la sensación de estar atrapada en una realidad que no eliges conscientemente— puede transformarse.

A lo largo de este libro, hemos explorado cómo tu sistema nervioso da forma a tu experiencia interna, cómo reacciona a la vida y cómo condiciona tu percepción de seguridad o amenaza. **Ahora vamos a seguir el camino: comprender que no solo re-**

gula tu respuesta al mundo. Es, en efecto, el arquitecto de la realidad que experimentas.

No ves el mundo como es, sino como lo sientes desde tu cuerpo

Tu estado interno define cómo interpretas la vida. Desde una perspectiva biológica, el cerebro no busca la felicidad, sino la supervivencia. Al regular tu sistema nervioso, puedes transformar estas creencias en nuevas posibilidades.

La manifestación somática de tu realidad

Cuando hablamos de «manifestar» nuestra realidad, muchas veces se asocia con cambiar la mentalidad o pensar en positivo. Nos han dicho que, si visualizas lo suficiente, si repites mantras o sostienes pensamientos «elevados», tu vida cambiará.

Y, si no cambia, es porque algo estás haciendo mal. Porque no estás «vibrando alto». Esa es la trampa. Este discurso, tan extendido en el mundo del desarrollo personal, puede ser devastador para quienes cargan con un sistema nervioso herido. Porque, en lugar de generar transformación, genera culpa.

No estás bloqueando tu abundancia por pensar mal. No estás repitiendo relaciones dolorosas porque no sabes manifestar. No estás estancada porque te falta fe. La verdad es que no podemos cambiar nuestra vida solo desde la mente. **Necesitamos incluir el cuerpo.**

Porque, si tu sistema nervioso sigue operando desde el miedo, la hiperactivación o la disociación, no importa cuántas afirmaciones positivas repitas: tu biología seguirá proyectando una realidad de supervivencia.

Manifestar no es imaginar algo deseable y esperar que llegue. Manifestar, desde una perspectiva somática, es crear las condiciones internas para sostener eso que deseas. Es enseñarle a tu cuerpo que estar bien, recibir, gozar o ser vista… no representa una amenaza.

> Por eso, cambiar tu realidad externa empieza por transformar el estado interno de tu sistema nervioso.

No desde la imposición, sino desde la regulación profunda del sistema nervioso. Cuando aprendes a generar una sensación real de seguridad dentro de ti, las decisiones, las oportunidades y los vínculos empiezan a cambiar de forma natural. No porque lo pienses más fuerte. Sino porque tu cuerpo empieza a permitir lo que antes no podía sostener.

Hacia un nuevo paradigma: encarnar la seguridad

Si tu sistema nervioso es el arquitecto de tu realidad, la clave no está, entonces, en luchar contra tus pensamientos, sino en enseñarle a tu cuerpo otra forma de estar en el mundo. **La transformación real no ocurre porque lo entiendas, sino porque lo encarnas.**

No se trata de afirmaciones vacías ni tampoco de forzarte a ver el lado positivo. Se trata de ofrecerle a tu biología una experiencia diferente, repetida, tangible. Una experiencia en la que tu cuerpo empiece a sentir —no solo a imaginar— que estar en calma es seguro. Que no todo lo bueno viene después del esfuerzo o del dolor.

Y aquí es donde muchas se pierden. Porque todo esto suena muy bonito en teoría, pero puede parecer lejano, casi irreal, cuando vives atrapada en la hiperexigencia, el agotamiento o la desconexión.

Quizá te estés preguntando: «¿Y ahora qué? ¿Cómo aterrizo todo esto que he aprendido en mi día a día?».

Porque una cosa es comprender que mi sistema nervioso moldea mi realidad. Y otra muy distinta es saber cómo empezar a cambiarla.

Y aquí es donde quiero invitarte a un adoptar un enfoque todavía más cercano, más vivo, algo que puedas aplicar sin que se sienta como una lista de cosas por hacer, sino como una forma de empezar a habitarte diferente.

Por eso creé el **método INS: integración neurosomática para la seguridad interna**. Que no te asuste el nombre. No es un protocolo rígido ni una receta mágica. Es un mapa. Una brújula que confío que te ayude a moverte desde la supervivencia a la presencia. Una forma de recordarle a tu cuerpo que no tiene que estar en alerta todo el tiempo. Que hay otras maneras de habitarte.

Este método recoge todo lo que hemos explorado en estas páginas. Está diseñado para ayudarte a construir seguridad interna desde un enfoque integrador y práctico: uniendo regulación somática, resignificación emocional y una forma más viva de habitar tu cuerpo.

> Es un proceso que no solo trabaja con la mente, sino que involucra el cuerpo como eje central de transformación.

Conocer cómo se expresa tu estado interno a través del cuerpo es el primer paso para desarrollar una relación más consciente contigo misma. La mayoría de las veces, nos movemos por la vida sin detenernos a notar qué está ocurriendo en nuestro interior, reaccionando en piloto automático. Este ejercicio de mapeo es una herramienta fundamental para identificar las señales que tu cuerpo te da en distintos momentos.

Cada uno de estos aspectos —**respiración, pensamiento, imágenes, movimiento, emoción, sensación, energía, postura y estado autónomo**— te ofrece información valiosa sobre tu estado interno. Al observarlos sin juicio, puedes comenzar a reconocer patrones, conectar con lo que realmente necesitas y regularte de manera más efectiva.

Cambiar tu vida empieza por aprender a sentirte diferente dentro de ti.

Fase 1: reconocer
Escuchar tu sistema nervioso y darte cuenta de sus patrones

El primer paso para la transformación es la conciencia. No puedes cambiar lo que no ves. Esta fase consiste en aprender a notar cómo opera tu sistema nervioso en el presente sin juzgarlo, sin querer cambiarlo de inmediato. No se trata de analizar ni de racionalizar, sino de notar cómo se siente tu cuerpo en cada momento. El simple acto de observar sin juicio empieza a reorganizar tu sistema.

> Aquí no hay nada que arreglar ni cambiar de inmediato, solo una oportunidad para conocer mejor tu cuerpo y sus respuestas.

El cuerpo se comunica contigo a través de diferentes canales. A medida que desarrolles la habilidad de sintonizarte con estas «emisoras», como hemos empezado a trabajar a través de los ejercicios somáticos a lo largo del libro, aprenderás a escucharte de manera más profunda y a detectar con más claridad qué necesita tu sistema en cada momento. No se trata de hacerlo perfecto. Se trata de empezar a escuchar.

Aquí te propongo una práctica de mapeo corporal. Puedes hacerla en cualquier momento del día. Solo necesitas unos minutos de presencia y curiosidad.

Haz una pausa. Respira. Y pregúntate:

RESPIRACIÓN

- «¿Mi respiración es superficial o profunda?».
- «¿Fluye con naturalidad o se siente forzada?».
- «¿Dónde la noto más: en el pecho, en el vientre, en la garganta?».
- «¿Hay alguna parte del cuerpo que se tense al inhalar o exhalar?».

PENSAMIENTO

- «¿Mis pensamientos van rápido o lento?».
- «¿Estoy rumiando sobre el pasado o anticipando el futuro?».

- «¿Cómo me estoy hablando a mí misma en este momento?».
- «¿Qué historia estoy construyendo sobre lo que está ocurriendo?».
- «¿Estos pensamientos me dan seguridad o me generan más tensión? ¿Qué tipo de pensamientos estoy teniendo?».
- «¿Son repetitivos, catastróficos, analíticos? ¿Qué me estoy diciendo sobre la situación y sobre mí misma?».

Recuerda: los pensamientos no son verdades. Son interpretaciones. Puedes observarlos sin tener que creértelos.

IMÁGENES

- ¿Vienen a tu mente imágenes, recuerdos o visualizaciones?
- ¿Hay escenas o símbolos que aparecen con frecuencia?
- ¿Tu mente proyecta futuros imaginarios que te generan ansiedad o tranquilidad?
- Si esta sensación o emoción tuviera una imagen, ¿cuál sería?

Las imágenes que emergen pueden ser pistas de lo que tu cuerpo está procesando.

MOVIMIENTO

- ¿Sientes la necesidad de moverte, de tensar los músculos, de encogerte o expandirte?
- ¿Sientes el impulso de hacer algún movimiento?
- ¿Cómo se siente tu cuerpo en este momento?
- ¿Está tenso, acelerado, agotado? ¿Paralizado?
- ¿Quieres correr, huir, defenderte y atacar, complacer, adular?
- ¿Sientes el impulso de hacer algún movimiento? ¿De cruzar los brazos, tocarte la cara, mover los pies?
- ¿Estás reteniendo o suprimiendo algún movimiento natural de tu cuerpo?

- ¿Cómo cambia tu respiración cuando te mueves o te quedas en pausa?

El cuerpo no miente. Sus impulsos contienen información sobre tu estado interno.

EMOCIÓN

- «¿Qué emoción está viva ahora mismo? ¿Rabia, tristeza, alegría, miedo?».
- «¿Dónde la siento? ¿Cómo se manifiesta?».

No intentes cambiarla. Solo nómbrala. Estar con una emoción sin querer modificarla ya es un acto de regulación. No hay emociones buenas o malas, todas tienen su función.

SENSACIÓN

- «¿Qué noto en el cuerpo? ¿Presión, vacío, calor, hormigueo, bloqueo?».
- «¿Hay alguna parte que sienta entumecida o desconectada?».

Las sensaciones son el lenguaje más directo del sistema nervioso.

ENERGÍA

- «¿Mi energía está alta, baja o neutra?».
- «¿Cómo describiría mi nivel de energía en este momento: agotada, vibrante, estable?».
- «¿Me siento inquieta o con necesidad de moverme?».

- «¿Tengo pesadez en alguna parte del cuerpo?».
- «¿Me siento más conectada o desconectada del entorno?».
- «¿Hay una sensación de bloqueo o expansión en mi energía?».

POSTURA

- «¿Cómo está mi postura ahora? ¿Erguida, colapsada, en tensión?».
- «¿Hay rigidez en mi cuello, mandíbula o espalda?».
- «¿Siento mis pies apoyados en el suelo o una sensación de flotar?».
- «¿Estoy apretando algo sin darme cuenta?».

ESTADO AUTÓNOMO

- «¿Siento que estoy en un estado de alerta, calma o colapso?».
- «¿Me noto más reactiva o receptiva en este momento?».
- «¿Tengo la sensación de que debo defenderme, escapar o de que puedo estar presente?».
- «¿Estoy en un estado de conexión o me siento aislada?».
- «¿Mi cuerpo siente que tiene que estar en guardia o puede relajarse?».

Este ejercicio no es para controlar nada.
Es una forma de acercarte a ti misma.
Observar sin juicio es el primer gesto de amor hacia tu sistema nervioso. Y, cuando aprendes a escucharlo, empiezas a tener más opciones.
Más libertad. Más verdad.

Fase 2: regulación
Interrumpir patrones de supervivencia

Muchas veces, como ya hemos visto, sin darte cuenta, tu cuerpo sigue atrapado en un estado de alerta o colapso. Es como si estuviera en modo «peligro» incluso cuando el peligro ya pasó.

Y, cuando eso ocurre, necesitas recordarle que estás a salvo.

Regular no significa obligarte a sentirte bien. Significa enviarle pequeñas señales de seguridad a tu sistema para que, poco a poco, sepa que puede bajar la guardia. Aquí no hay soluciones mágicas ni atajos. Hay práctica. Hay repetición. Hay presencia.

Te dejo algunas maneras de recordarle a tu cuerpo que ahora es distinto. No tienes que hacerlas todas. Ni hacerlas perfecto. Solo elegir una. Sentirla. Y ver qué cambia dentro:

1. **Respira diferente**

   Sí, ya sé que respirar es automático, pero la forma en que lo haces puede cambiar por completo cómo te sientes. Si tu respiración es rápida y entrecortada, es probable que tu sistema nervioso siga en alerta. Lo que necesitas es una exhalación más larga y profunda que la inhalación.

   Cuando eso ocurra, prueba lo siguiente:

   Inhala suavemente contando hasta 4. Exhala despacio contando hasta 6 o incluso más (con precaución) si te es cómodo. Imagina que cada exhalación le dice a tu sistema: «Puedes soltar, aquí estás a salvo».

2. **Oriéntate en el espacio**

   Cuando el cuerpo está desregulado, se desconecta del presente. Una forma rápida de volver es utilizar tus sentidos para anclarte en el aquí y el ahora.

Mira a tu alrededor y nombra en voz baja:

- Tres objetos que ves (una planta, una taza de té, una lámpara).
- Dos colores que te llamen la atención.
- Un objeto que te haga sentir bien (una manta suave, un libro querido).

Escucha con atención y detecta:

- Tres sonidos en tu entorno (el viento, un reloj, un pájaro, el murmullo lejano de una conversación).
- ¿Es un sonido continuo o intermitente? ¿Es fuerte o sutil?

Percibe los olores y sabores:

- Si hay algún aroma en el aire, respíralo profundamente (el olor del café, la frescura del jabón en tu piel, una vela encendida).
- Si tienes cerca una bebida o algo comestible, pon toda tu atención en su sabor, su textura, su temperatura.

Siente con el tacto:

- Apoya las manos en una superficie (una mesa de madera, una tela suave, tu propia piel) y nota su textura.
- Si tienes ropa cómoda, percibe cómo se siente sobre tu cuerpo.

Cuando te orientas conscientemente en el espacio, le das a tu sistema nervioso la señal de que estás aquí, ahora, y de que no hay peligro inmediato.

3. **Contacto físico**

El contacto físico tiene un poder inmenso para tranquilizarte. No necesitas nada externo. Solo tus manos, tu respiración, tu presencia. Si sientes ansiedad o agitación, prueba esto:

Coloca una mano sobre tu pecho y la otra sobre tu vientre. Siente el calor de tu piel, la presión suave de tus propias manos sosteniéndote. Si te ayuda, susúrrate algo como:

«Estoy aquí contigo. Estoy segura en este momento. Voy a estar bien. Puedes descansar ahora. Te sostengo. No estás sola».

Este gesto puede ser un abrazo de ti para ti, una forma de decirte que te sostienes, que cuentas contigo. Es simple. Pero no es pequeño.

4. **Mueve lo que está retenido**
   Cuando el cuerpo entra en supervivencia, congela energía. Moverte puede desbloquear lo que lleva tiempo acumulado.

   - Sacude suavemente las manos.
   - Gira el cuello con lentitud y siente cómo se estira.
   - Balancea el cuerpo de un lado a otro, sintiendo el peso en los pies.
   - Estírate si lo necesitas, dejando que los músculos despierten.

   No hace falta que sea elegante. Solo auténtico. Y, si sientes ganas de bostezar o suspirar, hazlo. Son respuestas naturales de tu cuerpo para soltar lo que ya no necesita.

5. **Usa el sonido y la vibración**
   El sonido regula. Vibra. Activa tu rama ventral del nervio vago, la que permite sentir conexión y calma.

   Prueba con:

   - Canturrear: cierra los labios y haz un sonido como si estuvieras tarareando, dejando que la vibración recorra tu pecho y garganta.
   - Tararear una canción suave o un sonido que te resulte agradable.
   - Cantar en un tono bajito, notando cómo se mueve el aire dentro de ti.

   El sonido ayuda a calmar el ritmo cardiaco y le da a tu cuerpo una sensación de ritmo y estabilidad.

6. **Busca conexión**
   No siempre podemos calmarnos solas, y no pasa nada. Es biología. A veces, necesitamos la presencia de otro ser humano para regularnos. Si sientes que lo necesitas, prueba esto:

- Llama a alguien que te haga sentir segura.
- Mira a los ojos de alguien en quien confíes.
- Recuerda a una persona que te ha dado paz en el pasado.

Si no tienes a nadie cerca, quizá también te puede ayudar imaginar el rostro o la voz de alguien que alguna vez te sostuvo con amor. Solo evocar esa sensación puede ayudar a tu sistema nervioso a salir de la desregulación.

Cada una de estas prácticas es una puerta y un ancla para tu sistema nervioso. No tienes que hacerlas todas ni hacerlo perfecto. Solo elige una y pruébala.

Tu cuerpo es sabio. Dale espacio y él te mostrará el camino de regreso a casa.

Fase 3: resignificar
Un nuevo lenguaje para tu cuerpo

Tu sistema nervioso no solo responde a lo que vives hoy, ha construido historias basadas en experiencias pasadas. Historias como «El mundo no es seguro», «No puedo soltarme», «Tengo que estar alerta para que no me hagan daño», «Si descanso, algo malo va a pasar». Estas no son verdades. Son huellas.

Solo han sido estrategias de supervivencia.

Estrategias que un día te protegieron y que, con el tiempo, se convirtieron en una cárcel invisible. Resignificar no es repetir frases positivas para engañarte.

Es ofrecerle a tu cuerpo una nueva narrativa… con pruebas. Con experiencias reales, aunque sean pequeñas. Con cada experiencia de seguridad, de placer o de conexión, tu sistema empieza a escribir otra historia. No es magia. Es neurobiología. Las nuevas vivencias generan nuevas conexiones.

Aquí comparto contigo algunas formas sencillas y profundas de empezar:

1. **Anclajes de seguridad.**
   Tu cuerpo necesita sentir que es seguro soltar la tensión. Y eso no solo ocurre a través de pensamientos, sino también gracias a sensaciones reales que puedas experimentar una y otra vez.
   Busca microexperiencias de seguridad en el día a día:

   - El calor de una taza entre las manos.
   - El tacto de una manta al envolver tu cuerpo.
   - Caminar descalza y notar la textura del suelo bajo tus pies.
   - Cerrar los ojos y sentir el sol sobre la piel.

   Estos anclajes no son insignificantes: son los ladrillos con los que se reconstruye una sensación de seguridad interna.

2. **Explora el placer y la expansión.**
   Cuando llevas mucho tiempo en modo supervivencia, el placer puede parecer extraño, incluso peligroso. Sin embargo, no solo es algo natural, sino básico para la regulación y expansión del sistema nervioso. En una cultura que suele demonizar el placer y asociarlo con la indulgencia o la debilidad, olvidamos que es una de las experiencias más humanas y necesarias. El placer nos conecta con la vitalidad, nos ancla en el presente y ofrece al cuerpo señales de seguridad. Aprender a explorar el placer, sin culpa ni juicio, es abrir la puerta a la expansión auténtica y a una relación más íntima contigo. Es una forma de decirle a tu cuerpo: aquí no hay amenaza.
   Y el placer no tiene por qué ser grandioso. A veces puede bastar con:

   - Los olores que disfrutas (un aceite esencial, un café recién hecho, una flor).

- Los sonidos que te relajan o te hacen sonreír (música suave, la lluvia en la ventana, una canción que te encanta).
- Las texturas que te hacen sentir cómoda o te brindan bienestar (ropa suave, el agua tibia de la ducha, la sensación del viento en la piel).
- El movimiento que te da alivio (estirarte lentamente, balancearte, caminar despacio y con conciencia).

El placer no tiene que ser una recompensa después del esfuerzo. **Es un derecho del cuerpo, una señal de que la vida no es solo aguantar, sino también disfrutar.** No es indulgencia. Es presencia.

3. Cambia la narrativa interna.

Lo que te dices impacta en cómo te sientes. **Las palabras que te dices son información para tu sistema nervioso.** Si toda tu vida te has repetido «Esto nunca va a cambiar», tu cuerpo lo recibe como un hecho y responde con más tensión.

Pero aquí no se trata de mentirte ni de forzar afirmaciones que no sientas reales, sino **de ofrecerte frases que abran una puerta a la transformación**.

En lugar de: **«Nunca voy a estar bien»**, prueba con:

- «Mi cuerpo está aprendiendo una nueva forma de estar en el mundo».

En lugar de: **«Siempre reacciono igual»**, prueba con:

- «Estoy explorando nuevas respuestas, aunque sean pequeñas».

En lugar de: **«Debería avanzar más rápido»**, prueba con:

- «No hay prisa, cada paso cuenta».

No es necesario que creas estas frases al cien por cien desde el principio. **Solo empieza a sembrarlas.** Con el tiempo, tu cuerpo empezará a reconocerlas como una posibilidad.

4. **Sostén la ternura en el cuerpo.**
   Sostener la ternura no solo es hablarte bonito. Es encarnar esa ternura. Es sentirla.

   - ¿Qué cambia en tu respiración cuando te hablas con compasión?
   - ¿Qué sientes al sostenerte el rostro con las manos por unos segundos?
   - ¿Qué pasa si te abrazas, aunque sea brevemente?

   Tu sistema nervioso aprende a través de la repetición, pero también a través del afecto. Lo que necesitas no es solo información nueva, sino **sensaciones nuevas de contención y cuidado**. Y recuerda: el objetivo no es «sanar» todo de golpe. **Basta con que te abras a nuevas experiencias, un poquito cada día.**

Fase 4: integrar tus fragmentos internos
Diálogo somático de partes

Dentro de ti viven muchas versiones de ti misma. Partes que han aprendido a protegerte, a exigirte más, a evitar el dolor, a mantenerte a salvo. Algunas de ellas son fuertes y controladoras, otras cargan con heridas profundas que tal vez aún no han sanado del todo.

El problema no es esta dualidad. El problema es que a veces siguen actuando como si siguieras viviendo en el pasado. Y no saben (todavía) que hoy tienes más recursos, más sostén, más conciencia. No se trata de eliminar nada ni de «arreglarte». Se trata de reconocer quién está hablando dentro de ti. Y de empezar a escucharte con más curiosidad que juicio.

1. **¿Quién está al mando ahora?**
   Cuando sientas un conflicto interno o una reacción desproporcionada, haz una pausa y pregúntate:

   - «¿Qué parte de mí está hablando ahora?».
   - «¿Es la que teme ser rechazada?».
   - «¿La que se exige para sentirse valiosa?».
   - «¿La que se cierra en banda para no volver a ser herida?».

2. **Háblale con presencia, no con corrección**
   No intentes silenciarla ni imponerle la razón. Esa parte no necesita lógica. Necesita ser vista.
   Prueba con esto:

   - **Si una parte de ti siente miedo, en lugar de ignorarla, pregúntale**: «¿Qué estás tratando de proteger?».
   - **Si una parte de ti se sobrecarga de responsabilidades, en lugar de juzgarla, dile**: «¿Qué necesitas para sentirte segura sin agotarte?».
   - **Si una parte de ti se cierra y no deja entrar a nadie, en lugar de forzarla, susúrrale**: «No tienes que hacerlo sola».

   No necesitas convencerla. Solo acompañarla.

3. **Ninguna parte sobra.**
   Cada parte cumple una función. Incluso si su estrategia ya no te sirve. La clave está en ayudarlas a encontrar una nueva forma de estar en tu vida:

   - **La que te empuja a hacerlo todo sola aprendió que depender era peligroso.**
   - **La que huye aprendió que estar presente dolía.**
   - **La que complace pensó que ese era el único camino hacia el amor.**

   Esto es integración: no eliminarlas de tu yo, sino **hacer espacio para cada parte desde un lugar más amable**.

4. **Pequeños actos de integración.**
No necesitas grandes rituales. Solo pequeños momentos donde te hables distinto, te escuches distinto, te sostengas distinto.

- **Escribir un diálogo interno** entre tú y esa parte que te duele o te limita. Si sientes un conflicto dentro de ti, prueba a escribirlo como una conversación. Pregúntale a esa parte qué necesita y responde desde un lugar más sabio.
- **Asignar un gesto, una imagen o una zona del cuerpo a cada parte.** Tal vez la parte que teme fracasar la sientes como un puño apretado en el pecho. Quizá la parte que quiere complacer a todos se manifiesta en una sonrisa tensa e incómoda. **Solo identificar esto ya es un acto de integración.**
- **Hablarte con más paciencia.** Cada vez que sientas que te criticas o te exiges, haz una pausa consciente y pregúntate: «¿Cómo puedo responderme con más ternura?».
- **Crear una nueva experiencia.** Si hay una parte de ti que aprendió que no podía confiar en nadie, dale pequeñas experiencias de confianza con personas que sientes que te dan seguridad.

Si hay una parte acostumbrada al esfuerzo constante, permítele descubrir lo que es el descanso sin culpa.

Integrar es hacer espacio para todo lo que eres. Con ternura. Con presencia. Con verdad. Tu historia no te define, pero puede ser resignificada. Y ese es el mayor acto de amor hacia ti misma.

Fase 5: expandir
Hacer de la seguridad un estado natural

Has llegado hasta aquí. Has sentido, explorado, respirado distinto. Has escuchado a partes tuyas que antes pasaban desapercibidas. Has sostenido lo que antes evitabas.

Y, ahora, el trabajo no es hacer más. Es sostener lo que ya ha empezado a moverse dentro de ti. La transformación real no ocurre en un instante revelador. Ocurre cuando repites lo suficiente eso que antes parecía imposible: sentirte a salvo.

La seguridad interna se construye en lo cotidiano. En lo imperfecto. En lo simple.

1. **Crea pequeños rituales.**
   Prácticas que le recuerden a tu cuerpo que puede volver a ti.

   - Elige una práctica para comenzar tu día. Tal vez sean un par de respiraciones profundas antes de levantarte, un estiramiento suave o tocar tu pecho y recordar que estás aquí, presente.
   - Incluye micropausas a lo largo del día. Un suspiro profundo, una caminata consciente, un momento de silencio antes de responder un mensaje.
   - Crea señales visuales o táctiles que te recuerden volver a ti. Un cuarzo en tu bolsillo, una frase en tu agenda, una alarma en el móvil que te invite a hacer una pausa.

   La regulación no pasa en momentos extraordinarios. Pasa en lo pequeño, si lo haces con presencia.

2. **La seguridad es un músculo que se entrena.**
   Al principio puede sentirse extraño. Quizá haya días en los que dudarás de si esto realmente está funcionando. Y eso es normal.

   Piensa en esto como en fortalecer un músculo. No puedes ir al gimnasio una sola vez y esperar resultados inmediatos. La transformación ocurre con la constancia, con la repetición de pequeñas experiencias de seguridad.

   Si alguna vez dudas, recuérdate esto:

- No necesitas hacerlo perfecto. Cada intento cuenta.
- No te frustres si un día vuelves a un viejo patrón. El trabajo no es lineal, pero cada vez volverás a la calma más rápido.
- Tu sistema nervioso está aprendiendo algo nuevo, y el aprendizaje lleva tiempo. Es como enseñar a tu cuerpo un nuevo idioma. Al principio te costará, pero, con el tiempo, las palabras fluirán sin esfuerzo.

3. **Observa cómo cambia tu forma de estar en el mundo.**
Cuando la seguridad interna deja de ser un concepto y se convierte en una experiencia real, el mundo ya no se siente igual.

Tus relaciones cambian. Empiezas a reconocer qué vínculos te nutren y cuáles te desgastan.

Tus decisiones cambian. Ya no decides desde el miedo o la urgencia, sino desde la claridad.

Tu cuerpo cambia. Poco a poco, deja de ser un lugar de tensión constante y empieza a sentirse como un hogar seguro.

Esto no significa que nunca más sentirás ansiedad, activación o miedo, porque probablemente ocurra. Lo que cambia es que ahora tienes herramientas para volver a tu centro cada vez que lo necesites.

4. **Celebra lo pequeño.**
No subestimes lo que antes parecía insignificante. A veces buscamos grandes señales de transformación y no nos damos cuenta de que el verdadero cambio está en los pequeños momentos y de todo lo que ya hemos logrado y transformado.

- Cuando antes te habrías sobresaturado, pero hoy has elegido una pausa.
- Cuando antes te habrías criticado, pero hoy te has hablado con más paciencia.
- Cuando antes la tensión en tu cuerpo duraba días, pero hoy has logrado liberarla en minutos.

Cada vez que sientas un momento de calma donde antes no existía, tómate un segundo para reconocerlo. Porque eso es sanación.

La seguridad ya vive en ti

Si tu sistema nervioso es el arquitecto de tu realidad, entonces la clave no es luchar contra tu mente, sino enseñarle a tu cuerpo que la vida puede sentirse diferente.

Sostén estas prácticas. Hazlas parte de tu día a día. Permítete descubrir que el bienestar no es un destino, sino una manera de caminar por la vida.

Esto no es el final del camino, es el comienzo de una nueva forma de estar contigo.

Fase 6: apoyar la biología
Nutrir el cuerpo para salir de la supervivencia

La regulación del sistema nervioso no es solo emocional o somática. También es biológica. Puedes hacer todas las prácticas del mundo, tomarte el juguito verde, leer libros de regulación, pero, si tu cuerpo está inflamado, si no duermes bien, si tus mitocondrias no tienen recursos para sostener tu energía vital, tu sistema va a seguir operando desde la supervivencia.

Lo que comes, cómo descansas y los nutrientes que asimilas tienen un impacto directo sobre tu capacidad de autorregulación. No es que no estés «trabajándote». Es que, sin una base fisiológica sólida, el cuerpo no puede sostener la seguridad.

Esto no es culpa. Es información. Y la información nos permite hacer elecciones más conscientes.

Cuando el cuerpo está en modo supervivencia:

- Hay inflamación crónica.
- La digestión se altera.
- El sueño es fragmentado o insuficiente.
- La tensión muscular es constante.
- La energía es errática: agotamiento, hiperactivación, colapso.

Cuando el sistema puede habitar la seguridad:

- Baja la inflamación sistémica.
- El cuerpo recupera energía estable y sostenida.
- La digestión mejora.
- El descanso se vuelve más profundo.
- Se restablece una sensación de vitalidad tranquila, sin urgencia.

Esto no ocurre por pensamiento positivo. Ocurre cuando creas condiciones internas que permitan a tu biología salir del estado de amenaza.

Nutrientes y compuestos que pueden apoyar este proceso

Cada cuerpo es distinto. **Antes de incorporar cualquier suplemento, es recomendable hacerlo con acompañamiento profesional, sobre todo si estás tomando medicación o tienes condiciones clínicas.**

Lo que comparto aquí es orientativo. Son recursos que, utilizados de forma adecuada, pueden contribuir a sostener la regulación desde la base fisiológica. No son los únicos, pero sí son los más relevantes, eficaces y accesibles en la mayoría de los países.

Magnesio

El magnesio es uno de los minerales más fundamentales para la salud del sistema nervioso y del cuerpo en general. Está implicado en más de trescientas reacciones bioquímicas esenciales, muchas de ellas directamente relacionadas con el metabolismo energético, la síntesis de neurotransmisores, el equilibrio hormonal, la función muscular y la actividad del sistema nervioso central.

Es cofactor indispensable en procesos como:

- La producción de ATP (la molécula básica de energía celular).
- La síntesis y liberación de neurotransmisores, como GABA, serotonina y dopamina.
- La regulación del eje HPA (hipotálamo-hipófisis-adrenal), directamente implicado en la respuesta al estrés.
- El mantenimiento del ritmo circadiano y la calidad del sueño.

Cuando estás sometida a estrés crónico, tu cuerpo consume magnesio a un ritmo acelerado. El cortisol elevado incrementa la excreción urinaria de magnesio, lo que genera un círculo vicioso: cuanto más estrés, más magnesio pierdes, y, cuanto más déficit, más vulnerable queda tu sistema a la ansiedad, la fatiga, la tensión muscular y la desregulación emocional.

Además, un déficit prolongado de magnesio puede provocar:

- Hipersensibilidad a los estímulos (auditivos, emocionales o físicos).
- Alteraciones del sueño profundo (fase de ondas lentas).
- Problemas digestivos vinculados a la contracción intestinal y a la motilidad.
- Disminución de la plasticidad cerebral y del umbral de tolerancia al estrés.

La mayoría de las personas con síntomas de desregulación tienen un déficit subclínico de magnesio, aunque no siempre sea detectado en analíticas estándar, ya que solo el 1 por ciento del magnesio del cuerpo circula en sangre: el resto está en tejidos, huesos y células.

Formas más eficaces de magnesio para la regulación del sistema nervioso

No todas las formas de magnesio son iguales ni tienen el mismo efecto. Algunas tienen acción digestiva o laxante, mientras que otras atraviesan la barrera hematoencefálica y actúan directamente sobre el sistema nervioso central.

Estas son las más recomendadas cuando el objetivo es apoyar la regulación:

- **Bisglicinato de magnesio**
  Asociado a la glicina, un aminoácido con efecto relajante. Alta biodisponibilidad, no tiene efecto laxante. Ideal si hay ansiedad, insomnio o tensión física sostenida.
- **Treonato de magnesio**
  Es la única forma que ha demostrado cruzar la barrera hematoencefálica de modo eficaz. Actúa directamente sobre la neuroplasticidad, la memoria, la atención y la regulación emocional. Es útil sobre todo en procesos de alta demanda cognitiva o en personas con estrés crónico y sensación de niebla mental.
- **Malato de magnesio**
  Combina magnesio con ácido málico, un compuesto que participa en el ciclo de Krebs (producción de energía celular). Es recomendable cuando, además de ansiedad o desregulación, hay fatiga física, dolores musculares o síntomas compatibles con disfunción mitocondrial.

- **Taurato de magnesio**
  Unido a la taurina, es un aminoácido con efecto estabilizador sobre el sistema nervioso y el sistema cardiovascular. Es útil cuando hay sensibilidad al estrés, taquicardias o sensación de latido interno constante, asociado a activación simpática sostenida.

El magnesio no es un «extra» ni un suplemento de moda. Es un elemento estructural en la fisiología de la calma, la recuperación y el descanso profundo.

GABA (ácido gamma-aminobutírico): el freno natural de tu sistema

Si tu sistema nervioso fuera un coche, el GABA sería el pedal del freno. No para detenerte del todo, sino para que no vivas con el motor siempre revolucionado.

Ese freno natural es lo que le permite a tu cuerpo entrar en pausa, bajar el ritmo, descansar y sentir calma. Cuando todo funciona bien, hay un equilibrio entre activación y reposo. Tu sistema se activa cuando hace falta —para pensar, para moverte, para resolver— y después vuelve a la calma.

Pero, cuando vives en modo supervivencia, ese equilibrio se rompe.

Lo que suele pasar es esto:
Hay demasiada activación interna (demasiado glutamato, que es el neurotransmisor que acelera) y muy poco GABA, que es el que te ayuda a bajar marchas. Cuando ocurre esto, vives en un estado de sobreestimulación constante. Como si tu cuerpo estuviera siempre en alerta.

Tal vez lo sientes así:

- No puedes parar de pensar cuando te acuestas.
- Te despiertas de noche con el corazón acelerado.
- Tienes el cuerpo tenso, aunque no sepas por qué.
- Todo te afecta más: los ruidos, la gente, los imprevistos.
- Sientes que no puedes «bajar» del todo, aunque lo intentes.
- Te cuesta entrar en un estado de relajación real. Ni el yoga, el vino o la meditación te sueltan del todo.

Todo eso puede tener que ver con una baja disponibilidad de GABA. Muchas veces no es solo un tema emocional. Es que tu cuerpo no está produciendo suficiente o no lo está utilizando bien, sobre todo si estás baja en magnesio, vitamina B6 o si llevas años sosteniéndolo todo sin parar.

¿Tomar GABA funciona? Pues hay debate. Algunos estudios dicen que el GABA tomado por vía oral no llega directamente al cerebro porque la barrera hematoencefálica lo bloquea. Pero lo cierto es que muchas personas (incluida yo) notamos alivio, más tranquilidad corporal y una sensación de bajada interna después de tomarlo.

Lo importante es saber para qué lo usas: es una ayuda. Una especie de soporte suave para recordarle a tu cuerpo cómo se siente la calma.

También puedes apoyar tu sistema GABA de manera más indirecta, usando nutrientes y plantas que lo potencian:

- La L-teanina, que ayuda a tu cuerpo a producir más GABA de forma natural.
- El magnesio, que actúa como cofactor para que se pueda sintetizar.

- La *ashwagandha*, que no produce GABA, pero ayuda a que tu cuerpo lo reciba mejor, bajando el cortisol y calmando la hiperexcitación.

Ácidos grasos esenciales y funcionales

Cuando hablamos de «grasas buenas», en realidad nos referimos a ácidos grasos poliinsaturados y monoinsaturados que cumplen funciones vitales en tu cuerpo: desde formar membranas celulares hasta modular la inflamación, fabricar hormonas, sostener la función mitocondrial y permitir la comunicación entre neuronas.

Entre ellos, los más conocidos son los **omega 3, 6, 7 y 9**. Todos son necesarios, pero no en cualquier proporción. Aquí te explico cada uno, para que sepas cómo te afectan, qué hacen en tu cuerpo y por qué algunos sobran y otros faltan.

Omega 3 (EPA y DHA): antiinflamatorios y neuroprotectores esenciales

Estos son clave para la regulación emocional, la plasticidad cerebral, la modulación del sistema inmune y la reparación neuronal. Tu cuerpo no puede producirlos, así que necesitas aportarlos desde fuera. Un déficit de omega 3 te deja más vulnerable a la reactividad, el insomnio, la inflamación silenciosa, la niebla mental y la ansiedad.

Puedes encontrarlos en pescados azules salvajes, aceite de krill, aceite de linaza (menos biodisponible), nueces...

Omega 6: necesarios, pero en exceso se vuelven proinflamatorios

También son esenciales, y no hay que demonizarlos. El problema no es su existencia, sino el desequilibrio. El cuerpo los necesita para construir membranas celulares, activar la respuesta inmune y producir ciertas hormonas. Pero, cuando hay un exceso (como ocurre en la mayoría de las dietas modernas), el cuerpo entra en un estado inflamatorio crónico.

Hoy, muchas personas consumen una proporción de omega 6:omega 3 de 20:1 o incluso 30:1, cuando lo ideal sería algo cercano a 4:1 o incluso 1:1, según algunos estudios evolutivos.

Un exceso de omega 6 puede contribuir a:

- Dolor crónico y sensibilidad al dolor.
- Aumento del cortisol y de la inflamación sistémica.
- Mayor propensión a trastornos del estado de ánimo.

Fuentes principales (en exceso): aceites vegetales refinados (girasol, maíz, soja), productos procesados, bollería industrial.

Fuentes saludables: semillas, frutos secos, aceite de borraja u onagra (en dosis equilibradas).

Omega 7 (ácido palmitoleico): regeneración celular y mucosa, sensibilidad a la insulina, hidratación interna

Es menos conocido, pero muy potente. El omega 7 es un ácido graso monoinsaturado que contribuye a la regeneración de tejidos, mejora la sensibilidad a la insulina, protege las mucosas (ojos, boca, tracto digestivo, vaginal) y tiene efectos antiinflamatorios y antioxidantes. También ayuda a equilibrar el metabolismo lipídico.

Puede ser un gran aliado para mujeres que experimentan:

- Sequedad vaginal o en mucosas.
- Problemas digestivos o inflamación intestinal.
- Desequilibrios metabólicos.
- Fatiga asociada a la resistencia a la insulina.

Puedes encontrarlo en el aceite de espino amarillo (*seabuckthorn*), nueces de Macadamia, aguacate (aunque en menor cantidad).

Omega 9 (ácido oleico): estabilidad emocional, salud cardiovascular, flexibilidad metabólica

No es esencial porque el cuerpo puede sintetizarlo, pero su aporte externo es muy beneficioso. El omega 9 favorece la estabilidad emocional, regula la inflamación, mejora la sensibilidad a la insulina y protege el sistema cardiovascular.

Tiene un efecto muy interesante: apoya al sistema nervioso sin sobrecargarlo. Es como una base estable desde la que operar, sin empujar ni frenar en exceso.

Puedes encontrarlo en el aceite de oliva virgen extra (sin refinar), aguacate, almendras, aceitunas.

El equilibrio es la clave

No se trata de consumirlos todos en grandes cantidades. Se trata de crear un entorno interno donde los ácidos grasos trabajen en armonía. La inflamación, el estrés oxidativo, la desregulación emocional o el deterioro cognitivo no son causados por un ácido graso en sí, sino por el **desequilibrio entre ellos**.

Hoy, muchas personas:

- Consumen demasiado omega 6 inflamatorio (de aceites industriales).
- Tienen déficit en omega 3 (por falta de pescado azul o fuentes de calidad).
- Ignoran el papel regenerador del omega 7.
- Y desconocen el efecto estabilizador del omega 9.

Tu sistema nervioso necesita estructura, flexibilidad y reparación constante. Los ácidos grasos no solo sostienen esa arquitectura, sino que influyen en cómo piensas, cómo duermes, cómo respondes y cómo sientes. **No es solo nutrición. Es regulación desde lo más profundo de tu biología.**

Adaptógenos

Los adaptógenos son un grupo de plantas y hongos que tienen la capacidad única de ayudar a tu sistema nervioso y endocrino a adaptarse al estrés. Te ayudan a regularte. Lo que hacen es restaurar la capacidad de tu cuerpo para responder al entorno con flexibilidad. Fortalecen la resiliencia biológica.

¿Cómo actúan?

Lo hacen modulando el eje HPA (hipotálamo-hipófisis-adrenal) y regulando la liberación de cortisol y otras hormonas relacionadas con la respuesta al estrés. Cuando este eje está desequilibrado (por estrés crónico, trauma acumulado, falta de descanso o exceso de estímulo), el cuerpo empieza a desregularse: subidas y bajadas de energía, insomnio, niebla mental, ansiedad, fatiga, sensibilidad extrema, ciclos menstruales alterados…

Un adaptógeno actúa como un modulador inteligente:

- Si tu sistema está colapsado, lo activa suavemente.
- Si está sobreexcitado, lo calma sin desconectarte.
- Si está agotado, lo nutre y le devuelve tono.

Para mí, son plantas mágicas y maestras.

Algunos de mis adaptógenos favoritos (y por qué pueden ayudarte)

Cada una tiene su perfil. No todas sirven para todas las personas, pero estas son algunas de las más estudiadas y utilizadas en regulación nerviosa y recuperación tras trauma o estrés crónico:

- ***Ashwagandha (Withania somnifera)***
  Es conocida como el «*ginseng* indio», y no es casualidad. Esta planta medicinal originaria de la India es uno de los pilares del ayurveda y uno de los adaptógenos más estudiados por su capacidad para reducir los niveles de cortisol altos.
  Ayuda a calmar el sistema nervioso sin dejarte adormilada, algo fundamental cuando hay ansiedad o agotamiento nervioso de fondo. Es ideal en momentos de colapso interno, cuando tu cuerpo se siente en alerta constante, pero ya sin recursos para sostenerse.
- **Rodiola *(Rhodiola rosea)***
  Ha sido utilizada desde hace siglos para aumentar la energía física y mental, sobre todo en contextos de alta demanda cognitiva. Mejora la claridad, la concentración y regula el eje HPA. Si estás agotada mentalmente, pero todavía necesitas sostener foco, estructura o productividad sin caer en la sobreexcitación, esta es tu plantita mágica.
- **Melena de león *(Hericium erinaceus)***
  Una de mis favoritas. Este hongo medicinal tiene propiedades

neurorregeneradoras muy potentes. Apoya la producción de NGF (factores de crecimiento neuronal), que son clave para la reparación y el mantenimiento del sistema nervioso. Si hay niebla mental, falta de claridad o fatiga cognitiva, puede marcar una diferencia. También se está investigando por su efecto positivo en el estado de ánimo, la memoria y la salud digestiva (recordemos que hay una conexión directa entre intestino y cerebro).

- ***Ginseng (Panax ginseng)***
  Un clásico, y con razón. Este adaptógeno ancestral se ha usado durante siglos en Asia por su capacidad para aumentar la energía vital sin generar picos artificiales. Ayuda a combatir el agotamiento físico y mental, aporta un impulso sostenido y fortalece el sistema inmune. Lo recomiendo sobre todo cuando hay cansancio profundo, pero todavía algo de tono vital que puede sostener el empuje.
- ***Schisandra (Schisandra chinensis)***
  Bautizada como «la baya de los cinco sabores», es tan versátil como su nombre. En la medicina tradicional china se ha usado durante siglos por su capacidad para aumentar la resiliencia al estrés, apoyar la función hepática y mejorar la claridad mental y física. Equilibra, centra, da tono. La uso mucho cuando hay falta de vitalidad general o desregulación emocional.
- **Eleuterococo (*ginseng* siberiano)**
  Un tónico adaptógeno que fortalece el sistema inmune y aumenta la resistencia física y mental. Es un buen compañero en procesos largos de recuperación o fatiga persistente. Sutil, pero eficaz. A veces es más sostenedor que estimulante.
- ***Reishi (Ganoderma lucidum)***
  Un hongo medicinal por excelencia. Calma el sistema nervioso, mejora el sueño, regula el sistema inmune y aporta una sensación de contención interna difícil de explicar. Muy usado también en procesos inflamatorios y trastornos autoinmunes. Es una planta aliada cuando necesitas bajar revoluciones sin desconectarte.
- **Maca *(Lepidium meyenii)***
  Más conocida por sus efectos en la energía y la libido, pero en realidad es un potente modulador hormonal. Ayuda a recuperar

el deseo (sexual y vital), mejora la resistencia y el ánimo. Eso sí: si estás en un estado muy sensible o con tendencia al colapso, puede ser demasiado. Observa cómo te sienta, porque tiene una energía más yang.

Si bien los adaptógenos son herramientas poderosas, es clave usarlos con conciencia. Al combinarlos sin una guía adecuada, algunos pueden interactuar entre sí, disminuyendo sus beneficios o incluso generando efectos no deseados. **El acompañamiento profesional es importante para que estos potenciales aliados trabajen a tu favor y contribuyan a tu proceso de regulación desde una base sólida y personalizada.**

Cuando apoyas a tu biología con lo que necesita, el trabajo de regulación se vuelve más sostenible. Tu cuerpo deja de estar en una guerra constante y empieza a recuperar su capacidad de descanso, vitalidad y equilibrio.

El impacto de la alimentación en tu sistema nervioso

Lo que comes no solo alimenta tu cuerpo. También moldea tu energía, tu estado de ánimo, cómo piensas y cómo te relacionas contigo misma y con el mundo.

La conexión entre comida y emoción es mucho más profunda e importante de lo que creemos y sabemos. Sin darnos cuenta, muchas veces usamos la comida para hacer lo que nuestro sistema nervioso no puede: regular lo que sentimos.

Es como si, frente a lo que nos sobrepasa, el cuerpo dijera: «Dame algo que me calme, aunque sea por un rato». Y entonces aparece el antojo. No por hambre, sino por necesidad de alivio.

Cuando atravesamos emociones intensas como estrés, ansiedad, tristeza o enfado, y nuestro sistema nervioso no tiene los recursos para procesarlas, el cuerpo busca una salida rápida para aliviar ese malestar. Aquí es donde entran en juego los alimentos ultraprocesados, ricos en azúcares refinados, grasas saturadas e hidratos de carbono simples. No los elegimos solo por sabor o antojo, tu cuerpo sabe que generan una especie de **anestesia emocional**. Pero ¿cómo sucede esto?

Cuando ingerimos estos alimentos, el cuerpo responde con un pico rápido de glucosa en sangre. Este aumento genera una sensación inicial de alivio, incluso de euforia, ya que el cerebro recibe una dosis rápida de energía disponible. Sin embargo, el cuerpo interpreta este pico elevado de glucosa como un estado de desequilibrio y responde liberando grandes cantidades de insulina para normalizar los niveles de azúcar. Este mecanismo provoca una caída brusca de la glucosa (lo que conocemos como «bajón de azúcar») que genera cansancio, irritabilidad y más ansiedad. Lo que comenzó como un intento de calmarte termina llevándote aún más lejos de tu centro.

Para contrarrestar esa caída, el cuerpo libera hormonas del estrés, como adrenalina y cortisol, llevando al sistema nervioso a un estado de alerta. Lo paradójico es que comiste buscando paz y acabas más activada, más ansiosa, más desregulada.

Este proceso también influye en nuestra capacidad de sentir y percibir. El consumo frecuente de este tipo de alimentos puede alterar neurotransmisores como la serotonina y la dopamina, que son clave para tu estado de ánimo y tu capacidad de regularte emocionalmente.

Y, por si fuera poco, a esto hay que sumarle la inflamación sistémica que provocan las dietas ultraprocesadas, que impacta en áreas cerebrales superimportantes para la regulación emocional, como la corteza prefrontal, y nos resulta más difícil tomar decisiones y pensar con claridad. ¿Te ha pasado alguna vez?

Lo que comes también moldea cómo piensas, cómo sientes... y cómo te sostienes

En un plano más sutil, pero igual de potente, al usar la comida constantemente para escapar de lo que sentimos, es como si le dijéramos al cuerpo, sin darnos cuenta: «Esto es demasiado, mejor apágate un rato». Y, aunque durante ese momento puede que sientas alivio, ese apagón no es selectivo. Con ello, también se apaga tu energía, tu capacidad de estar presente, tu conexión contigo misma, con tus emociones. Te aleja. Y, cuanto más lo repites, más lejos te sientes de ti.

De este modo, es como si reforzáramos el mensaje interno de que no podemos sostener lo que sentimos. Esto hace que nuestro sistema nervioso no aprenda a regularse por sí mismo, sino que dependa de algo externo para calmarse.

Cuanto más se repite ese ciclo, más difícil se vuelve escuchar lo que el cuerpo realmente necesita. Y así aparecen la ansiedad constante, la irritabilidad... Con esto no busco culpabilizar ni hacerte sentir mal, sino ayudarte a potenciar tu conciencia.

> Porque salir de este patrón no requiere tener más fuerza de voluntad. Es un tema de conciencia.

De empezar a ofrecernos nuevas formas de regular lo que sentimos. Y el primer paso es **escuchar al cuerpo**. Darnos cuenta de cuándo estamos comiendo para nutrirnos y cuándo lo hacemos para calmar algo que nos parece demasiado o en busca de placer.

Porque sí, **a veces también puede ser un recurso de regulación válido y placentero para nosotras**, pero lo importante es recurrir a él desde la plena conciencia, compasión, honestidad y flexibilidad.

Ese pequeño momento contigo que te propongo a continuación puede abrir una puerta inmensa.

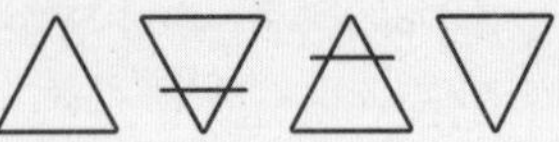

Estas preguntas no son para juzgarte ni para controlar lo que comes. Son para abrir un espacio íntimo contigo. Para que puedas empezar a escuchar tu cuerpo con más honestidad, más presencia y más amor.

- «¿Por qué estoy eligiendo este alimento justo ahora?».
- «¿Es hambre real... o hay una emoción detrás que estoy intentando calmar?».
- «¿Qué estaba sintiendo antes de que apareciera este antojo?».
- «¿Puedo recordar qué emoción surgió justo antes de querer comer eso?».
- «¿Cómo me siento mientras como?».
- «¿Estoy presente en la experiencia o estoy en piloto automático?».
- «¿Qué sensaciones aparecen en mi cuerpo después de comer?».
- «¿Siento ligereza o pesadez? ¿Más energía o más niebla mental? ¿Mi cuerpo se siente nutrido o saturado?».
- «¿Este alimento me ayuda a sentirme más conectada o más desconectada de mí?».

Obsérvalo sin juicio. A veces la comida te acerca. A veces te adormece.

- «¿Qué estoy necesitando realmente en este momento?».
- «¿Es comida o es descanso, un abrazo, llorar, mover el cuerpo, respirar profundo?».
- «¿Con qué frecuencia recurro a la comida para calmar lo que siento?».

No para criticarte, sino para hacer visible un patrón que quizá lleva años repitiéndose.

- «¿Puedo quedarme con lo que siento sin correr a comer algo?».

Y, si no puedes, está bien. Solo pregúntate: «¿Qué recurso necesitaría para poder sostener esto desde otro lugar?».

Cada vez que te haces una de estas preguntas, te estás quedando contigo. Y eso ya es regulación.

Estas preguntas no son para autojuzgarte ni para controlar lo que comes, sino para abrir un espacio de observación compasiva. Cuando empiezas a escuchar tu cuerpo, la relación con la comida deja de ser una herramienta de desconexión y se convierte en una vía de reconexión contigo misma.

Rompiendo el ciclo: volver al cuerpo a través de la alimentación

Aquí no se trata de prohibir ni de demonizar la comida. Nada es blanco o negro. La clave está en **desde dónde eliges** lo que comes. ¿Comes porque tienes hambre o porque necesitas silenciar algo que te duele o te genera malestar? ¿Estás nutriendo tu cuerpo o intentando calmar la ansiedad, la tristeza, el vacío?

Comer de forma consciente también es una práctica somática.

Es una manera de volver al cuerpo. De decirle: «Te veo, te escucho, y quiero darte lo que de verdad necesitas».

Pequeños gestos que cambian la forma en que habitas tu cuerpo

Cuando eliges alimentos que estabilizan tu energía, que no disparan tus picos de glucosa ni te desconectan, te estás sosteniendo. Le estás enseñando a tu sistema nervioso algo precioso: que no hace falta huir de lo que sientes. Que puedes quedarte contigo.

Aquí te comparto algunas formas simples, pero profundas, de empezar a acompañarte desde lo que comes:

- **Elige alimentos que estabilicen tu glucosa**
  Combinaciones de proteínas, grasas saludables y carbohidratos complejos ayudan a mantener estables tus niveles de azúcar en sangre. Evitan esos picos y bajones que activan la desregulación.
- **Escucha cómo te sientes después de comer**
  ¿Notas energía, claridad, ligereza? ¿O más bien pesadez, niebla mental, somnolencia? Tu cuerpo te está hablando todo el tiempo.
- **Observa el vínculo entre tus emociones y tus antojos**
  La próxima vez que necesites algo dulce o ultraprocesado con urgencia, para. Respira. Pregúntate: «¿Qué emoción estoy intentando evitar?». Solo reconocerlo ya cambia la dinámica.

En el siguiente enlace encontrarás información sobre mi curso «Del modo supervivencia a descansar en tu esencia», donde abordamos todo esto en profundidad.

https://mujeralquimia.com/esencia/

- **Respira antes de comer**
  Unas cuantas respiraciones conscientes antes de cada comida activan tu sistema parasimpático, mejoran la digestión y te devuelven al presente.

Comer también es una forma de honrarte. Una forma de volver al cuerpo. De escuchar las señales sutiles, de dar lugar a lo que emerge cuando dejas espacio para estar presente.

Fase 7: encarnar
Convertir la seguridad en tu estado natural

Todo este camino te ha traído hasta aquí: a darte cuenta de que la seguridad no es solo un concepto, sino una forma de habitarte. Es algo que se encarna. Esto no significa que nunca más te vas a activar o vas a sentir miedo o ansiedad. Sin embargo, ahora sabes que puedes volver a tu centro, que cuentas con las herramientas y que no estás atrapada en una única forma de ser o sentir.

Poco a poco, notarás que algo profundo empieza a cambiar:

- **Tu estado basal se transforma**
  La seguridad deja de ser algo que aparece solo en momentos

puntuales y empieza a convertirse en tu nuevo fondo. Ese lugar interno al que puedes volver.

- **Respondes en vez de reaccionar**
  Ya no saltas a la mínima. Empiezas a elegir cómo moverte, cómo vincularte, cómo cuidarte.
- **Tu percepción del mundo se reorganiza**
  Las relaciones, las decisiones, las oportunidades..., todo empieza a verse desde otro lugar. Desde más calma. Menos urgencia. Más verdad.

Tu cuerpo ya no es solo un lugar de tensión o síntomas, sino un hogar seguro.

Es tu refugio. Tu ancla.
Tu Templo.

Has dejado de buscar la regulación como una práctica ocasional y empiezas a vivir desde ahí. El poder de transformar tu realidad no está solo en cambiar lo que piensas, sino en cambiar cómo tu cuerpo experimenta el mundo.

Piensa en esto:

Tu sistema nervioso fue el arquitecto silencioso de tu pasado. Diseñó cada reacción para protegerte, para ayudarte a sobrevivir. Pero hoy tú ya puedes enseñarle algo distinto.

Puedes mostrarle que ya no estás sola. Que ahora hay recursos, hay conciencia, hay cuerpo disponible para habitar una historia nueva. Y, cuando tu cuerpo aprende que la seguridad es posible, el mundo entero se transforma.

Deja de sentirse como un campo de batalla, y empieza a sentirse como un lugar donde puedes crear, elegir, sentir, expandirte.

Este es el comienzo de una nueva historia. Una en la que dejas de sobrevivir y empiezas a habitarte. Una en la que tu cuerpo deja de ser un lugar de lucha y se convierte en un territorio sagrado que no solo te sostiene, sino que te abre la puerta a otros espacios internos. **Espacios donde la intuición se vuelve guía, la energía se afina, y lo invisible empieza a revelarse.**

Una historia en la que ya no solo reaccionas, sino que eliges quién eres, instante a instante, desde dentro.

Y lo mejor de todo es que **ya tienes dentro de ti todo lo que necesitas para sostener este cambio**. Solo hace falta confiar. Y quedarte contigo.

EPÍLOGO
EL REGRESO AL CUERPO: DONDE TODO EMPIEZA DE VERDAD

Llegamos al final de este viaje juntas. **Y, aunque estas páginas se terminen aquí, el verdadero camino apenas comienza.**

Si me hubieras conocido en 2010, probablemente no habrías imaginado que terminaría escribiendo este libro. Ese año fue mi punto de inflexión, cuando todo se quebró. Estaba colapsada. No tenía energía, ni fuerza, ni ganas de seguir adelante. Me sentía vacía, desconectada, como si mi propia vida no me perteneciera. Recuerdo sentarme en el suelo de mi casa pensando si algún día volvería a sentirme bien, si algún día sería feliz, si mi vida tendría un propósito, si podría recuperar esa versión de mí misma que sentía perdida. No veía salida. Solo había un vacío inmenso y un deseo profundo de desaparecer.

Pero algo dentro de mí, sutil, apenas perceptible, me hablaba. Una voz que me susurraba que había algo más allá de ese dolor. Que quizá, solo quizá, no estaba perdida o rota. **Sino que me había alejado demasiado de mí.**

Fue desde ese lugar, desde ese abismo, que comenzó mi propio viaje de regreso al cuerpo. Y no fue rápido, ni sencillo. Fue crudo, honesto y, sobre todo, profundamente transformador.

Hoy, después de todos estos años de exploración, investigación e integración, puedo decirte, con certeza: sí, es posible volver a ti.

Es posible sentirte viva de nuevo, habitar tu cuerpo sin miedo, reconocerte, reencontrarte contigo.

Ese colapso lo cambió todo. Me obligó a detenerme, y mirarme a mí y mi vida de frente. Hasta ese momento, no era consciente de cómo había estado huyendo de mi dolor, escondiéndome de mí y refugiándome en mi mente para evitar sentir. Me di cuenta de que había pasado toda mi vida desconectada de mi cuerpo, de mis sensaciones, de mis necesidades, de quién era yo. Había vivido hacia fuera, cumpliendo expectativas, moldeándome para encajar, silenciando partes de mí por miedo a incomodar. No sabía cómo escucharme. Cómo sostenerme. Cómo estar conmigo.

Y, en ese momento de colapso, cuando ya no quedaban más distracciones, me encontré conmigo misma en el estado más vulnerable. Ahí entendí que no podía seguir construyéndome desde el vacío, desde la necesidad de encajar en un mundo que nunca me había visto por completo.

También entendí que dentro de mí había una historia que mi cuerpo me había estado tratando de contar. No sabía cuántas experiencias esperaban ser procesadas, cuántos recuerdos aún vivían en mis tejidos, cuántas emociones estaban atrapadas en mi sistema nervioso pidiendo ser liberadas. Sin darme cuenta, había estado huyendo de ello, anestesiándome, distrayéndome, corriendo hacia delante. **Pero el cuerpo siempre recuerda.** Mi cuerpo me estaba contando mi historia, una que no podía seguir ignorando. Y esa memoria silenciada necesitaba ser vista, escuchada y transformada.

En ese momento no lo sabía, pero estaba a punto de emprender el viaje más profundo y revelador de mi vida: el de rescatarme. Una expedición hacia mis propios abismos, bajando a cada una de esas cavernas internas donde había dejado pedazos de mí en el camino. Un viaje que me llevó a comprender el lenguaje de mi sistema nervioso, a descubrir cómo influía en mis pensamientos, en mi percepción de la vida, en mis relaciones, en mi capacidad para manifestar mis deseos y sostener mis anhelos. Comprenderlo lo cambió todo.

Me mostró que no estaba rota, que ninguna parte de mi esencia se había perdido, que mi fuerza seguía pulsando, que mi poder seguía intacto. Que solo estaba desregulada, sobreviviendo en un cuerpo que cargaba demasiadas memorias congeladas en el tiempo.

Estaba oculta, cubierta por capas de miedo, de desconexión, de estrategias de protección que alguna vez fueron necesarias, pero que ahora me impedían sentirme realmente viva. Con cada paso que daba hacia mi interior, aprendí a sostener lo que antes parecía insoportable. A mirar con amor lo que antes rechazaba. A traer de vuelta cada parte de mí que alguna vez creí perdida.

Cuando empecé a regular mi sistema nervioso, la vida comenzó a abrirse ante mí de una forma que nunca había experimentado. Dejé de vivir en un estado constante de amenaza y carencia y comencé a habitarme desde un lugar más auténtico. Dejé de reaccionar desde el miedo y empecé a elegir desde la calma. Dejé de buscar validación externa y empecé a confiar en lo que mi cuerpo me decía.

Y en esa transformación, nació mi propósito.

Me enseñó que la seguridad interna no era un concepto abstracto, sino una experiencia tangible en el cuerpo. Que habitarme no era solo existir, sino sentirme, sostenerme y pertenecerme por completo. **Pero, como te decía arriba, confiar en mi cuerpo, después de tantos años de desconexión, no fue inmediato.** Aprender a escucharme, a sostenerme en mis propias decisiones, a sentirme segura dentro de mí misma, fue un proceso de reconstrucción paciente y amoroso.

Al principio, la duda seguía ahí. Y quizá, como tú lo sientas ahora, no sabía si alguna vez lo lograría. Si algún día podría confiar en mí, en mi verdad, en mis instintos. Había pasado demasiado tiempo dudando de mí, viviendo en mi cabeza, desconectada de mi cuerpo y de mi propia voz. Había vivido tanto tiempo fragmentada que no sabía cómo regresar a mí. Pero este camino me llevó a aprender, poco a poco, a escucharme de nuevo. A confiar en lo que mi cuerpo me decía.

A entender que la verdad
no estaba afuera, sino dentro de mí.

Y, cuando lo sentí por primera vez, cuando realmente pude descansar dentro de mí, **supe que mi misión era compartir este camino con el mundo**.

Hoy, este camino no es solo mío. Es un movimiento somático que ha tocado el sistema nervioso de más de cuatrocientas mil personas a través de mis redes y programas. **Sanar no es solo dejar de sobrevivir: es recuperar nuestra autenticidad, nuestra voz, nuestro poder.** Es una revolución interna que cambia todo cuando decides escucharte.

Este trabajo es una reivindicación. Es el proceso de recuperar lo que una vez se nos arrebató: la capacidad de sentirnos seguras dentro de nosotras mismas, de confiar en nuestras emociones, de sostenernos con amor incluso en los momentos más oscuros. Es el regreso a la plenitud de lo que somos, sin máscaras, sin adaptaciones forzadas, sin miedo a nuestra propia luz.

Eso es lo que quiero para ti. Que este viaje te devuelva a ti misma. **Que puedas sentir la seguridad no como un concepto, sino como un ancla interna.** Que puedas dejar de huir de ti y empezar a elegirte, una y otra vez, con amor y con verdad.

Volver al cuerpo, salir del modo supervivencia, no es un camino lineal. Habrá días en los que sentirás que has encontrado en ti el hogar que siempre buscaste, y otros en los que te sentirás como si hubieras retrocedido a viejos patrones. **Y eso es parte del proceso.** La sanación no es una línea recta, es una espiral en la que avanzas, integras, retrocedes un poco, y sigues caminando. Habrá momentos de expansión, de claridad, de sentirte más viva que nunca. Y habrá momentos en los que el miedo, la duda y la confusión regresen. **La clave no es evitar estos ciclos, sino aprender a sostenerte en ellos con amor, curiosidad, compasión y paciencia.** Sanar es recordar quién eres y permitirte integrarlo.

Crear ancho de banda emocional a través del trabajo somático es aprender a habitar todo lo que eres. Es darle espacio en tu cuerpo a cada parte de ti: a la que aún tiene miedo, a la que quiere avanzar, a la que anhela, a la que no sabe cómo, a la que se siente frágil y a la que ya empieza a recordar su poder. **No se trata de borrar nada de lo que fuiste, sino de aprender a incluirlo todo.** En ese reconocimiento está la verdadera sanación. No en eliminar lo que duele, sino en aprender a darle lugar sin que nos gobierne.

Este trabajo es un viaje de reencuentro con tu autenticidad. Es una reivindicación de todo lo que una vez tuviste que ocultar o reprimir para sobrevivir. Es la oportunidad de elegirte, de pertenecer a ti, de dejar de negociar con lo que eres para encajar en lugares que nunca te vieron por completo. **Es volver a casa.**

Si algo quiero que te lleves de este libro es esto: no hay libertad más grande que la de habitarte sin miedo. No hay poder más grande que el de sostenerte desde dentro, sabiendo que puedes apoyarte en otros sin dejar de pertenecerte a ti misma. Y no hay viaje más transformador que el de elegirte, una y otra vez, con amor y con verdad.

Quiero que vivas una vida de poder y autenticidad. Que te pertenezcas completamente.

Gracias por tu valentía al abrir estas páginas y permitirte sentir, recordar y sanar. Gracias por honrar tu historia y por elegir el camino de regreso a casa, a ti.

Con admiración por tu valentía,

Lorena

BIBLIOGRAFÍA

«Blue light has a dark side». *Harvard Health Publishing*, 2024. Disponible en: https://www.health.harvard.edu/staying-healthy/blue-light-has-a-dark-side

«Hormonal Imbalance: The Stress Effect». *Kelsey-Seybold Clinic*, 2022. Disponible en: https://www.kelsey-seybold.com/your-health-resources/blog/hormonal-imbalance-the-stress-effect

«How Stress Impacts Hormonal Balance and Your Overall Health». *R Health*, 2025. Disponible en: https://rhealthc.com/stress/how-stress-impacts-hormonal-balance-and-your-overall-health/

«Stress System Malfunction Could Lead to Serious, Life Threatening Disease». National Institute of Child Health and Human Development (NICHD), 2002. Disponible en: https://www.nichd.nih.gov/newsroom/releases/stress

Badenoch, B. *The Heart of Trauma: Healing the Embodied Brain in the Context of Relationships*. W. W. Norton & Company, 2018.

Bargh, J. A., y Chartrand, T. L. «The unbearable automaticity of being». *American Psychologist*, 1999;54(7):462-479.

Barnes, John F. *Myofascial Release for Stress Reduction*. The American Institute of Stress, 2023. Disponible en: https://www.stress.org/news/myofascial-release-for-stress-reduction/

Bonaz, B., Bazin, T., y Pellissier, S. «The vagus nerve at the interface of the microbiota-gut-brain axis». *Frontiers in Neuroscience*, 2018;12:49. Disponible en: https://doi.org/10.3389/fnins.2018.00049

Bowlby, J. *A Secure Base: Parent-Child Attachment and Healthy Human Development*. Nueva York: Basic Books, 1988.

— *Attachment and Loss, Volume 1: Attachment*. Basic Books, 1982.

Bowman, C. E., Arany, Z. y Wolfgang, M. J. «Regulation of maternal–fetal metabolic communication». *Cellular and Molecular Life Sciences,* 2021;78(4):1455-1486. Disponible en: https://doi.org/10.1007/s00018-021-03760-w

Bremner, J. D. *Does Stress Damage the Brain? Understanding Trauma-Related Disorders from a Mind-Body Perspective.* W. W. Norton, 2002.

Brighten, J. «Can Stress Cause a Hormone Imbalance». Drbrighten.com, 2013. Disponible en: https://drbrighten.com/begin-to-reduce-your-stress-today/

Bron, C., y Dommerholt, J. D. «Etiology of myofascial trigger points». *Current Pain and Headache Reports,* 2012;16(5):439-444.

Burek, C. L., y Rose, N. R. «Autoimmune thyroiditis and ROS». *Autoimmunity Reviews*, 2008;7(7):530-537. Disponible en: https://doi.org/10.1016/j.autrev.2008.04.003

Camilleri, M. «Gastrointestinal motility disorders in neurologic disease». *The Journal of Clinical Investigation*, 2021;131(4): e143771. Disponible en: https://doi.org/10.1172/JCI143771.

Champagne, F. A., y Meaney, M. J. «Transgenerational effects of social environment on variations in maternal care and behavioral response to novelty». *Behavioral Neuroscience*, 2007;121(6):1.353-1.363. Disponible en: https://doi.org/10.1037/0735-7044.121.6.1353

Chitkara, D. K., Van Tilburg, M. A., Blois-Martin, N. y Whitehead, W. E. «Early life risk factors that contribute to irritable bowel syndrome in adults: A systematic review». *American Journal of Gastroenterology*, 2008;103(3):765-774. Disponible en: https://doi.org/10.1111/j.1572-0241.2007.01722.x

Chrousos, G. P. «Stress and disorders of the stress system». *Nature Reviews Endocrinology*, 2009;5(7):374-381.

Crouse, J., Tonini, E. y Hickie, I. «How light can shift your mood and mental health». Universidad de Sídney, 2024. Disponible en: https://www.sydney.edu.au/news-opinion/news/2024/10/31/how-light-can-shift-your-mood-and-mental-health.html

Dana, D. *Polyvagal Practices: Anchoring the Self in Safety*. W. W. Norton & Company, 2021.

— *The Polyvagal Theory in Therapy: Engaging the Rhythm of Regulation*. W. W. Norton & Company, 2018.

Danese, A., y Baldwin, J. R. «Hidden Wounds? Inflammatory Links Between Childhood Trauma and Psychopathology». *Annual Review of Psychology*, 2017;68(1): 517-544. Disponible en: https://doi.org/10.1146/annurev-psych-010416-044208

Dieckmann, L., y Czamara, D. «Epigenetics of prenatal stress in humans: the current research landscape». *Clinical Epigenetics*, 2024;16(1):20. Disponible en: https://pmc.ncbi.nlm.nih.gov/articles/PMC10837967/

Doidge, N. *The Brain That Changes Itself: Stories of Personal Triumph from the Frontiers of Brain Science.* Viking, 2007.

Drossman, D. A., y Hasler, W. L. «Rome IV—Functional GI disorders: Disorders of gut-brain interaction». *Gastroenterology*, 2016;150(6):1257-1261. Disponible en: https://doi.org/10.1053/j.gastro.2016.03.035

Dube, S.R., *et al.* «Cumulative Childhood Stress and Autoimmune Diseases in Adults». *Psychosomatic Medicine*, 2009;71(2):243-250. Disponible en: https://pubmed.ncbi.nlm.nih.gov/19188532/

Duncan R. *Does fascia hold memories?* Bodywork & Movement Therapies, 2013.

Egbogah, L. *Fascia, trauma and PTSD: how connective tissue holds emotional memory.* PTSD Trauma Recovery, 28 de septiembre de 2024. Disponible en: https://www.ptsdtraumarecovery.com/fascia-trauma-ptsd/

Enck, P., *et al.* «Irritable bowel syndrome». *Nature Reviews Disease Primers*, 2016;2:16014. Disponible en: https://doi.org/10.1038/nrdp.2016.14

Exley, D., Norman, A., y Hyland, M. «Adverse childhood experience and asthma onset: a systematic review». *European Respiratory Review*, 2015;24(136):299-305. Disponible en: https://publications.ersnet.org/content/errev/24/136/299

Fairweather, D., y Rose, N.R. «Women and autoimmune diseases». *Emerging Infectious Diseases*, 2004;10(11):2005-2011. Disponible en: https://doi.org/10.3201/eid1011.040367

Feldman, R. «The neurobiology of human attachments». *Trends in Cognitive Sciences*, 2017;21(2):80-99. Disponible en: https://doi.org/10.1016/j.tics.2017.01.008

Felitti, V.J., *et al.* «Relationship of childhood abuse and household dysfunction to many of the leading causes of death in adults: The Adverse Childhood Experiences (ACE) Study». *American Journal of Preventive Medicine*, 1998;14(4):245-258. Disponible en: https://doi.org/10.1016/S0749-3797(98)00017-8

Fernández de las Peñas, C., y Dommerholt, J. «International Consensus on Diagnostic Criteria and Clinical Considerations of Myofascial Trigger Points». *Pain Medicine*, 2018;19(1):142-150.

Fisher, H.E. *Anatomy of Love: A Natural History of Mating, Marriage, and Why We Stray.* W. W. Norton & Company, 2016.

Fisher, J. *Transforming the Living Legacy of Trauma: A Workbook for Survivors and Therapists.* PESI Publishing & Media, 2021.

Fitzgerald, E., Hor, K. y Drake, A.J. «Maternal influences on fetal brain development: The role of nutrition, infection and stress, and the potential for intergenerational consequences». *Early Human Development*, 2020;50:105190. Disponible en: 10.1016/j.earlhumdev.2020.105190

Fredholm, B.B., Battig, K., Holmen, J., Nehlig, A., y Zvartau, E.E. «Actions of caffeine in the brain with special reference to factors that contribute to its widespread use». *Pharmacological Reviews*, 1999;51(1):83-133.

Galasso, A., *et al.* «A Comprehensive Review of the Treatment and Management of Myofascial Pain Syndrome». *Current Pain and Headache Reports*, 2020;24(8):43. Disponible en: https://link.springer.com/article/10.1007/s11916-020-00877-5 researchgate.net+13

Gao, S., *et al.* «Oxytocin, the peptide that bonds the sexes also divides them». *Proceedings of the National Academy of Sciences of the USA*, 2016;113(27):7650-7654. Disponible en: https://doi.org/10.1073/pnas.1602620113

Ghosh, S., y Klein, R. S. «Sex Drives Dimorphic Immune Responses to Viral Infections». *Journal of Immunology*, 2017;198(5):1782-1790. Disponible en: https://doi.org/10.4049/jimmunol.1601166

Gleicher, N., y Barad, D. H. «Gender as risk factor for autoimmune diseases». *J Autoimmun*, 2007;28(1):1-6. Disponible en: https://doi.org/10.1016/j.jaut.2006.09.008

Häuser, W., Kosseva, M., Üceyler, N., Klose, P., y Sommer, C. «Emotional, physical, and sexual abuse in fibromyalgia syndrome: a systematic review with meta-analysis». *Arthritis Care & Research* (Hoboken), 2011;63(6):808-820. Disponible en: 10.1002/acr.20328

Hawkins, J., y Blakeslee, S. *On Intelligence.* Times Books, 2004.

Heller, L., y LaPierre, A. *Healing Developmental Trauma: How Early Trauma Affects Self-Regulation, Self-Image, and the Capacity for Relationship*. North Atlantic Books, 2012.

Hendricks, G. *The Big Leap: Conquer Your Hidden Fear and Take Life to the Next Level.* HarperOne, 2009.

Jung, C. G. *Arquetipos e inconsciente colectivo.* Paidós Ibérica, 2009.

Kahneman, D. *Thinking, Fast and Slow.* Farrar, Straus and Giroux, 2011.

Kelly, C., *et al.* «A platform to map the mind-mitochondria connection and the hallmarks of psychobiology: the MiSBIE study». *Trends in Endocrinology & Metabolism*, 2024;35(10):884-901.

Kirchgesner, T., *et al.* «Fasciae of the musculoskeletal system: MRI findings in trauma, infection and neoplastic diseases». *Insights into Imaging,* 2019;10:47. Disponible en: https://doi.org/10.1186/s13244-019-0735-5

Kodama, Y., *et al.* «Response to Mechanical Properties and Physiological Challenges of Fascia: Diagnosis and Rehabilitative Therapeutic Intervention for Myofascial System Disorders». *Bioengineering,* 2023;10(4):474. Disponible en: https://www.mdpi.com/2306-5354/10/4/474

Korkeila, J., Lehto, S., y Jarvelin, M.-R. «Childhood adversities and adult-onset asthma: a cohort study». *European Respiratory Journal*, 2012;40(5):1327-1333.

Lambert, G. W., Reid, C., Kaye, D. M., Jennings, G. L., y Esler, M. D. «Effect of sunlight and season on serotonin turnover in the brain». *The Lancet*, 2002. Disponible en: https://www.researchgate.net/publication/10992937_Effect_of_sunlight_and_season_on_serotonin_turnover_in_the_brain

Lambert, N. C., *et al.* «Quantification of maternal microchimerism by HLA-specific real-time polymerase chain reaction: Studies of healthy women and women with scleroderma». *Arthritis & Rheumatology*, 2004;50(3):906-914. Disponible en: https://doi.org/10.1002/art.20200

Lanius, R. A., Vermetten, E., y Pain, C. (eds.). *The Impact of Early Life Trauma on Health and Disease: The Hidden Epidemic.* Cambridge University Press, 2010.

Levine, P. A. *In an Unspoken Voice: How the Body Releases Trauma and Restores Goodness.* North Atlantic Books, 2010.

— *Trauma and Memory: Brain and Body in a Search for the Living Past.* North Atlantic Books, 2015.

— *Waking the Tiger: Healing Trauma.* North Atlantic Books, 1997.

Lieberman, M. D. *Social: Why Our Brains Are Wired to Connect.* Crown Publishers, 2013.

MacNamara, D. *Rest, Play, Grow: Making Sense of Preschoolers (Or Anyone Who Acts Like One).* Aona Books, 2016.

Maté, G. *Cuando el cuerpo dice no: la conexión entre el estrés y la enfermedad.* Gaia Ediciones, 2022.

— *El mito de la normalidad: Trauma, enfermedad y sanación en una cultura tóxica.* Editorial Tendencias, 2022.

— *When the Body Says No: The Cost of Hidden Stress.* Knopf Canada, 2003.

Mayer, E. A., Knight, R., Mazmanian, S. K., Cryan, J. F., y Tillisch, K. «Gut microbes and the brain: Paradigm shift in neuroscience». *Journal of Neuroscience*, 2014;34(46):15490-15496. Disponible en: https://doi.org/10.1523/JNEUROSCI.3299-14.2014

McConnell, S. *Somatic Internal Family Systems therapy: Awareness, breath, resonance, movement and touch in practice.* North Atlantic Books, 2020.

McEwen, B. S. «Protective and damaging effects of stress mediators». *New England Journal of Medicine*, 1998;338(3):171-179. Disponible en: https://doi.org/10.1056/NEJM199801153380307

McFarlane, A. C. «The long-term costs of traumatic stress: Intertwined physical and psychological consequences». *World Psychiatry*, 2010;9(1):3-10. Disponible en: https://www.ncbi.nlm.nih.gov/pmc/articles/PMC2917075/

Menakem, R. *My Grandmother's Hands: Racialized Trauma and the Pathway to Mending Our Hearts and Bodies.* Central Recovery Press, 2017.

Monti-Ballano, S., *et al.* «Effects of Dry Needling on Active Myofascial Trigger Points and Pain Intensity in TensionType Headache: A Randomized Controlled Study». *Journal of Personalized Medicine*, 2024:14(4):332. Disponible en: https://doi.org/10.3390/jpm14040332

Montoya, P., Pauli, P., Batra, A., y Wiedemann, G. «Altered processing of pain-related information in patients with fibromyalgia». *European Journal of Pain*, 2005;9(3):293-303.

Moser, G., Fournier, C., y Peter, J. «Intestinal microbiome-gut-brain axis and irritable bowel syndrome». *Wiener Medizinische Wochenschrift*, 2018;168(3-4):62-66. Disponible en: doi:10.1007/s1035401705920

Nestler, E.J., Hyman, S.E., y Malenka, R.C. *Molecular Neuropharmacology: A Foundation for Clinical Neuroscience*. McGraw-Hill, 2008.

Neurolaunch Editorial Team. «PTSD and the Brain: Neurobiology of Trauma Explained». *Neurolaunch*, 2024. Disponible en: https://neurolaunch.com/ptsd-and-the-brain/

— «Somatic Memory in Psychology: Exploring BodyBased Trauma Storage». *Neurolaunch*, 2024. Disponible en: https://neurolaunch.com/somatic-memory-psychology-definition/

NeuroLaunch.com/Yale School of Medicine, *Understanding and Overcoming the Freeze Response in Anxiety: A Comprehensive Guide*, 2024. Disponible en: https://neurolaunch.com/freeze-response-anxiety/

Ngo, S.T., Steyn, F.J., y McCombe, P.A. «Gender differences in autoimmune disease». *Frontiers in Neuroendocrinology*, 2014;35(3):347-369. Disponible en: https://doi.org/10.1016/j.yfrne.2014.04.004

Ogden, P., Minton, K. y Pain, C. *El trauma y el cuerpo: un modelo sensoriomotriz de psicoterapia*. Desclée De Brouwer, 2009.

Panossian, A., y Wikman, G. «Effects of Adaptogens on the Central Nervous System and the Molecular Mechanisms Associated with Their Stress-Protective Activity». *Pharmaceuticals*, 2010;3(1):188-224. Disponible en: https://doi.org/10.3390/ph3010188

Patterson, E., Wall, R., Fitzgerald, G.F., Ross, R.P., y Stanton, C. «Health implications of high dietary omega-6 polyunsaturated Fatty acids». *Journal of Nutrition and Metabolism,* 2012;2012(1):539426. Disponible en: https://doi.org/10.1155/2012/539426

Payne, P., Levine, P. A., y Crane-Godreau, M. A. «Somatic Experiencing: using interoception and proprioception as core elements of trauma therapy». *Frontiers in Psychology*, 2015;6:93. Disponible en: https://www.frontiersin.org/journals/psychology/articles/10.3389/fpsyg.2015.00093/full

Porges, S.W. *Guía de bolsillo de la teoría polivagal: el poder transformador de sentirse seguro*. Eleftheria, 2018.

— *The Polyvagal Theory: Neurophysiological Foundations of Emotions, Attachment, Communication, and Self-regulation*. W. W. Norton & Company, 2011.

Rhee, S.H., Pothoulakis, C., y Mayer, E.A. «Principles and clinical implications of the brain-gut-enteric microbiota axis». *Nature Reviews Gastroenterology & Hepatology*, 2009;6(5):306-314. Disponible en: https://doi.org/10.1038/nrgastro.2009.35

Roelofs, K. «Freeze for action: neurobiological mechanisms in animal and human freezing». *Philosophical Transactions of the Royal Society B,* 2017;372(1718):20160206. Disponible en: 10.1098/rstb.2016.0206.

Rothschild, B. *The Body Remembers: The Psychophysiology of Trauma and Trauma Treatment.* W. W. Norton & Company, 2000.

Rumi, Jalāl ad-Dīn. *Selected Poems* [traducción de Coleman Barks]. Penguin Books, 2004.

Sandman, C.A., Davis, E.P., Buss, C., y Glynn, L.M. «Prenatal programming of human neurological function». *International Journal of Peptide Research and Therapeutics*, 2011;2011:837596. Disponible en: https://doi.org/10.1155/2011/837596

Sapolsky, R.M. *Why Zebras Don't Get Ulcers: The Acclaimed Guide to Stress, Stress-Related Diseases, and Coping.* Holt Paperbacks, 2004.

Scaer, R. *The Body Bears the Burden: Trauma, Dissociation, and Disease.* Routledge, 2007.

Schatzberg, A.F., y Nemeroff, C.B. *The American Psychiatric Publishing Textbook of Psychopharmacology.* American Psychiatric Association Publishing, 2009.

Schauer, M., Neuner, F., y Elbert, T. *Narrative Exposure Therapy: A Short-Term Treatment for Traumatic Stress Disorders.* Hogrefe Publishing, 2011.

Schore, A.N. «Attachment, Affect Regulation, and the Developing Right Brain: Linking Developmental Neuroscience to Pediatrics». *Pediatrics in Review*, 2005;26.

— *Teoría de la regulación del afecto: un modelo clínico.* Eleftheria, 2019.

Shames, L.D. *Thyroid Mind Power: The Proven Cure for Hormone-Related Depression.* HarperOne, 2002.

Simopoulos, A.P. «Evolutionary aspects of diet, the omega-6/omega-3 ratio and genetic variation: nutritional implications for chronic diseases». *Biomedicine & Pharmacotherapy*, 2006;60(9):502-507.

— «Evolutionary aspects of omega-3 fatty acids in the food supply». *Prostaglandins Leukot Essent Fatty Acids,* 1999;60(5-6):421-429.

— «The importance of the ratio of omega-6/omega-3 essential fatty acids». *Biomedicine & Pharmacotherapy,* 2002;56(8):365-379.

Slavich, G.M., y Irwin, M.R. «From stress to inflammation and major depressive disorder: A social signal transduction theory of depression». *Psychological Bulletin*, 2014;140(3):774-815. Disponible en: https://doi.org/10.1037/a0035302

Teicher, M.H., y Samson, J.A. «Annual Research Review: Enduring neurobiological effects of childhood abuse and neglect». *Journal of Child Psychology and Psychiatry*, 2016: 57(3):241-266. Disponible en: https://doi.org/10.1111/jcpp.12507

Thayer, J.F., y Lane, R.D. «A model of neurovisceral integration in emotion regulation and dysregulation». *Journal of the International Society for Affective*

Disorders, 2000;61(3):201-216. Disponible en: https://doi.org/10.1016/S0165-0327(00)00338-4

Upledger, J. E., y Karni, Z. SomatoEmotional Release®: Liberation of Stored Trauma in CranioSacral Therapy, 1983.

Van der Kolk, B. A. «The Compulsion to Repeat the Trauma: Re-enactment, Revictimization, and Masochism». *Psychiatric Clinics of North America*, 1989;12(2):389-411.

— *El cuerpo lleva la cuenta: cerebro, mente y cuerpo en la superación del trauma*. Eleftheria, 2020.

Walker, P. *Complex PTSD: From Surviving to Thriving*. Azure Coyote Books, 2013.

Wallace, D. C. «Mitochondrial DNA mutations in disease and aging». *Environmental and Molecular Mutagenesis*, 2010;51(6):440-450.

Weinberg, B. A., y Bealer, B. K. *The World of Caffeine: The Science and Culture of the World's Most Popular Drug*. Routledge, 2001.

Whitacre, C. C. «Sex differences in autoimmune disease». *Nature Immunology*, 2001;2(9):777-780. Disponible en: https://doi.org/10.1038/ni0901-777

Wilson, L. *Tight Tissue Syndrome: Calcium Shell. Tight Tissue Syndrome*. DrLWilson, 2025. Disponible en: https://www.drlwilson.com/Articles/TIGHT%20TISSUES.htm

Winblad, N. E., Changaris, M., y Stein, P. K. «Effect of Somatic Experiencing resiliency-based trauma treatment training on quality of life and psychological health as potential markers of resilience in treating professionals». *Frontiers in Neuroscience*, 2018;12:70. Disponible en: https://www.frontiersin.org/journals/neuroscience/articles/10.3389/fnins.2018.00070/full

Woodman, M., y Dickson, J. *Coming Home to Myself: Reflections for Nurturing a Woman's Body and Soul*. Conari Press, 2001.

Yehuda, R. «Post-traumatic stress disorder». *The New England Journal of Medicine*, 2002;346(2):108-114. Disponible en: https://doi.org/10.1056/NEJMra012941

— y Lehrner, A. «Intergenerational transmission of trauma effects: putative role of epigenetic mechanisms». *World Psychiatry*, 2018;17(3):243-257. Disponible en: https://doi.org/10.1002/wps.20568

Zhang, Y., Sun, Y., Yu, Q., Song, S., Brenna, J. T., Shen, Y., y Ye, K. «Higher ratio of plasma omega-6/omega-3 fatty acids is associated with greater risk of all-cause, cancer, and cardiovascular mortality: A population-based cohort study in UK Biobank». *Elife,* 2024;12:RP90132. Disponible en: https://doi.org/10.7554/eLife.90132.3

AGRADECIMIENTOS

Lo primero que quiero honrar no es a una persona, sino al proceso mismo.

Al momento exacto en que me rompí y no sabía cómo volver a juntar mis trocitos.

Sin esa fractura, nada de esto existiría.

Gracias a Puppy, mi perrita y compañera durante más de quince años, que me enseñó sin palabras lo que es un vínculo que no pide nada, que no evalúa, que no juzga, que simplemente está.

Con ella entendí cómo se siente un apego seguro: suave, presente, constante.

Mi cuerpo aprendió, junto al suyo, lo que era estar cerca sin tener que defenderse.

Su forma de rescatarme cuando me desconectaba. Su respiración regulando la mía.

Con ella descubrí lo que era sentirse querida sin tener que hacer nada para merecerlo.

Ni explicar nada. Ni demostrar nada. Solo estar.

Gracias a mis padres, por ser el punto de partida de esta historia.

Los elegí, en este gran teatro sagrado que es la vida, para encarnar justo la experiencia que necesitaba atravesar. Para recordar lo que vine a transformar.

Y sé que, desde su lugar, me dieron lo mejor que supieron con las herramientas que tenían. Ellos también fueron moldeados por una historia que los precedía, por heridas que no empezaron con ellos, pero que también cargaron como pudieron.

La patología familiar pasa de generación en generación, como el fuego que arrasa sin detenerse, hasta que alguien, en alguna generación, tiene el valor de enfrentarse a las llamas.

Este libro es mi forma de sentarme frente a ese fuego. De mirar con respeto el dolor que vino antes y decidir que el ciclo puede terminar aquí.

De transformar la herida en camino y en propósito, y el silencio en palabra.

Gracias por darme esta vida.

Gracias a mi editora, Cristina, por acompañarme en cada paso.

No ha sido fácil. Quise tirar la toalla muchas veces, y cada una de ellas, me trajo de vuelta con respeto y cariño. Por entender que este libro no era solo texto, sino una parte de mi cuerpo, de mi historia, y tratarlo como tal.

Gracias a mi cuerpo, por ser Templo, maestro y mapa. Por recordarme, una y otra vez, que mi hogar siempre había estado ahí.

Gracias a todas las mujeres que he sido en cada vuelta de espiral. A la que se congeló. A la que buscó, cayó, se levantó, creyó y volvió.

Gracias por traerme hasta aquí. No fue fácil, pero fue sagrado.

Gracias a todas las mujeres que caminaron conmigo antes incluso de que Mujer Alquimia existiera.

A las que confiaron en mí cuando yo apenas empezaba a confiar en mí misma.

A las que me leyeron y dijeron: «Esto también me pasa a mí», «Gracias por ponerlo en palabras». Me disteis el valor de seguir escribiendo y me recordasteis, una y otra vez, cuál era mi propósito.

Este libro no es solo mío.

Este libro es vuestro. Es una historia compartida.

LORENA

18 de junio de 2025

Si quieres seguir aprendiendo sobre tu sistema nervioso, explorando, escuchando a tu cuerpo y recordando quién eres más allá de las capas que tuviste que ponerte, he creado un espacio especial para ti.

Allí encontrarás recursos adicionales, propuestas somáticas, audios y otros regalos que complementan lo que hemos comenzado aquí.

También puedes seguir conectando conmigo a través de mi web y mi perfil de Instagram, donde comparto reflexiones, prácticas y herramientas para seguir caminando este camino de vuelta a casa.

Web: www.mujeralquimia.com

Instagram: @mujeralquimia

Web del libro: www.tucuerposabetuhistoria.com

Vamos juntas,

Lorena